· 汽车现代设计系列丛书 ·

汽车现代测试技术

QICHE XIANDAI CESHI JISHU

主　编　王　建

副主编　周　煜　单颖春

国防工业出版社

·北京·

内 容 简 介

在汽车工业的发展中,汽车现代测试技术发挥着重要作用。汽车行业的飞速发展对整个汽车行业的专家学者以及在校学生都提出了更高的要求。本书系统地介绍了汽车现代测试技术的基础理论知识、试验方法和部分新型测试仪器及设备的结构原理。本书主要内容包括汽车测试及控制系统中的信号和传感器、数据分析和处理、汽车电控单元与车载总线系统、卫星定位与远程测试系统、汽车性能测试、车身表面数据采集及处理、汽车振动测试、汽车噪声测试、汽车结构应力及应变测试等。

本书可以作为高等院校车辆工程专业在校学生的教材,也可供从事汽车相关行业的工程技术人员使用和参考。

图书在版编目(CIP)数据

汽车现代测试技术/王建主编 . —北京:国防工业
出版社,2013.5
(汽车现代设计系列丛书)
ISBN 978-7-118-08726-0

Ⅰ.①汽…　Ⅱ.①王…　Ⅲ.①汽车—测试技术　Ⅳ.①U467

中国版本图书馆 CIP 数据核字(2013)第 093736 号

※

国防工业出版社出版发行
(北京市海淀区紫竹院南路 23 号　邮政编码 100048)
北京奥鑫印刷厂印刷
新华书店经售
*
开本 787×1092　1/16　印张 11½　字数 274 千字
2013 年 5 月第 1 版第 1 次印刷　印数 1—3000 册　定价 23.00 元

(本书如有印装错误,我社负责调换)

国防书店:(010)88540777　　发行邮购:(010)88540776
发行传真:(010)88540755　　发行业务:(010)88540717

汽车现代设计系列丛书编委会

主　任

李舜酩（南京航空航天大学）　　刘献栋（北京航空航天大学）

委　员

郝志勇（浙江大学）　　　　　　李玉芳（南京航空航天大学）

王　建（北京航空航天大学）　　王　忠（江苏大学）

王良模（南京理工大学）　　　　王若平（江苏大学）

王新彦（江苏科技大学）　　　　魏民祥（南京航空航天大学）

杨世春（北京航空航天大学）　　姚胜华（湖北汽车工业学院）

叶慧飞（浙江大学）　　　　　　郑再象（扬州大学）

智淑亚（金陵科技学院）　　　　朱茂桃（江苏大学）

前言
Foreword

　　汽车现代测试技术是伴随科学技术的高度发展而逐渐成长起来的,主要是指在科学技术高度发展的今天进行汽车测试所采用的技术。汽车现代测试技术在汽车工业的发展中发挥着重要作用,汽车工业的发展又促进了汽车测试技术的发展。汽车现代测试技术是车辆工程在校生的必修课,同时其涉及的相关知识越来越受到汽车相关行业技术人员的关注。

　　本书为车辆工程及汽车服务工程专业的在校生编写,同时也可供有关工程技术人员参考。全书共分为10章。第1章简要介绍汽车现代测试技术的发展与现状、主要研究内容、研究对象及学习方法;第2章介绍各类常用传感器的基本原理、结构、性能参数,使学生能够根据需要选择传感器;第3章介绍数据信号变化的处理理论和方法、数据的误差分析等内容;第4章介绍汽车电控单元与车载总线系统技术基础;第5章介绍卫星定位系统(GPS)的组成、定位原理以及差分GPS的概念和各个国家的定位系统,适用于车辆远程数据监控与测试的通信系统种类、特点及应用;第6章介绍汽车工程中典型的汽车动力性、经济性的测试技术和方法;第7章介绍三坐标测量机的概念、构成要素、种类、作用及其在主要工业中的应用,此外还介绍了逆向工程的概念及点云数据的采集、处理等内容;第8章介绍了汽车振动测试的常用仪器、信号处理方法以及振动量的测量、评价等内容;第9章介绍噪声基础知识、噪声测试仪器及测试方法等;第10章介绍汽车结构应变、应力测试等知识和汽车结构主应变、主应力、相当应力的确定及其测试原理等方面的内容。

　　本书作者长期从事汽车测试技术的教学与科研工作,在编写过程中借鉴了同类教材的优点,同时把汽车测试最新研究成果吸收到教材中,注重将理论知识与测试试验相结合,因此,本书具有较强的综合性和实践性,在教学的实践环节中,有利于增强学生的动手能力。

　　本书由北京航空航天大学交通科学与工程学院王建副教授担任主编,单颖春副教授、周煜讲师担任副主编,北京建筑工程学院汽车系姚圣卓老师参与了部分章节的编写。具体编写分工:第1章、第2章、第3章、第4章、第5章由王建编写,第6章由姚圣卓编写,第7章由周煜编写,第8章、第9章、第10章由单颖春编写。本书编写过程中,研究生李红云、陈洪、王岩岩、刘学江等做了大量的资料收集、绘图、文字排版等工作,在此向他们表示感谢。

由于时间仓促及编者水平有限,书中难免出现错误、纰漏,恳请读者批评指正。

作者

2012 年 11 月

目录
Contents

第 1 章

引　言

1.1　汽车现代测试技术的发展与现状

在汽车工业迅速发展的今天,现代测试技术逐渐成为汽车工业发展中不可或缺的一部分。汽车工业的发展离不开汽车现代测试技术的支撑,而汽车现代测试技术又在汽车工业的发展过程中不断实现技术创新和完善。

汽车现代测试技术是伴随科学技术的高度发展而逐渐成长起来的,主要是指在科学技术高度发展的今天进行汽车测试所采用的技术。汽车现代测试技术主要包括试验和检测技术两大部分。试验技术侧重于研究,多用于产品设计开发阶段;检测技术侧重于汽车的管理,多用于汽车的维护和维修方面。由于汽车产品直接面对全球所有的老百姓,而其使用条件又在极其复杂的交通环境中,因此,汽车产品在其设计和生产过程中都必须避免任何缺陷,将潜在的危险系数降到最低。要避免存在内在缺陷的汽车产品投放市场,最有效的方法就是进行大量广泛的汽车测试试验。测试可以帮助设计人员了解汽车在实际使用中各个现象的本质及其规律,为解决问题提供依据,同时也为测试技术的进步提供动力。因此随着科技的发展特别是汽车电子技术的不断发展,对汽车测试技术提出了新的更高要求。与普通的测量技术相比,现代测试技术测量范围更广,测试精度更为准确,所采用的技术也更为先进、复杂。汽车现代测试技术在保证整车的性能、汽车各零部件的性能和质量、提高汽车产品竞争力等方面具有极其重要的意义。

汽车工业从诞生到现在已经经历了 100 多年的历史。早期的生产阶段,主要利用手工的方式进行生产,产量少,速度低,性能和质量不能保证,并且成本高昂,因为人们对性能和质量的追求提不出具体要求,因此,早期生产阶段的汽车测试一直处于比较原始的阶段。

20 世纪初,全世界第一条汽车总装生产流水线建成,这宣告了汽车大批量生产阶段的开始,劳动生产率的显著提高使得成本下降、产量增加,并扩大了汽车产品的使用范围,但随之而来的是汽车使用可靠性、寿命及产品性能等方面的问题。为了使生产流水线的高效率、低成本的优势得以充分发挥,各厂家急需进行各项试验研究工作,包括有关材料、工艺、可靠性、寿命及性能等诸多方面。由于专业化和协作生产的需要,同时也进行了制定行业内各项标准和规范的相关工作,推动了汽车行业标准化工作的长足发展。在此期间,汽车行业的测试技术在借鉴其他行业较为成熟的测试方法和技术的基础上,逐渐形成了自己的试验方法和试验研究体系,研究出了具有汽车行业本身特点的系统性汽车测试方法,同时开发了符合汽车行业发展要求的试验仪器设备,例如转鼓试验台、研究汽车空气动力学的试验风洞、闭式试验台及疲劳试验台等,这些设备除了在结构和控制方面有所改进外,其基本原理一直沿用至今。在此阶段,汽车生产厂家同样重视道路测试方面的问题,道路测试成为汽车测试的基本项目之一。1924年美国通用汽车公司在全球率先建起了规模强大、功能齐全的 MILFORD 试车场,由此便拉开了汽车制造商竞相建设汽车试验场地的序幕。

从第二次世界大战后到 20 世纪 70 年代,世界汽车保有量持续增加,人们对汽车性能和质量的要求日渐增长,国际上有影响力的各大汽车制造公司均相继拥有了自己的汽车试验场。汽车生产方式的变化不仅使汽车的性能和质量得到显著提高,同时带来了汽车试验方法的根本变革。测试技术的发展与测试仪器的发展和完善有着密切的关系。到 20 世纪 70 年代以后,由于计算机技术和电子技术的发展,汽车工业不仅保持了大规模、高产量、品种多等优势,同时出现了高精度的电子测试仪器,应用了各种先进的传感器。

20 世纪 80 年代,美国国家仪器公司(Nationalist Instruments Corporation,NI)率先提出虚拟仪器的概念,并制造出世界上第一套虚拟仪器系统。该系统明显优于传统的测试仪,克服了某些硬件检测仪器需要使用模拟跟踪仪绘制曲线,靠人工区别辨认的缺点,更加有利于系统功能的扩充和智能测试与诊断的开发。有了虚拟仪器系统的智能化技术和设备的支持,国际上各大汽车制造商为了提高自身的竞争力,纷纷投巨资建立属于自己的大规模汽车实验室和汽车试验场。从此,汽车试验仪器设备系统的结构发生了根本性的变化,开辟了系统全数字化处理的时代。

我国的汽车工业自新中国成立以来,也经历了若干个发展阶段。汽车测试技术随着我国汽车工业的发展壮大实现了从无到有、从小到大的突破。在学习国外先进技术及经验,创立自己的试验方法标准、建立自己的试验基地等方面都进行了大量的研究工作。1953 年第一汽车制造厂破土动工,1956 年我国生产的第一辆汽车下线。但是由于轿车制造技术的水平有限,整车的乘坐舒适性及性能质量方面都不高。这对我国汽车制造和测试技术提出了要求,急需开展对汽车测试技术的研究。

20 世纪 60 年代,我国开始研究汽车测试技术,当时为满足汽车维修的需要,主要对发动机汽缸漏气量检测仪、点火正时灯等检测设备进行了研究和开发。到 70 年代,我国开始大力发展汽车测试技术,主要研制开发了反力式汽车制动试验台、惯性式汽车制动试验台、发动机综合检测仪、汽车性能综合检验台。80 年代以后,随着我国机动车保有量持续增加和公路交通基础设施的迅猛发展,对汽车测试诊断技术和设备的需求也与日俱增。1990 年交通部发布了第 13 号部令《汽车运输业车辆技术管理规定》,1991 年交通部发布第 29 号部令《汽车运输业车辆综合性能检测站管理办法》,由此在全国掀起了建设汽车综合性能检测站的高潮。

进入 21 世纪后,汽车电子控制技术不断发展,汽车工业也逐步转向智能化管理和生产,商品生产进入了成熟阶段。由于安全、环保、节能、整车性能和舒适性等方面的追求,对汽车测试技术提出了更高的要求,推动车载测试系统朝着大规模、集成化、智能化的方向发展。

1.2　汽车现代测试技术的研究内容

试验指已知某种事物的时候,为了解它的性能或者结果而进行的试用操作,汽车试验用实际行驶或模拟的方法对汽车整车及总成进行试验,考察其各种性能和寿命是否达到预期的目标。测量是按照某种规律,用数据来描述观察到的现象,即对事物作出量化描述。测试则可以理解为试验和测量的综合,即具有试验性质的测量,是为了获取有关研究对象的状态、运动和特征等方面的信息而进行的研究工作。

由于汽车是机、电、液一体化的产品,其零部件种类繁多、结构复杂、性能差异大,因此汽车测试系统的构成也极其复杂,测试目的多种多样。按试验特征的不同,汽车试验可分为室内台架试验、汽车试验场试验和实际的道路试验3种;按试验对象的不同,汽车试验可分为整车试验、总成与大系统试验、零部件试验3类;按试验目的的不同,汽车试验可分为质检试验、新产品定型试验和科研试验3类。汽车的试验研究通常是一项技术性较强的工作,必须周密地计划与组织。

现代测试技术主要采用电测法,测试信号在系统组成单元之间传递,首先将被测物理量转换成电信号,经信号调理、传输、数据采集、信号处理后以适当的形式显示输出。这一转换过程决定了测试系统的组成,测试系统主要由传感器、信号转换和处理电路、显示与记录器、数据处理器及打印机等外围设备组成,如图1-1所示。

图1-1 测试系统的组成

传感器是整个测试系统的首要关键环节,是测试的源头,它的作用是从被测对象获取需要的非电量,并转换成便于放大、记录的电量,由敏感元件和传感元件两个基本部分组成。在工业化大规模生产过程中,几乎都是利用传感器对众多参数信息进行准确有效的采集,以便于对生产过程进行实时监控,使生产设备处于最佳的正常运转状态。

根据测量任务的不同,中间的信号转换和处理电路有很大的伸缩性。简单测试系统中可以完全省略,将传感器记录的信息直接进行显示或输出。在一般测试的过程中,信号处理是必不可少的。信号处理是对来自传感器的微弱信号进行放大、调制与解调、滤波等处理,更方便于整个测试系统后续环节的处理和输出。复杂的测试系统中,一般利用计算机进行信号的数据处理。传输是用导线把测量仪器与被测对象联系起来,完成信号的传递,一般在远距离测量的任务过程中是必不可少的。

信号显示及记录器模块的作用是将从传感器测得的物理量经信号转换和处理后变成的电压或电流信号不失真地记录和显示。按显示方式分,一般有模拟显示、数字显示、屏幕显示等多种显示方式。若按记录方式分又可以分为模拟式记录器和数字式记录器两大部分。

数据处理器及打印机等外围设备是整个测试系统的延伸,它们对测试系统输出的信号作进一步处理,以便使所测信号更加明确化。

此外,被测对象和观察者同样是整个测试系统的一部分。被测对象与传感器之间不同的连接方式会对传感器的测试结果产生不同程度的影响和作用,同样观察者自身行为和方式也会直接或间接地影响测试系统的传递特性,所以在评价整个测试系统的性能时不能忽视这两个环节。

1.3 本课程的研究对象和学习方法

汽车测试技术直接影响到汽车工业的发展。随着对汽车测试技术重视程度的提高，人们在测试技术的研究方面投入的财力和精力也越来越大，用于试验的设备、设施和手段也越来越先进。本课程研究的对象是汽车在研究和开发过程中与测试相关的技术。对于高等学校车辆工程专业、汽车服务工程专业及相关专业的学生来讲，"汽车测试技术"是一门专业基础课。通过本课程的学习，学生应掌握有关测试技术的基本理论和技术，培养学生能较为正确地选择测试装置，逐步掌握试验方法和测试技术，能正确处理试验数据和分析试验结果，为进一步学习、研究和处理汽车工程技术中的测试技术问题打下基础。

本课程主要内容包括

（1）掌握各类常用传感器的基本原理、结构、性能参数，了解其选用原则，能够较为正确地选用传感器。

（2）掌握数据信号变化的处理理论和方法，能够正确地对数据进行误差分析。

（3）了解汽车电控单元与车载总线系统技术基础。

（4）掌握卫星定位系统（GPS）的组成及其定位原理，了解差分GPS的概念，以及各个国家的定位系统。

（5）了解汽车工程中典型的汽车动力性、经济性的测试技术和方法。

（6）掌握三坐标测量机的概念，三坐标测量机的构成要素、种类、作用及其在主要工业中的应用等内容。了解逆向工程的概念，掌握点云数据的采集、处理等内容。

（7）掌握汽车振动测试的常用仪器和振动测试中常用的信号处理方法，了解振动量的测量及评价等内容。

（8）掌握噪声基础知识，了解噪声测试仪器及测试方法等内容。

（9）了解汽车结构应变、应力测试等方面的知识，掌握汽车结构主应变、主应力、相当应力的确定及其测试原理等方面的内容。

"汽车测试技术"课程中涉及到过去所学的许多相关知识，需要多种学科知识的综合运用，其内容包括常用的实验基本理论和技能，具有涉及面宽、实践性强的特点。学生在学习过程中要注意理解物理概念，掌握基本原理和特性，密切联系实际，加强实践环节。学习中，学生必须通过必要的实验课，亲自动手完成某些实验项目的全过程。只有受到科学试验能力的基本训练，掌握了有关试验的知识和测试技术，才能初步具有在实际生产、科研中组织、实施各种试验工作的能力。

信号和传感器

测量是为了确定被测对象的量值而进行的试验过程。汽车测试是测量与试验的综合，是为获得汽车的状态、运动和特征等方面的信息而进行的。信息反映了系统的运动状态和特性。信息本身不是物质，也不具有能量，但信息的传输却要依靠有能量的信号作为载体。

汽车测试设备即测试系统，一般包括传感器、信号调理设备、信号记录仪、数据采集设备、数据处理与显示设备等。传感器是测试系统的第一个环节，是测试系统与被测对象直接发生联系的装置。传感器将力、应力、压力、转矩、位移、速度、加速度、温度、流量和时间等被测非电物理量，转换为与之相应且容易检测、传输的电量信号（电压、电流、电阻、电容等）。

2.1 汽车信号及其分类

2.1.1 信号的分类及描述

信号的分类主要是依据信号波形特征来划分的。信号波形是指被测的信号幅度随时间的变化历程。从不同的角度观察信号，可分为：①从信号描述（数学表达式）上分为确定性信号和非确定性信号，如表 2-1 所列；②从连续性上分为连续信号和离散信号，如表 2-2 所列；③从信号的幅值和能量上分为能量信号和功率信号，如表 2-3 所列。

表 2-1 信号分类一

信号	确定性信号	周期信号	正弦（简谐）信号
			复杂周期信号
		非周期信号	准周期信号
			瞬变信号
	非确定性（随机）信号	平稳随机信号	各态历经信号
			非各态历经信号
		非平稳随机信号	

表2-1 信号分类二

信号	连续信号 (在所有时间点上有定义)	模拟信号(信号的幅值与时间均连续)
		一般连续信号(时间连续)
	离散信号 (在若干时间点上有定义)	一般离散信号(时间离散)
		数字信号(信号的幅值与时间均离散)

表2-3 信号分类三

信号	能量信号	能量为有限值的信号(一般持续时间有限的瞬态信号为能量信号)
	功率信号	能量不是有限值,宜研究其平均功率的信号(一般持续时间无限的信号)

1. 确定性信号

可以用明确的数学关系式来描述的信号称为确定性信号。

(1) 周期信号:幅值随时间变化产生周期性重复变化的信号。

① 正弦信号:表达式为正弦函数的信号。

② 复杂周期信号:由若干频率之比为有理数的正弦波叠加而成的信号。

(2) 非周期信号:可用明确的时间函数描述,但是不具有周期性,一般具有瞬变性。

① 准周期信号:有限个周期信号的合成,但是各周期信号的频率比不是有理数。

② 瞬变信号:在有限时间段存在,或随时间的增加幅值衰减至零。

2. 随机信号

不能用精确的数学关系式描述,其幅值相位变化是不可预知的。随机信号具有统计规律性。

(1) 平稳随机信号:均值、方差和自相关函数的计算结果与采样时刻的选取无关的随机信号。

① 各态历经信号:若一个平稳随机过程中,每个样本函数的均值、方差及自相关函数均相等,则称为各态历经随机过程,其信号为各态历经信号。

② 非各态历经信号:不满足各态历经条件的平稳信号。

(2) 非平稳随机信号:不满足平稳随机条件的随机信号。

2.1.2 汽车电子信号的类型

当今汽车控制系统中具有5种基本类型的电子信号,它们可以看成是电子控制系统中各个传感器、控制计算机和其他设备之间相互通信的基本语言,就像英语的字母,它们都有不同的"发音"。正是因为它们各自不同的特点,达到了不同通信的目的。当今汽车电子信号的五大基本类型如下所示。

1. 直流信号

在汽车中产生直流(DC)信号的传感器或电源装置产生的电压有蓄电池电压或控制计算机输出的传感器参考电压。

产生直流信号的传感器有发动机冷却液温度传感器、燃油温度传感器、进气温度传感器、节气门位置传感器、废气再循环压强传感器,翼板式或热丝式空气流量计、真空和节气门开关,以及通用汽车、克莱斯勒汽车的进气压力传感器。

2. 交流信号

在汽车中产生交流(AC)信号的传感器和装置有车速传感器(VSS)、轮速传感器、磁电式曲轴转角(CKP)和凸轮轴(CMP)传感器、进气歧管绝对压力传感器、爆燃传感器(KS)。

▶ **3. 频率调制信号**

在汽车中产生可变频率信号的传感器和装置有数字式空气流量计、数字式进气压力传感器、光电式车速传感器、霍耳式车速传感器、光电式曲轴转角和凸轮轴传感器、霍耳式曲轴转角和凸轮轴传感器。

▶ **4. 脉宽调制信号**

在汽车产生脉宽调制信号的电路和装置有初级点火线圈、电子点火正时电路、废气再循环控制(EGR)、净化涡轮增压和其他控制电磁阀、喷油器、怠速控制电机和电磁阀。

▶ **5. 串行数据(多路)信号**

串行数据是计算机的通信语言。串行数据使得车身控制计算机、发动机控制计算机、灯光控制单元、防抱死制动系统和悬架控制单元及许多其他控制单元之间的通信有可能得以实现。串行数据由发动机控制计算机(PCM)、车身控制计算机(BCM)和防抱死制动系统(ABS)或其控制模块产生。

2.1.3 汽车电子信号的判定依据

对于5种汽车电子信号而言,控制计算机在判定特定的信息类型时会遵循一定的判定依据,因为控制计算机需要通过分辨这些特征来识别各个传感器提供的各种信息并依据这些特征来发出各种命令,指挥不同的执行器动作,这些特征就是汽车电子信号的5种判定依据。这5种判定依据是:

① 幅值:电子信号在一定点上的即时电压;
② 频率:电子信号在两个事件或循环之间的时间,一般指每秒的循环数(Hz);
③ 形状:电子信号的外形特征,它的曲线、轮廓和上升沿、下降沿等;
④ 脉冲宽度:电子信号所占的时间或占空比;
⑤ 阵列:组成专门信息信号的重复方式,例如#1缸传送给发动机控制计算机的上止点同步脉冲信号,或传给解码器的有关冷却液温度是210℉[①]的串行数据流等。

每个"五要素"电子信号都可以用5种判定尺度中的一个或多个特征组成(表2-4)。

表2-4 电子信号的判断依据

信号类型	幅度	频率	形状	脉冲宽度	阵列
	幅度	频率	形状	脉冲宽度	阵列
直流	√				
交流	√	√	√		
频率调制	√	√	√		
脉宽调制	√	√	√	√	
串行数据	√	√	√	√	√

①　$t(℉)=\dfrac{5}{9}[t(℃)-32]$

2.2 传感器的组成

传感器是将各种非电量(物理量、化学量、生物量等)按一定规律转换成便于传输和处理的另一种物理量(一般为电量)的装置。

传感器一般由敏感元件、转换元件和测量电路3部分组成,必要时还需要辅助电源电路,组成框图如图2-1所示。汽车传感器的分布如图2-2所示。

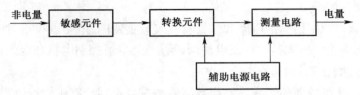

图 2-1 传感器组成框图

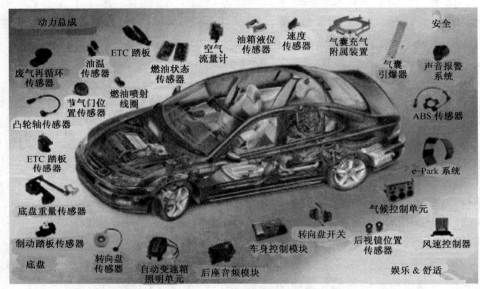

图 2-2 汽车传感器分布图

▶ 1. 敏感元件

敏感元件是指能够完成预变换的器件,又称为预变换器。

在将非电量变换成电量的过程中,并非所有的非电量都能利用现有手段直接变换为电量,往往需要先将被测非电量预先变换为另一种易于变换成电量的非电量,然后再变换为电量。因此在传感器中,各种类型的弹性元件常被称为敏感元件,并统称为弹性敏感元件。

▶ 2. 转换元件

转换元件是指将感受到的非电量直接转换为电量的器件。例如,压电晶体、热电偶等。

并非所有的传感器都包括敏感元件和转换元件。例如,热敏电阻、压敏电阻和光电元件等,这些传感器的敏感元件和转换元件可以合二为一。

▶ 3. 测量电路

测量电路是指将转换元件输出的电量转变成便于显示、记录、控制和处理等电信号的电路。测量电路的类型取决于转换元件的类型,常用的有电桥电路、脉冲调制电路、振荡电路和高阻抗输入电路等。

2.3 车用传感器的分类

（1）根据工作原理可分为电阻式、电容式、电感式、压电式、光电式、磁电式、热电式、霍耳式、超声波传感器等。

（2）根据功能可分为

① 发动机电子控制用传感器：如空气流量、曲轴转角、发动机转速、爆燃、进气温度、冷却液温度传感器等；

② 底盘检测与控制传感器：如车高传感器、转向角度传感器、车速传感器等；

③ 为驾驶员提供信息的传感器：如汽车仪表电子装置中使用的各种传感器，地磁矢量传感器等；

④ 提高乘坐舒适性装置中使用的传感器：如座椅位置调整用的电位计式电阻传感器等。

（3）根据被测物理量可分为温度传感器、空气流量传感器、压力传感器、位置与角度传感器、速度与加速度传感器、振动传感器、气体浓度传感器等，详细分类如表2-5所列。

表2-5 车用传感器分类表

温度传感器	冷却液温度传感器	压力传感器	油压助力制动系统中的油压传感器
	进气温度传感器		主动悬架系统中的油压传感器
	变速器油温传感器		制动主缸油压传感器
	排气温度传感器（催化剂温度）		蓄压器压力传感器
	EGR检测温度传感器		增压传感器
	车外温度传感器	位置与角度传感器	节气门位置传感器
	车内温度传感器		转向角度传感器
	日照温度传感器		光电式车高传感器
	蒸发器出口温度传感器		液位传感器
	冷却液温度传感器	速度与加速度传感器	曲轴位置（发动机转速）传感器
	蓄电池温度传感器		上止点位置传感器
	热敏开关		缸位判别传感器
空气流量传感器	翼片式空气流量传感器		车速传感器（输出轴）
	卡门涡旋式空气流量传感器		输入轴转速传感器
	热线式空气流量传感器		轮速传感器
	热膜式空气流量传感器		ABS加速度传感器
压力传感器	进气歧管压力传感器	振动传感器	碰撞传感器
	大气压力传感器		爆燃传感器
	宽气滤清器真空开关	气体浓度传感器	氧传感器
	机油压力开关		稀薄混合气传感器
	空调高压低压开关		烟雾浓度传感器

（4）根据能量转换原理可分为

有源传感器：将非电量转换为电量，如压电式、磁电式传感器等，不需要外部电源。

无源传感器：不起能量转换作用，只是将被测非电量转换为电参量的变化，如电阻应变片式传感器、电容式传感器及电感式传感器等，需要外部电源。

2.3.1 电阻式传感器

电阻式传感器是把位移、力、压力、加速度、扭矩等非电物理量转换为电阻值变化的传感器。它主要包括电阻应变式传感器、电位器式传感器和压敏电阻式传感器等（热敏电阻式——光电式、光敏电阻式——压电式）。

▶ 1. 电阻应变式传感器

（1）应变片的构造。应变片由敏感栅、基底、覆盖层和引出线组成，如图 2-3 所示，敏感栅用粘贴合剂粘贴在基底与覆盖层之间，引出线焊接在敏感栅的两端。将应变片用黏合剂粘贴在试件上，试件受力变形，应变片同时发生变形，其电阻随之改变，这种现象称为应变效应。

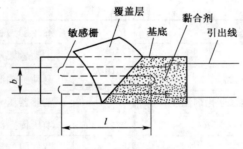

图 2-3 应变片结构

（2）电阻应变片的工作原理。金属丝的阻值 R 与金属丝的长度 L、截面积 A 及电阻率 ρ 的关系为

$$R = \rho \cdot \frac{L}{A} \qquad (2.1)$$

式中：ρ 为电阻率（$\Omega \cdot \mathrm{mm}^2/\mathrm{m}$）；$L$ 为电阻丝长度（m）；A 为电阻丝横截面积（$A = \pi t^2$）（mm^2）。

当金属丝受到拉伸或压缩时，其长度 L、截面积 A 都发生变化，因此电阻值 R 亦会发生变化，电阻的相对变化量为

$$\frac{\mathrm{d}R}{R} = \frac{\mathrm{d}L}{L} + \frac{\mathrm{d}\rho}{\rho} - 2\frac{\mathrm{d}r}{r} \qquad (2.2)$$

式中：$\frac{\mathrm{d}L}{L} = \varepsilon$ 为电阻丝的纵向应变，或称轴向相对变形；$\frac{\mathrm{d}r}{r}$ 为电阻丝的横向应变，或称径向相对变形（$\frac{\mathrm{d}r}{r} = -\mu\frac{\mathrm{d}L}{L}$，$\mu$ 为电阻丝材料的泊松比）；$\frac{\mathrm{d}\rho}{\rho}$ 为电阻率的相对变化（$\frac{\mathrm{d}\rho}{\rho} = \lambda E\varepsilon$，$\lambda$ 为材料的压阻系数，E 为材料的弹性模量）。

将以上关系代入式（2.1）可得

$$\frac{\mathrm{d}R}{R} = (1 + 2\mu + \lambda E)\varepsilon \qquad (2.3)$$

对同一种材料（$1+2\mu$）是常数，$\lambda E\varepsilon$ 是由于电阻丝的电阻率随应变的变化引起的，对于金

属丝来讲,χE 很小,可以忽略不计。式(2.3)简化为

$$\frac{\mathrm{d}R}{R} = (1 + 2\mu)\varepsilon \tag{2.4}$$

即金属丝的电阻变化率$\frac{\mathrm{d}R}{R}$与纵向应变ε成正比。

(3)电阻应变式传感器应用。电阻应变片除了常用于各种结构件的应力、应变测量,还可以与弹性元件一起构成应变式传感器。可以测量拉压力、扭矩、流体压力及加速度等物理量。

▶ **2. 电位器式传感器**

(1)电位器式传感器的工作原理。电位器式传感器的工作原理是通过滑动触点改变电阻丝的长度来改变电阻值的大小,进而将电阻值的变化转换为电压或电流的变化。主要用于线位移和角位移测量。

(2)电位器式传感器的应用——节气门位置传感器。节气门位置传感器安装在节气门体上,它的作用是将节气门开度信号转换成电压信号输出,以便 ECU 控制喷油量。有开关量输出和线性输出两种类型。下面介绍线性节气门位置传感器(图2-4)。

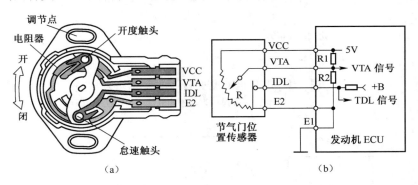

图2-4 线性节气门位置传感器结构及电路图
(a)结构图;(b)电路图。

图2-4中 VCC 是传感器电源端子,由 ECU 提供。VTA 是节气门开度信号端子,节气门开度越大,VTA—E2 间电阻越大,开度电压信号越大。IDL 是怠速开关端子。节气门关闭时,怠速开关闭合;节气门打开时,怠速开关断开。E2 是传感器通过 ECU 接地。

线性节气门位置传感器由与节气门联动的电位器、怠速触点及外壳等组成。电位器的动触点(节气门开度输出触点)随节气门开度在电阻膜上滑动,从而在该触点(VTA 端子)得到与节气门开度成比例的线性电压输出,当节气门全闭时,另外一个与节气门联动的动触点与怠速输出触点(IDL)接通,传感器输出怠速信号。节气门位置传感器输出的线性电压信号经 A/D 转换后送计算机处理。

▶ **3. 压敏电阻式传感器**

(1)压敏电阻式传感器的工作原理。压敏电阻式传感器的工作原理是基于半导体晶体材料的电阻率随作用应力变化的所谓压阻效应。在半导体材料基片上选择一定的晶向位置,利用集成电路工艺制成扩散电阻,作为测量传感元件,基片直接作为测量敏感元件。扩散电阻在基片上组成测量电桥,当基片受应力作用产生变形时,各扩散电阻臂阻值发生变化,电桥产生相应的不平衡输出。

（2）压敏电阻式传感器的应用。压敏电阻式传感器主要用来测量压力和加速度。下面介绍发动机进气压力传感器。

压敏电阻式进气压力传感器（图2-5）主要由硅片、真空室、硅杯、底座、真空管和引线电极组成。硅片（图2-6）是用单晶硅制成的压力转换元件,在硅片的中心有一个圆形的薄膜片,在薄膜片的四周有4个阻值相等的压敏电阻连接成惠斯通电桥电路,再与温度补偿电阻和信号放大电路等混合集成电路连接。

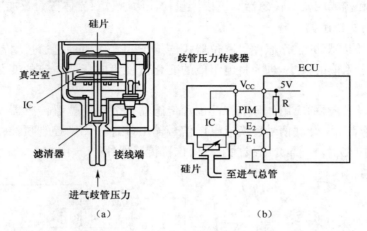

图2-5 压敏电阻式进气压力传感器结构
(a)结构;(b)与ECU连接电路。

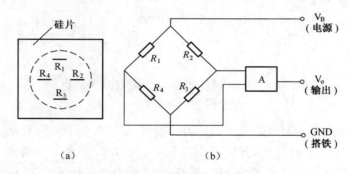

图2-6 硅片结构及等效电路

工作原理:硅片一面通真空室,一面承受来自进气歧管中的压力,在此气体压力下硅片产生变形,膜片上的压敏电阻的阻值发生变化,惠斯通电桥平衡被打破,当电桥的输入端输入一定的电压或电流时,在电桥的输出端便可得到相应变化的信号电压或电流。

2.3.2 电容式传感器

电容式传感器的本质是可变电容,它将被测物理量转化为电容量的变化。

▶ 1. 电容式传感器的工作原理

以平行板电容器为例,若忽略边缘效应,电容量 C 为

$$C = \frac{\varepsilon_r \varepsilon_0 A}{d} \tag{2.5}$$

式中:C 为电容量(F);A 为电容板的有效面积(m^2);ε_0 为真空介电常数,$\varepsilon_0 = 8.85 \times 10^{-12}$

F/m;ε_r 为板间介质的相对介电常数,当介质为空气时 $\varepsilon_r=1$;d 为两极板间距离(m)。

由式(2.5)可知,当被测量使 d、A 或 ε_r 变化时都可引起电容的变化。因此电容式传感器可分为极距变化型、面积变化型、介质变化型 3 类。极距变化型一般用来测量微小的线位移或由于力、压力、振动等引起的极距变化(电容式压力传感器)。面积变化型一般用于测量角位移或较大的线位移。

▶ **2. 电容式传感器的应用**

电容式压力传感器属于极距变化型电容式传感器,可分为单电容式压力传感器和电容差动式压力传感器。

电容差动式进气压力传感器(图 2-7)由动片 (弹性膜片)、两个定片(弹性膜片上、下凹玻璃上的金属涂层)、输出端子及壳体等组成。位于传感器壳体内腔的弹性膜片用金属制成,弹性膜片上、下两个凹玻璃的表面也均有金属涂层,这样在弹性膜片与两个金属涂层之间形成两个串联的电容,利用电容效应检测进气管绝对压力。发动机工作时,进气管内的空气压力作用于弹性膜片上,使弹性膜片产生位移,弹性膜片与两个金属涂层之间的距离发生变化,一个距离减小,而另一个距离增大,在弹性膜片与两个金属涂层之间形成的

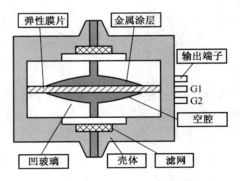

图 2-7 电容差动式进气压力传感器

两个电容的电容量也就一个增加,另一个则减小。电容量的变化量与弹性膜片的位移成正比,而弹性膜片的位移取决于上、下两个空腔的气体压力,只要弹性膜片上部的空腔为绝对真空,下部空腔通进气管,则可通过检测电容量的变化来检测进气管的绝对压力。电容量的变化量再经过测量电路转换成电压信号输送给 ECU,测量电路可以是电容电桥电路或谐振电路等。

除了进气压力传感器之外,电容式传感器在汽车上的应用还有电容式液位传感器、电容式加速度传感器及电容式倾角传感器(测定车轮定位参数)等。

2.3.3 电感式传感器

电感式传感器是利用电磁感应原理把被测的物理量如位移、压力、流量、振动等转换成线圈的自感系数和互感系数变化的一种传感器,再由电路转换为电压或电流的变化量输出,实现非电量到电量的转换。电感式传感器可分为自感型(可变磁阻式和电涡流式)与互感型(差动变压器式)。

▶ **1. 电感式传感器的分类及原理**

(1) 可变磁阻式。如图 2-8 所示,可变磁阻式电感传感器由线圈、铁芯和衔铁组成,铁芯和衔铁之间有厚度为 δ 的间隙。传感器测量位移时,衔铁运动导致间隙厚度变化,从而改变线圈的自感系数。

在电感线圈通以交变电流 I,电感线圈的电感为

$$L=\frac{M^2}{R_m}\tag{2.6}$$

式中:N 为线圈匝数;R_m 为磁路磁阻。

从式(2.6)可知,当电感线圈的匝数一定时,图 2-8 中的位移量可以通过改变磁路中的磁

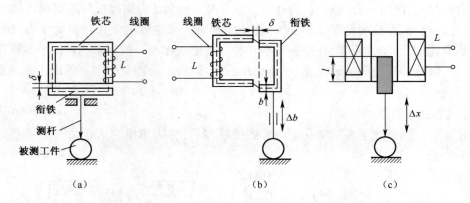

图 2-8　可变磁阻式电感传感器
(a)间隙变化型；(b)面积变化型；(c)螺线管型。

阻 R_m 来改变自感系数，从而将被测量的变化转换成传感器自感系数的变化。因此，这类传感器称为可变磁阻式传感器。下面讨论哪些因素与磁路磁阻 R_m 有关。

若空气间隙小，且不考虑磁路的铁损和导体的磁损，则

$$R_m = \frac{2\delta}{\mu_0 A} \tag{2.7}$$

式中：δ 为空气间隙厚度(m)；μ_0 为真空磁导率，$\mu_0 = 4\pi \times \dfrac{10^{-7} H}{m}$；$A$ 为间隙截面积(m^2)。

将式(2.7)代入式(2.6)可得

$$L = \frac{N^2 \mu_0 A}{2\delta} \tag{2.8}$$

式(2.8)为可变磁阻式电感式传感器的工作原理表达式。它表明空气间隙厚度和截面积是改变磁阻从而改变自感 L 的主要因素。被测量只要能够改变空气间隙厚度或截面积，就能达到将被测量的变化转换成自感变化的目的，由此也就构成了间隙变化型和面积变化型的自感式电感传感器。为保证传感器的线性度，限制非线性误差，这种传感器多用于微小位移测量。实际应用中，位移测量范围为 $0.001 \sim 1mm$。

实际应用中常将两个完全相同的电感传感器线圈与一个共用的活动衔铁结合在一起，构成差动式电感传感器(图 2-9)。差动式传感器比单边式传感器的灵敏度提高 1 倍，其输出线性度也改善许多。

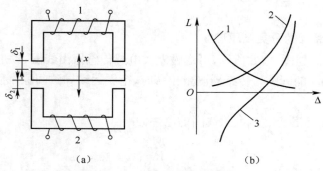

图 2-9　差动式电感传感器
(a)传感器的结构；(b)传感器的输出曲线。

（2）电涡流式。电涡流式电感传感器的转换原理是金属导体在交变磁场中的涡流效应。根据电磁感应定律，当一个通以交流电流的线圈靠近一块金属导体时，交变电流 I_1 产生的交变磁通 Φ_1 通过金属导体，在金属导体内部产生感应电流 I_2，I_2 在金属板内自行闭合形成回路，称为"涡流"。涡流的产生必然要消耗磁场的能量，即涡流产生的磁通 Φ_2 总是与线圈磁通 Φ_1 方向相反，使线圈的阻抗发生变化。传感器线圈阻抗的变化与被测金属的性质（电阻率 ρ、磁导率 μ 等）、传感器线圈的几何参数、激励电流的大小与频率、被测金属的厚度及线圈到被测金属之间的距离等有关。因此，可把传感器线圈作为传感器的敏感元件，通过其阻抗的变化来测定导体的位移、振幅、厚度、转速、导体的表面裂纹、缺陷、硬度和强度等。

涡流式电感传感器可分为高频反射式和低频透射式两种类型（图 2-10）。

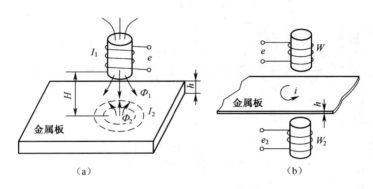

图 2-10　涡流式电感传感器
(a)高频反射式；(b)低频透射式。

涡流式电感、传感器可以测量位移、振幅及金属表面的裂纹。它的检测范围从 $0\sim1\mathrm{mm}$ 到 $0\sim40\mathrm{mm}$，分辨率一般可达满量程的 0.1%。振动幅值测量范围从几微米到几毫米。涡流式电感传感器的频率特性从零到几十千赫的范围内部是平坦的，故能作静态位移测量，特别适合作低频振动测量。

用涡流式电感、传感器可以探测金属零件表面裂纹、热处理裂纹和焊接裂纹等。探测时，传感器贴近零件表面，当遇到有裂纹时，涡流式电感、传感器等效电路中的涡流反射电阻与涡流反射电感发生变化，导致线圈的阻抗改变，输出电压随之发生改变。

（3）差动变压器式电感传感器。差动变压器式电感传感器是一种互感式电感传感器，它实质上是一个具有可动铁芯的变压器。当变压器初级（一次侧）线圈中接入电源后，其次级（二次侧）线圈中即感应出电压。在改变铁芯与初、次级线圈之间的位置时，改变了初、次级线圈之间的互感量而使次级线圈输出的电压也产生了变化，达到由互感量的变化引起电压变化的目的。由于这种传感器一般都做成差动式结构，所以称为差动变压器式电感传感器。实际使用中的差动变压器多是螺线管式。

2.3.4　压电式传感器

压电式传感器是一种基于压电效应的传感器。它的敏感元件由压电材料制成，压电材料受力后表面产生电荷。此电荷经电荷放大器和测量电路放大及变换阻抗后就成为正比于所受外力的电量输出。它是一种可逆型换能器，既可以将机械能转换为电能，又可将电能转换为机械能。压电式传感器用于测量力和能变换为力的非电物理量。

▶ 1. 压电式传感器的工作原理

压电效应可分为正压电效应和逆压电效应。正压电效应是指,当材料受到某固定方向外力的作用时,不仅会产生机械变形,其内部还会产生极化现象,从而在材料的相对表面上产生异性电荷而形成电场。当外力撤去后,材料又恢复到不带电的状态;当外力作用方向改变时,电荷的极性也随之改变;材料受力所产生的电荷量与外力的大小成正比。逆压电效应是指,当对材料两极面上施加交流电压时,就会产生机械波。压电式传感器大多是利用正压电效应制成的,压电效应原理图如图 2-11 所示。

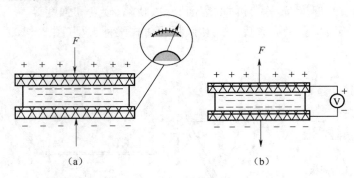

（a）　　　　　　　　　　　（b）

图 2-11　压电效应原理图
(a)正压电效应;(b)逆压电效应。

实验证明,对所有压电元件

$$Q = KF$$

式中:Q 为压电元件表面产生的电荷量;K 为压电元件的压电系数;F 为施加在压电元件上的压力。

$$压电材料\begin{cases}无机压电材料\begin{cases}单晶压电晶体:石英等。\\多晶压电陶瓷:钛酸钡等。\end{cases}\\有机压电材料:高分子压电薄膜,如聚氟乙烯等。\end{cases}$$

▶ 2. 压电式传感器的应用

压电式发动机爆燃传感器:爆燃传感器的功能是将发动机爆燃信号转化为电信号传递给 ECU,ECU 根据爆燃信号对点火提前角进行修正,使点火提前角保持最佳值。常用的发动机爆燃传感器有两种类型:磁致伸缩式(电感式)和压电式,在此介绍压电式爆燃传感器。压电式爆燃传感器可分为两类:共振型和非共振型。

(1) 共振型压电式爆燃传感器。结构如图 2-12 所示,这种爆燃传感器由压电单元、振荡片、基座、外壳等组成。压电单元与固定在基座上的振荡片紧贴。被测发动机爆燃时的振动频率与所选振荡片的固有频率一致,当爆燃发生时产生共振,压电元件有最大谐振输出。

共振型爆燃传感器选择的关键在于共振频率的确定,以图 2-12 所示的钻孔压电陶瓷圆板与金属板粘结、

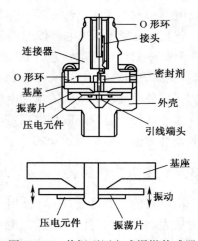

图 2-12　共振型压电式爆燃传感器

中心支撑的结构为例,中心支撑圆板的频率 f_0 为

$$f_0=\frac{\alpha t}{r^2}\sqrt{\frac{E}{3\rho(1-\mu)^2}}$$

式中:r 为圆板的半径;t 为厚度;E 为杨氏模量;ρ 为密度;μ 为泊松比;α 为比例常数。

（2）非共振型压电式爆燃传感器。非共振
式爆燃传感器（图 2-13）是以接收加速度信号来检
测爆燃的。与共振型不同,其内部无振荡片,但设置了
一个配重块。配重块压紧在压电元件上。当发动机发
生爆燃时,配重块就以正比于加速度的交变力施加在
压电元件上,从而产生输出信号。此种爆燃传感器在
爆燃时输出的电压较无爆燃时无明显变化,爆燃是否
发生是靠滤波器检出传感器输出信号中有无爆燃频率
来判别。

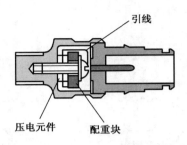

图 2-13　非共振型压电式爆燃传感器

共振型爆燃传感器在爆燃时输出电压明显增大,易于测量,但传感器必须与发动机配套使
用。而非共振型只需调整滤波器的频率范围就可用于不同的发动机,通用性强,但爆燃信号的
检测复杂。压电式爆燃传感器在使用时必须配合电压放大器或信号放大器,将信号放大并将
高阻抗输入变为低阻抗输出。

2.3.5　磁电式传感器

磁电式传感器是利用电磁感应原理将被测量转换为感应电动势的一种传感器。

▶ 1. 磁电式传感器的工作原理

由电磁感应定律,当通过闭合导电回路的磁通量发生变化时,回路内就会产生感应电动
势,其大小与磁通量的变化率有关,即

$$E=-N\frac{\mathrm{d}\Phi}{\mathrm{d}t}\tag{2.9}$$

式中:E 为感应电动势;N 为导电回路中线圈匝数;$\dfrac{\mathrm{d}\Phi}{\mathrm{d}t}$ 为穿越线圈磁通量的变化率。

改变 $\dfrac{\mathrm{d}\Phi}{\mathrm{d}t}$ 有 3 种方式:移动线圈、移动磁铁和改变磁阻,与之对应的分别称为动圈式磁电传
感器、动铁式磁电传感器和磁阻式磁电传感器。

▶ 2. 磁电式传感器的类型

（1）动圈式磁电传感器。动圈式与动铁式实质相同,磁场由永久磁体提供,在工作过程中
磁场强度 B 不变。分为线速度型和角速度型,如图 2-15 所示。

① 线速度型

工作原理如图 2-14(a)所示,当线圈在磁场中做直线运动时,产生的感应电动势 E 为

$$E=NBLv$$

式中:N 为线圈的有效匝数;B 为磁场强度;L 为单匝线圈导线长度;v 为线圈相对磁体的运动
速度。

② 角速度型

工作原理如图 2-14(b)所示,当线圈在磁场中转动时,产生的感应电动势 E 为

$$E = NBA\omega\sin\theta \qquad (2.10)$$

式中:A 为单匝线圈的截面积;ω 线圈转动角速度。

(2) 磁阻式磁电传感器。工作原理如图 2-15 所示:线圈和磁体均不运动,利用运动物体改变磁路中的磁阻,进而引起磁场的变化,使线圈中产生感应电动势。由此测得转速 n 及角速度 ω 为

$$n = \frac{60m}{zt} \qquad (2.11)$$

$$\omega = 2\pi n = \frac{120m}{zt} \qquad (2.12)$$

式中:m 为脉冲个数;t 为时间;z 为信号齿盘的齿数。

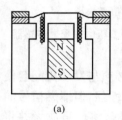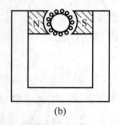

图 2-14 动圈式磁电传感器
(a)线速度型;(b)角速度型。

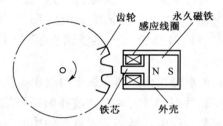

图 2-15 磁阻式磁电传感器

尽管磁阻式与动圈式磁电传感器的工作原理均是电磁感应定律,但这两种传感器的测试量却不相同。动圈式测量的是感应电动势 E,而磁阻式测量的是感应电动势的变化次数 m。读取脉冲数目 m 可以有效避免测量失真,因此汽车上的车载转速型传感器(发动机转速传感器、轮速传感器等)及汽车试验用转速型传感器(底盘测功机转速测量、总成部件试验台架转速测量等),大多采用磁阻式磁电传感器。

▶ 3. 磁电式传感器的应用

汽车上的转速传感器有 3 种:发动机转速传感器、车速传感器及轮速传感器。

表 2-6 车用转速传感器

	名称	分类	安装位置
转速传感器	发动机转速传感器	磁电式	柴油机喷油泵、汽油机分电器
		舌簧开关式	分电器内部
	车速传感器	舌簧开关式	车速表转子附近
		磁电式	变速器输出轴附近壳体上
		光电式	车速表内
	轮速传感器	磁电式	驱动轮上、从动轮上、后桥主减速
		霍耳式	器壳上或变速器输出轴上

磁电式车速传感器安装在自动变速器输出轴附近的壳体上,用于检测自动变速器输出轴的转速。电控单元 ECU 根据车速传感器的信号计算车速,作为换挡控制的依据。该传感器的安装情况如图 2-16 所示。

车速传感器由永久磁铁和电磁感应线圈组成,如图 2-17 所示。输出轴上的停车锁定齿

轮为感应转子,当输出轴转动时,停车锁定齿轮的凸齿,不断地靠近或离开车速传感器,使线圈内的磁通量发生变化,从而产生交流电。车速越高,输出轴转速也越高,感应电压脉冲频率也越高,电控组件根据感应电压脉冲的大小计算汽车行驶的速度

磁电式传感器在汽车上的应用除了车速传感器之外,还有无触点的晶体管点火系统使用的磁电式信号发生器、ABS轮速传感器和发动机转速及上止点位置传感器。

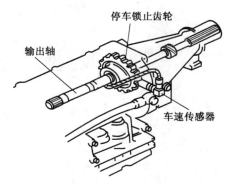

图 2-16 车速传感器安装位置

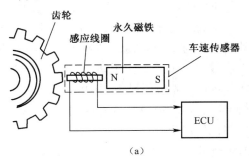

（a）

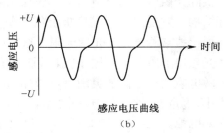

（b）

图 2-17 磁电式车速传感器

2.3.6 光电式传感器

光电式传感器是一种基于光电效应的传感器,是利用光敏元件将光信号转换成电信号输出的装置。可以利用光线的投射、遮挡、反射、干涉等特性测量尺寸、位移、速度、加速度、温度等。光电测量时不与被测对象直接接触,光束的质量又近似为零,在测量中不存在摩擦,对被测对象几乎不施加压力。因此在许多应用场合,光电式传感器比其他传感器有明显的优越性。

▶ **1. 光电式传感器的工作原理**

光电效应根据其工作原理不同分为外光电效应和内光电效应。

（1）外光电效应。在光的作用下,物体内的电子逸出物体表面向外发射的现象叫做外光电效应。基于外光电效应的电子元件有光电管、光电倍增管。

（2）内光电效应。当光照在物体上,使物体的电导率发生变化,或产生光生电动势的现象。分为光电导效应和光生伏特效应（光伏效应）。基于光电导效应的光电器件有光敏电阻,基于光伏效应的器件有光电池和光敏晶体管。

下面介绍4种主要光电转化元件。

①光电管。光电管有真空光电管和充气光电管或称电子光电管和离子光电管两类,两者结构相似。如图2-18所示,它们由一个阴极和一个阳极构成,并且密封在一只真空玻璃管内。阴极装在玻璃管内壁上,其上涂有光电发射材料。阳极通常用金属丝弯曲成矩形或圆形,置于玻璃管的中央。

②光敏电阻。光敏电阻（图2-19）又称光导管,几乎都是用半导体材料制成的光电器件。光敏电阻没有极性,纯粹是一个电阻器件,使用时既可加直流电压,也可以加交流电压。无光照时,光敏电阻值（暗电阻）很大,电路中电流（暗电流）很小。

19

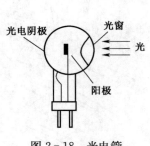

图 2-18 光电管

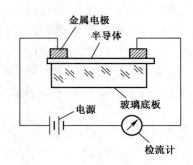

图 2-19 光敏电阻

当光敏电阻受到一定波长范围的光照时,它的阻值(亮电阻)急剧减少,电路中电流迅速增大。实际光敏电阻的暗电阻值一般在兆欧级,亮电阻在几千欧以下。图 2-19 为光敏电阻的原理结构。它是涂于玻璃底板上的一薄层半导体物质,半导体的两端装有金属电极,金属电极与引出线端相连接,光敏电阻就通过引出线端接入电路。为了防止周围介质的影响,在半导体光敏层上覆盖了一层漆膜,漆膜的成分应使它在光敏层最敏感的波长范围内透射率最大。光敏电阻具有很高的灵敏度,很好的光谱特性,光谱响应可从紫外区到红外区范围内。而且体积小、重量轻、性能稳定、价格便宜,因此应用比较广泛。

③光电池。光电池(图 2-20)是利用光生伏特效应把光直接转变成电能的器件,又称为太阳能电池。它有较大面积的 PN 结,当光照射在 PN 结上时,在结的两端出现电动势。目前,应用最广的是硅光电池。硅光电池的结构如图 2-21(b)所示。它是在一块 N 型硅片上用扩散的方法掺入一些 P 型杂质(如硼)形成 PN 结。当光照到 PN 结区时,如果光子能量足够大,将在结区附近激发出电子—空穴对,在 N 区聚积负电荷,P 区聚积正电荷,这样 N 区和 P 区之间出现电位差。若将 PN 结两端用导线连起来,电路中有电流流过,电流的方向由 P 区流经外电路至 N 区。若将外电路断开,就可测出光生电动势。

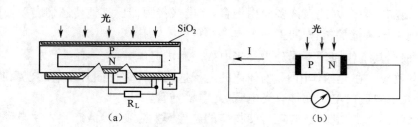

图 2-20 光电池结构及工作原理

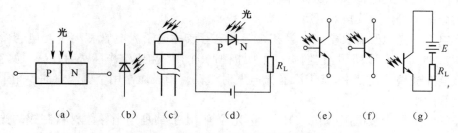

图 2-21 光敏二极管及光敏三极管

④光敏晶体管。光敏晶体管(图2-21)通常指光敏二极管和光敏三极管,它们的工作原理也是基于内光电效应,和光敏电阻的差别仅在于光线照射在半导体PN结上,PN结参加了光电转换过程。

光敏二极管的结构与一般二极管相似,它装在透明玻璃外壳中,其PN结装在管顶,可直接受到光照射。光敏二极管在电路中一般是处于反向工作状态。

光敏三极管有PNP型和NPN型两种。其结构与一般三极管很相似,具有电流增益,只是它的发射极一边做得很大,以扩大光的照射面积,且其基极不接引线。当集电极加上正电压,基极开路时,集电极处于反向偏置状态。当光线照射在集电结的基区时,会产生电子一空穴对,在内电场的作用下,光生电子被拉到集电极,基区留下空穴,使基极与发射极间的电压升高,这样便有大量的电子流向集电极,形成输出电流,且集电极电流为光电流的β倍。

▶ **2. 光电式传感器的类型**

按光电传感器接收状态可分为模拟式光电传感器和脉冲式光电传感器。

模拟式光电传感器测量系统是把被测量转换成连续变化的光电流,它与被测量间呈单值对应关系。一般有下列几种情形:

(1) 光辐射源本身是被测物,如图2-22(a)所示,被测物发出的光通量射向光电元件。这种形式的光电传感器可用于光电比色高的温度计中。它的光通量和光谱的强度分布都是被测温度的函数。

(2) 恒光源是白炽灯(或其他任何光源),如图2-22(b)所示,光通量穿过被测物,部分被吸收后到达光电元件上。吸收量取决于被测物介质中被测的参数。例如,测量液体、气体的透明度、浑浊度的光电比色计。

(3) 恒光源发出的光投射到被测物,如图2-22(c)所示,再从被测物体表面反射后投射到光电元件上。被测体表面反射条件取决于表面性质或状态,因此光电元件的输出信号是被测非电量的函数。例如,测盆表面粗糙度仪器中的传感器等。

(4) 从恒光源发射到光电元件的光通量遇到被测物,被遮蔽了一部分,如图2-22(d)所示,由此改变了照射到光电元件上的光通量。在某些测量尺寸或振动等仪器中,常采用这种传感器。

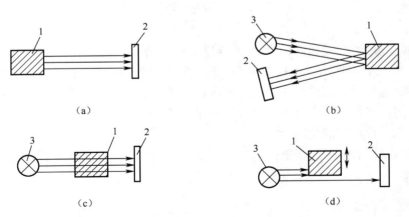

(a) (b)

(c) (d)

图2-22 光电式传感器的几种形式

(a)被测物是光源;(b)被测物是有反射能力的表面;

(b)被测物能吸收光通量;(d)被测物遮蔽光通量。

脉冲式光电传感器测量系统是把被测量转换成断续变化的光电流,系统输出为开关量的电信号。属于这一类的传感器大多用在光电继电器式的检测装置中。如电子计算机的光电输入机及转速表的光电传感器等。

▶ 3. 光电式传感器的应用

ABS用加速度传感器是光电式传感器的一种,其功用是:将汽车的减速度转换为电信号输入 ABS 的 ECU,以便判别路面状况并采取相应的控制措施。

加速度传感器有光电式、水银式、差动变压器式和半导体式等。安装位置各异,有的安装在行李舱内(如丰田赛利卡和佳美轿车),有的安装在发动机舱内。

光电式加速度传感器由两只发光二极管 LED、两只光电三极管、一块遮光板和信号处理电路等组成,结构如图 2-23 所示。光电式加速度传感器遮光板的作用是透光或遮光。当遮光板上的开口位于发光二极管与光电三极管之间时,发光二极管发出的光线能够照射到光电三极管上,使光电三极管导通,当遮光板上的齿扇位于发光二极管与光电三极管之间时,发光二极管发出的光线被遮光板上的齿扇挡住而不能照射到光电三极管上,光电三极管处于截止状态。

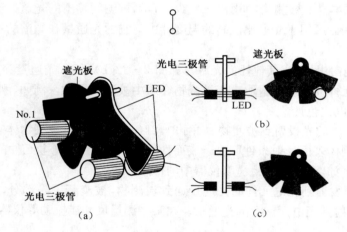

图 2-23 光电式加速度传感器结构原理
(a)元件位置图;(b)透光时;(c)遮光时。

汽车匀速行驶时,遮光板静止不动,传感器无信号输出。当汽车减速时,遮光板沿汽车纵向摆动,如图 2-24(b)所示。减速度大小不同,遮光板摆动角度就不同,两只光电三极管"导通"与"截止"状态也就不相同。减速度越大,遮光板摆动角度越大。根据两只光电三极管的输出信号,就可将汽车加速度区分为 4 个等级。ABS 的 ECU 接收到传感器信号后,就可判定出路面状况,从而采取相应的控制措施。

此外转向盘转角传感器、车速传感器、透光式烟度计、汽车前照灯检测仪也都属于光电式传感器。

2.3.7 热电式传感器

热电式传感器是将温度变化转换为电量变化的装置。它是利用某些材料或元件的性能随温度变化的特性来进行测量的。温度的测量有两种方式:接触测量和非接触测量。接触测量中,把温度变化转换为电势的热电式传感器称为热电偶;把温度变化转换为电阻值的热电式传

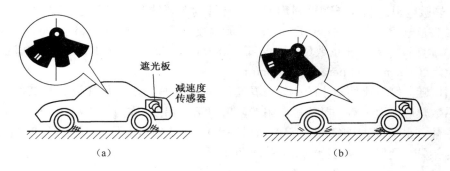

图 2-24　光电式加速度传感器工作情况

(a)匀速行驶；(b)减速行驶。

感器称为热电阻。热电阻又分为金属热电阻和半导体热电阻(热敏电阻)。在非接触测量中，汽车工程领域应用的主要是红外测温仪。

▶ 1. 热电式传感器的工作原理

(1)热电偶。热电偶是基于热电效应工作的。两个不同导体 A 与 B 串接成一个闭合回路,如图 2-25 所示,当两个接点的温度不同时(设 $T>T_0$),回路中就会产生热电动势,这种现象称为热电效应。这种现象是 1821 年德国科学家赛贝克(TSeebeck)发现的,所以又称塞贝克效应。

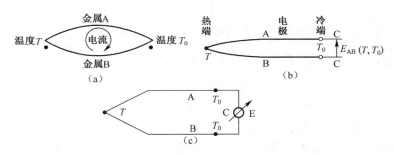

图 2-25　热电效应原理

在理解热电偶测温原理时我们需要知道热电偶的几个特性:①组成热电偶回路的两种导体材料相同时,无论两接点温度如何,回路总热电势等于零。②如果热电偶两接点的温度相同,$T=T_0$,则尽管导体 A,B 材料不同,热电偶回路的总电势亦为零。热电偶回路的总电势仅与两接点温度有关,与 A、B 材料的中间温度无关。③在热电偶回路中接入第三种材料的导体时,只要这根导体的两端温度相同,则不会影响原来回路的总热电势。这一性质称为中间导体定律。

通过测定热电偶输出电动势的大小即可得到被测温度值。由中间导体定律可知,在热电偶回路中接入导体和测量仪表,只要接入的两端温度相同,就不会影响热电偶的热电动势。为保证热点偶的热电动势是被测温度的单一函数,其自由端温度应保持恒定。一般输出电动势与温度不成线性关系。

(2) 金属热电阻。金属热电阻的阻值可以随温度的变化而变化,大多数是随温度的升高而升高,常用的材料有铂、铜、镍、铟、锰、铁等。铂热电阻、铜热电阻适用于较低温度,而铟热电阻、锰热电阻则适用于超低温测量。金属热电阻的灵敏度高,与热电偶相比可以远距离传输。

（3）热敏电阻。热敏电阻是利用陶瓷半导体材料的电阻值随温度变化而变化的特性制成。根据热敏电阻的特性不同，可分为：①负温度系数（Negative Temperature Coefficient，NTC）热敏电阻；②正温度系数（Positive Temperature Coefficient，PTC）热敏电阻；③临界温度热敏电阻（Critical Temperature Resistor，CTR）。

电阻值随温度升高而减小的称为负温度系数热敏电阻；电阻值随温度升高而增大的称为正温度系数热敏电阻。有一类热敏电阻的阻值以某一温度（称为临界温度）为界，高于此温度时阻值为某一水平，低于此温度时阻值为另一水平，这类热敏电阻称为临界温度热敏电阻。热敏电阻与铂（Pt）金属电阻的特性，如图 2-26 所示。

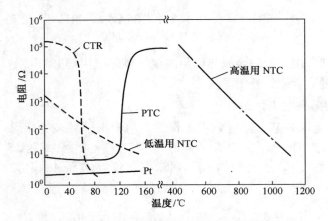

图 2-26　热敏电阻与铂金属电阻的特性

热敏电阻在温度 T 时的电阻为

$$R_T = R_0 e^{B\left(\frac{1}{T} - \frac{1}{T_0}\right)} \tag{2.13}$$

式中：R_T 为温度 T 时的阻值（Ω）；R_0 为温度 T_0（0℃或室温）时的阻值（Ω）；B 为热敏电阻材料常数，常取 2000～6000K；T 为热力学温度（K）。

热敏电阻的主要特点是：①灵敏度较高，其电阻温度系数要比金属大 10～100 倍；②工作温度范围宽，常温器件适用于 −55～315℃，高温器件适用温度高于 315℃（目前最高可达到 2000℃），低温器件适用于 −273～55℃；③体积小，能够测量其他温度计无法测量的空隙、腔体及生物体内血管的温度；④使用方便，电阻值可在 0.1Ω～100kΩ 间任意选择；⑤易加工成复杂的形状，可大批量生产；⑥稳定性好，过载能力强。

▶ **2. 热电式传感器的应用**

（1）温度传感器。汽车上各部位温度的测量几乎都用热敏温度传感器。NTR 型传感器在汽车上应用最广泛，用来测量发动机冷却液的温度、进气温度、排气温度及车内外温度等。另外热敏电阻还可以用在液位测量上，以判断燃油量的多少。车用热敏电阻式温度传感器的结构型式如图 2-27 所示，主要由热敏电阻、金属引线、接线插座和壳体等组成。

热敏电阻的外形制作成珍珠形、圆盘形（药片形）、垫图形、梳状芯片形、厚膜形等，放置在传感器的金属管壳内。在热敏电阻的两个端面各引出一个电极并连接到传感器插座上。

传感器壳体上制作有螺纹，以便安装与拆卸。接线插座分为单端子式和两端子式两种，中高档轿车燃油喷射系统一般采用两端子式温度传感器，低档轿车燃油喷射系统及汽车仪表一般采用单端子式温度传感器，如传感器插座上只有一个接线端子，则壳体为传感器的一个电

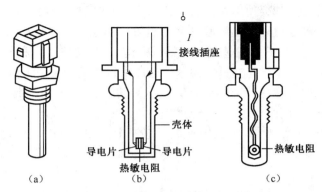

图 2-27 车用热敏电阻式温度传感器的结构
(a)外形;(b)两端子式;(c)单端子式。

极。目前电控系统使用的温度传感器插座大多数都有两个接线端子,分别与 ECU 插座上的相应端子连接,以便可靠传递信号。

(2)热线式空气流量传感器。在发动机的电子控制中一个重要方面就是最佳空燃比的控制,为此需要精确测量发动机进气空气流量。常用的空气流量传感器有翼片式、卡门涡旋式、热线式、热膜式。下面介绍热线式空气流量传感器(图 2-28)。空气流量传感器的基本构成包括感知空气流量的白金热线、根据进气温度进行修正的温度补偿电阻(冷线)、控制热线电流的控制电路及壳体等。根据白金热线在壳体内安装部位的不同,可分为安装在空气主通道内的主流测量方式和安装在空气旁通道内的旁通道测量方式。

热线式空气流量传感器是利用空气流过热金属线时的冷却效应工作的。将一根铂丝热线置于进气空气流中,当恒定电流通过铂丝使其加热后,如果流过铂丝周围的空气增加,金属丝温度就会降低。如果要使铂丝的温度保持恒定,就应根据空气量调节热线的电流,空气流量越大,需要的电流越大。图 2-28 是主流测量方式的热线式空气流量计的结构图。其中 R_H 是直径为 0.03~0.05mm 的细铂丝(热线),R_K 是作为温度补偿的冷线电阻。R_A 和 R_B 是精密线桥电阻。4 个电阻共同组成一个惠斯通电桥。在实际工作中,代表空气流量的加热电流是通过电桥中的 RA 转换成电压输出的。当空气以恒定流量流过时,电源电压使热线保持在一定温度,此时电桥保持平衡。当有空气流动时,由于 R_H 的热量被空气吸收而变冷,其电阻值发生变化,电桥失去平衡。此时,放大器即增加通过铂丝的电流,直到恢复原来的温度和电阻值,使电桥重新平衡。由于电量的增加,R_A 的电压增加,这样就在 R_A 上得到了代表空气流量的新的电压输出。

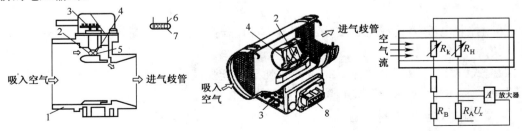

图 2-28 热线式空气流量传感器的结构及工作原理
1—空气流量传感器壳体;2—白金热线;3—控制线路板;4—温度补偿电阻;
5—旁通道;6—热线与冷线;7—陶瓷绕线管;8—电插头。

进气温度的任何变化都会使电桥失去平衡。为此,在靠近热线的空气流中,设有一个补偿电阻丝(冷线)。冷线补偿电阻的温度起一个参照值的作用。在工作中,放大器会使热线温度高出进气温度100℃。热线式空气流量传感器长期使用,会使热线上积累杂质。为此,在热线式空气流量传感器上采用了烧尽措施解决这个难题。每当发动机熄火时,ECU自动接通空气流量传感器壳体内的电子电路,热线被自动加热,使其温度在1s内升高了1000℃。由于烧尽温度必须是非常精确的,因此,在发动机熄火4s后,该电路才被接通。这种空气流量传感器由于没有运动部件,因此工作可靠,而且响应特性较好;缺点是在空气流速分布不均匀时误差较大。

2.3.8 霍耳式传感器

▶ 1. 霍耳式传感器的工作原理

霍耳传感器是根据霍耳效应制作的一种磁场传感器。霍耳效应是磁电效应的一种,这一现象是美国物理学家霍耳(Hall A H,1855—1938)于1879年在研究金属的导电机制时发现的。当电流垂直于外磁场通过导体时,在导体的垂直于磁场和电流方向的两个端面之间会出现电势差,这一现象便是霍耳效应(图2-29)。这个电势差也被叫做霍耳电动势。

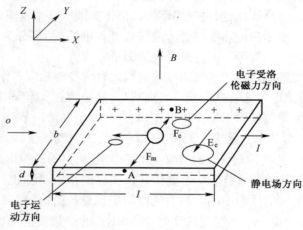

图2-29 霍耳效应

霍耳电动势 U 为

$$U = \frac{IB}{ne_0 d} \tag{2.14}$$

式中:I 为控制电流;B 为磁场强度;d 为半导体厚度;e_0 为电子电荷量,$e_0 = 1.6 \times 10^{-19}$ C;n 为电子浓度;

根据式(2.14),霍耳电动势 U 的大小正比于磁场强度 B 和控制电流 I,改变 B 或 I 的大小就可改变 U 的值,所以可以把被测量转换为电压的变化。

▶ 2. 霍耳式传感器的类型

霍耳传感器分为线性型霍耳传感器和开关型霍耳传感器两种。①线性型霍耳传感器由霍耳元件、线性放大器和射极跟随器组成,它输出模拟量。②开关型霍耳传感器由稳压器、霍耳元件、差分放大器、斯密特触发器和输出级组成,它输出数字量。

汽车上常用的霍耳传感器一般为开关型。

▶ 3. 霍耳式传感器的应用

(1)霍耳式车速传感器。霍耳传感器可以用来测量速度、转速、位置、位移等多种不同的物理量。由霍耳原理效应可知,霍耳传感器的输出电压与被测物体的运动速度无关,因此它的高、低速特性都很好,若用其测量物体的转速,其下限速度可以接近0,上限速度理论上不受限制,即它可以满足各种运行速度的测量。如图2-30(a)所示,当齿圈转到两个齿都与霍耳元件对正时,永磁体传到霍耳元件的磁力线分散,磁场较弱,输出的霍耳电压较小;如图2-30(b)所示,当齿圈转到一个齿与霍耳元件对正时,永磁体传到霍耳元件的磁力线集中,磁场较强,输出的霍耳电压较大。齿圈转动过程中,使得通过霍耳元件的磁力线密度发生变化,从而引起霍耳电压的变化,霍耳元件将输出准正弦波电压,此信号由电子电路转换成表中的脉冲电压。

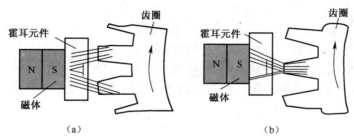

图2-30 霍耳式车速传感器原理图

(2)霍耳式曲轴位置传感器。曲轴位置传感器的作用就是确定曲轴的位置,也就是曲轴的转角。它通常要配合凸轮轴位置传感器一起来工作——确定基本点火时刻。通过凸轮轴位置传感器,可以知道哪缸活塞处于上止点,通过曲轴位置传感器,可以知道哪缸活塞是在压缩冲程中。通过这两个传感器的信号来控制在哪一时刻该给哪一缸点火。在一些车上曲轴位置传感器还可以用来测量发动机转速。曲轴传感器主要有3种类型:磁电感应式、霍耳式和光电式。下面介绍霍耳式曲轴位置传感器。

霍耳式曲轴位置传感器利用触发翼片或触发轮齿改变通过霍耳元件的磁场强度,从而使霍耳元件产生脉冲电压,经放大整形后即为曲轴位置传感器的输出信号,其工作原理如图2-31所示。

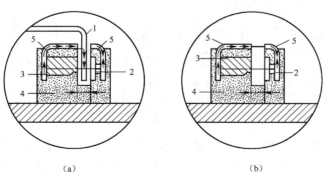

图2-31 霍耳式曲轴位置传感器工作原理

(a)触发翼片进入空气隙中,霍尔元件中的磁场疲劳路 (b)触发翼片离开空气隙,霍尔元件被磁场饱和。

1—信号轮的触发翼片;2—霍耳元件;3—永久磁铁;4—底板;5—导磁板。

触发翼片式霍耳曲轴位置传感器安装在曲轴前端。在发动机曲轴带轮前端安装着内外两个带触发翼片的信号轮,与曲轴一起转动。霍耳信号发生器由永久磁铁、导磁板和霍耳集成电路等组成。在内外信号轮侧面各有一个霍耳信号发生器。信号轮转动时,每当翼片进入永久磁铁与霍耳元件之间的空气隙时,霍耳集成电路中的磁场即被触发翼片旁路(即隔磁),这时不产生霍耳电压。当触发翼片离开空气隙时,永久磁铁的磁通便通过导磁板穿过霍耳元件,这时要产生霍耳电压。霍耳电压信号经霍耳集成电路放大整形后,即向 ECU 输入电压脉冲信号。ECU 根据这个信号,控制发动机的点火时刻。

2.3.9 超声波传感器

▶ 1. 超声波测距原理

振动在弹性介质内的传播称为波。频率在 20～20000Hz 之间的机械波为声波;低于20Hz 的为次声波;高于 20000Hz 的就是超声波。超声波的方向性好,穿透能力强,衰减小,反射能力强,并且易于获得。目前有 3 种常用的超声波测距方法:声波幅值检测法、相位检测法、渡越时间检测法。声波幅值检测法易受反射波的影响;相位检测法的精度高,但范围有限;渡越时间检测法工作方式简单,硬件控制和软件实现容易。采用渡越时间检测法,首先测出超声波从发射到遇到障碍物返回所经历的时间 t,再乘以超声波的声速 c 就得到 2 倍的声源与障碍物之间的距离,即

$$D = \frac{ct}{2} \tag{2.15}$$

式中:D 为传感器与被测障碍物之间的距离;c 为声波在介质中的传输速率。在空气中声波传播速率为 $c = c_0 \sqrt{\dfrac{T}{273}}$ m/s,其中 T 为热力学温度,$c_0 = 331.4$m/s。在测距精度不是很高的情况下,一般认为 $c = 340$m/s。

▶ 2. 超声波传感器应用

倒车雷达系统全称叫"倒车防撞雷达"系统,也叫"泊车辅助装置",是汽车泊车或者倒车时的安全辅助装置,由超声波传感器(俗称探头)、控制器和显示器(或蜂鸣器)等部分组成。能以声音或者更为直观的显示告知驾驶员周围障碍物的情况,解除了驾驶员泊车、倒车和起动车辆时前后左右探视所引起的困扰,并帮助驾驶员扫除了视野死角和视线模糊的缺陷,提高驾驶的安全性,其工作原理如图 2-32 所示。

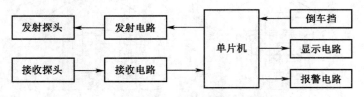

图 2-32 倒车雷达系统原理框图

倒车雷达系统主要包括超声波传感器(探头)、超声波发射电路、超声波接收电路、报警电路及显示电路,在单片机的控制下协调工作,其安装示意图如图 2-33 所示。当驾驶员将手柄拨到倒车挡时,系统自动启动,单片机某一端口输出一定频率(目前常用 40kHz、48kHz、58kHz)的脉冲信号,经放大电路放大后驱动超声波发射探头,超声波探头主要由压电晶片组成,既可以发射超声波,也可以接收超声波。在发射时,因交流电压加到压电晶片上产生机械

振动,发出超声波。与此同时,单片机启动内部定时器开始计时。接收部分通常包括超声波接收探头、信号放大电路、波形变换电路等部分,接收探头必须采用与发射探头对应的型号(频率一致),否则可能因无法产生共振而影响接收效果。在超声波发送后,单片机不断检测外部中断引脚,若该引脚电平发生变化,表明信号已经返回,关闭定时器,将定时器中的数据经过计算可以得出超声波传感器与障碍物之间的距离。

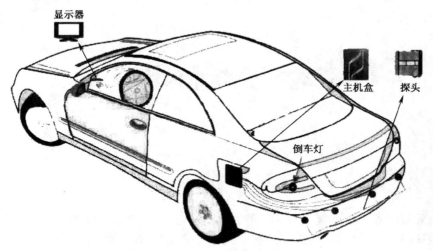

图 2-33 倒车雷达安装示意图

第 3 章

数据分析和处理

3.1 数据的误差分析

在测量数据和被测量真值之间不可避免地存在差异,在数值上表现为误差。随着科学技术的发展及认识水平的提高,误差可以被控制得越来越小,但不能被完全消除。

3.1.1 误差的定义及分类

▶ 1. 真值与平均值

真值是待测物理量客观存在的确定值,也称理论值或定义值。通常真值是无法测得的。若在实验中,测量的次数无限多时,根据误差的分布定律,正负误差的出现概率相等。再经过细致地消除系统误差,将测量值加以平均,可以获得非常接近于真值的数值。但是实际上实验测量的次数总是有限的。用有限测量值求得的平均值只能是近似真值。在科学研究中,数据的分布较多属于正态分布,所以通常采用算术平均值。

设 x_1、x_2、x_3、$\cdots$、x_n 为各次测量值,n 代表测量次数,则算术平均值为

$$\bar{x} = \frac{x_1 + x_2 + \cdots x_n}{n} = \frac{\sum\limits_{i=1}^{n} x_i}{n} \tag{3.1}$$

▶ 2. 测量误差的定义及表示方法

(1)绝对误差。被测量的测量值 X 与真值 X_0 之差称为绝对误差,简称误差,可表示为

$$\Delta X = X - X_0 \tag{3.2}$$

(2)相对误差。绝对误差与被测量真值的比值称为相对误差,通常用百分数表示为

$$\delta = \frac{\Delta X}{X_0} \times 100\% = \frac{X - X_0}{X_0} \times 100\% \tag{3.3}$$

根据测量误差的性质,测量误差可分为随机误差、系统误差和粗大误差三类。

3.1.2 随机误差

▶ 1. 随机误差的定义

在相同条件下,多次重复测量同一被测量时,测量误差的大小和符号均无规律变化,这种

误差称为随机误差,也称偶然误差。

▶ 2. 随机误差产生的原因

随机误差主要是由于检测仪器或测量过程中无法控制的随机因素造成的。

(1)测量装置方面:仪器的零部件性能不稳定、传动部件存在间隙或摩擦、连接件的弹性变形、零件表面油膜不均匀等。

(2)环境方面:温度、湿度、气压的微小变化,光强、电磁场的变化等。

(3)人员方面:实验者的感官灵敏度有限或技巧不够熟练,读数不稳定等。

随机误差在实验中总是存在的,无法完全避免,但它服从概率分布。

3.1.3 系统误差

▶ 1. 系统误差的定义

系统误差又叫做规律误差。它是在一定的测量条件下,对同一个被测尺寸进行多次重复测量时,误差值的大小和符号(正值或负值)保持不变;或者在条件变化时,按一定规律变化的误差。

▶ 2. 系统误差产生的原因

(1) 仪器误差:这是由于仪器本身的缺陷或没有按规定条件使用仪器而造成的。如仪器的零点不准,仪器未调整好,外界环境(光线、温度、湿度、电磁场等)对测量仪器的影响等所产生的误差。

(2) 理论误差(方法误差):这是由于测量所依据的理论公式本身的近似性,或实验条件不能达到理论公式所规定的要求,或者是实验方法本身不完善所带来的误差。

(3) 操作误差:这是由于观测者个人感官和运动器官的反应或习惯不同而产生的误差,它因人而异,并与观测者当时的精神状态有关。

系统误差是固定不变的或是一个确定的时间函数。在测量条件完全相同时,系统误差可以重复出现。系统误差总是使测量结果偏向一边,或者偏大,或者偏小,因此,多次测量求平均值并不能消除系统误差。

▶ 3. 消除或减少系统误差的方法

消除或减少系统误差有两个基本方法。一是事先研究系统误差的性质和大小,以修正量的方式,从测量结果中予以修正;二是根据系统误差的性质,在测量时选择适当的测量方法,使系统误差相互抵消而不带入测量结果。

(1) 采用修正值方法。对于定值系统误差可以采取修正措施。一般采用加修正值的方法。对于间接测量结果的修正,可以在每个直接测量结果上修正后,根据函数关系式计算出测量结果。修正值可以逐一求出,也可以根据拟合曲线求出。应该指出的是,修正值本身也有误差。所以测量结果经修正后并不是真值,只是比未修正的测得值更接近真值。它仍是被测量的一个估计值,所以仍需对测量结果的不确定度作出估计。

(2) 从产生根源消除。用排除误差源的办法来消除系统误差是比较好的办法。这就要求测量者对所用标准装置,测量环境条件、测量方法等进行仔细分析、研究,尽可能找出产生系统误差的根源,进而采取措施。

3.1.4 粗大误差

▶ 1. 粗大误差的定义

在一定的测量条件下,超出规定条件下预期的误差称为粗大误差。粗大误差值一般较大,明显偏离真实值,又称为过失误差。

▶ 2. 粗大误差的产生原因

客观原因:电压突变、机械冲击、外界震动、电磁(静电)干扰、仪器故障等引起了测试仪器的测量值异常或被测物品的位置相对移动,从而产生了粗大误差。

主观原因:使用了有缺陷的量具;操作时疏忽大意;读数、记录、计算的错误等。另外,环境条件的反常突变因素也是产生这些误差的原因。

▶ 3. 判别粗大误差的准则

(1)莱伊达准则(3σ准则)。

以随机误差的正态分布规律为依据,对于某一测量列,如果各测定值仅含有随机误差,根据随机误差的正态分布规律,其残差 v_i 落在 $\pm3\sigma$ 以外的概率仅有 0.27%,可以认为实际上是不可能发生的。因此,莱伊达准则认为凡 $|v_i|>3\sigma$ 者称为粗大误差。由于实际测量的次数有限,常用标准差的估计值 $\hat{\sigma}$ 代替 σ。

(2)格拉布斯准则。格拉布斯准则是一种按照顺序统计量的某种规律所提出的判别粗大误差的准则。若有一服从正态分布的测量列,当残差 V_i 满足 $|v_i|>g(n,\alpha)\hat{\sigma}$ 时,则认为该测定值是一个包含粗大误差的异常数据,应该被剔除掉。$g(n,\alpha)$ 为临界值,取决于测量次数 n 和置信度 α,可查表 3-1 得出。

表 3-1　$g(n,\alpha)$取值表

n	α 0.05	α 0.01	n	α 0.05	α 0.01
	$g(n,\alpha)$			$g(n,\alpha)$	
3	1.15	1.16	17	2.48	2.78
4	1.46	1.49	18	2.50	2.82
5	1.67	1.75	19	2.53	2.85
6	1.82	1.94	20	2.56	2.88
7	1.94	2.10	21	2.58	2.91
8	2.03	2.22	22	2.60	2.94
9	2.11	2.32	23	2.62	2.96
10	2.18	2.41	24	2.64	2.99
11	2.23	2.48	25	2.66	3.01
12	2.28	2.55	30	2.74	3.10
13	2.33	2.61	35	2.81	3.18

3.1.5 精密度、正确度和精确度(准确度)

测量的质量和水平,可用误差的概念来描述,也可用准确度等概念来描述。国内外文献所用的名词术语颇不统一,精密度、正确度、精确度这几个术语的使用一向比较混乱。近年来趋于一致的多数意见是:

▶ **1. 精密度**

精密度可以称为衡量某些物理量几次测量之间的一致性,即重复性。它可以反映偶然误差大小的影响程度。

▶ **2. 正确度**

正确度是指在规定条件下,测量中所有系统误差的综合,它可以反映系统误差大小的影响程度。

▶ **3. 精确度(准确度)**

精确度是指测量结果与真值偏离的程度。它可以反映系统误差和随机误差综合大小的影响程度。

为说明它们间的区别,往往用打靶来作比喻。如图 3-1 所示,(a)的系统误差小而偶然误差大,即正确度高而精密度低;(b)的系统误差大而偶然误差小,即正确度低而精密度高;(c)的系统误差和偶然误差都小,表示精确度(准确度)高。当然实验测量中没有像靶心那样明确的真值,而是设法去测定这个未知的真值。

对于实验测量来说,精密度高,正确度不一定高。正确度高,精密度也不一定高。但精确度(准确度)高,必然是精密度与正确度都高。

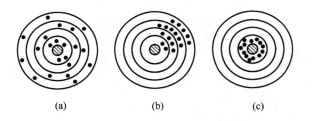

(a)   (b)   (c)

图 3-1 精密度、正确度、精确度含义示意图

3.1.6 实验结果最终表示方法

▶ **1. 不确定度**

一般来说,真值是无法得到的,误差是测量值与真值之差,所以也就无法得到,我们只能通过一定的方法对测量误差进行估计。

所谓测量不确定度,是指由于测量误差的存在而对测量值不能肯定的程度,实际上是对测量的真值在某个测量范围的一个评定。表征测量结果是分散性的一个参数。

不确定度有两类分量:

(1) A 类不确定度

$$\Delta_A = S_x = \sqrt{\frac{\sum_{i=1}^{k}(x_i - \overline{x})^2}{k-1}} \tag{3.4}$$

(2) B 类不确定度

$$\Delta_B = \Delta_仪 \tag{3.5}$$

合成不确定度

$$\Delta_x = \sqrt{\Delta_A^2 + \Delta_B^2} = \sqrt{S_X^2 + \Delta_仪^2} \tag{3.6}$$

▶ 2. 直接测量的不确定度评定步骤

（1）修正测量数据中的可定系统误差。

（2）计算测量列的算术平均值作为测量结果的最佳值。

（3）计算测量列的样本标准偏差 S_x。

（4）样本标准偏差作为不确定度 A 类分量 $\Delta_A = S_x$。

（5）计算不确定度的 B 类分量 $\Delta_B = \Delta_仪$。

（6）求合成不确定度 $\Delta_x = \sqrt{\Delta_A^2 + \Delta_B^2}$。

（7）写出最终表示结果 $x = \bar{x} \pm U_r$，$U_r = \dfrac{\Delta_x}{x} \times 100\%$。

▶ 3. 间接测量的不确定度计算

设
$$N = f(x, y, z, \cdots)$$

（1）间接测量的最佳值 $\bar{N} = f(\bar{x}, \bar{y}, \bar{z}, \cdots)$；

（2）不确定度的传递

$$dN = \frac{\partial f}{\partial x}dx + \frac{\partial f}{\partial y}dy + \frac{\partial f}{\partial z}dz + \cdots \tag{3.7}$$

以微小量代替微元

$$\Delta N = \frac{\partial f}{\partial x}\Delta x + \frac{\partial f}{\partial y}\Delta y + \frac{\partial f}{\partial z}\Delta z + \cdots \tag{3.8}$$

不确定度与微小量之间的关系

$$u_N = |\Delta N|, u_x = |\Delta x|, u_y = |\Delta y|, u_z = |\Delta z|, \cdots \tag{3.9}$$

当 x, y, z 相互独立时，有

$$\Delta N = \sqrt{\left(\frac{\partial f}{\partial x}\Delta x\right)^2 + \left(\frac{\partial f}{\partial y}\Delta y\right)^2 + \left(\frac{\partial f}{\partial z}\Delta z\right)^2 + \cdots} \tag{3.10}$$

对于以乘除运算为主的函数：取对数 $\ln N = \ln f(x, y, z, \cdots)$

再微分

$$\frac{dN}{N} = \frac{\partial \ln f}{\partial x}dx + \frac{\partial \ln f}{\partial y}dy + \frac{\partial \ln f}{\partial z}dz \tag{3.11}$$

以微小量替换微元

$$\frac{\Delta N}{N} = \frac{\partial \ln f}{\partial x}\Delta x + \frac{\partial \ln f}{\partial y}\Delta y + \frac{\partial \ln f}{\partial z}\Delta z + \cdots \tag{3.12}$$

当 x, y, z 互相独立时

$$\frac{\Delta N}{N} = \sqrt{\left(\frac{\partial \ln f}{\partial x}\Delta x\right)^2 + \left(\frac{\partial \ln f}{\partial y}\Delta y\right)^2 + \left(\frac{\partial \ln f}{\partial z}\Delta z\right)^2 + \cdots} \tag{3.13}$$

3.2 实验数据处理

汽车测试一般分为静态测试和动态测试。静态测试的被测量静止不变，或相对观察时间而言变化非常缓慢，测量误差基本相互独立。而动态测试的被测量随时间或空间而变化，测量系统处于动态情况下，测量误差具有相关性。因此静态测试数据和动态测试数据的处理方法是完全不同的。

3.2.1 静态实验数据处理

▶ **1. 实验数据处理方法**

（1）表格法。通过实验得到大量数据后，一般先将其整理归纳后列成表格，可以大致观察出函数是递增的、递减的还是周期变化的。将数据列成表格可以方便以后的计算，同时也是图示法和经验公式法的基础。

（2）图示法。把互相关联的实验数据按照自变量和因变量的关系在适当的坐标系中绘制成几何图形，用以表示被测量的变化规律和相关变量之间的关系。通过作图可以直观看出函数的变化规律，是否存在最大值、最小值等，但是无法进行数学分析。

（3）经验公式法。经验公式法利用回归分析法确定经验公式的函数类型及其参数。经验公式一般与图示法中所作曲线对应。经验公式简明紧凑，可以对公式进行必要的数学运算，需要注意的是经验公式不可能完全准确地表达全部实验数据。

▶ **2. 回归分析与曲线拟合**

回归分析是根据最小二乘法原理确定经验公式的数理统计方法。处理两个变量之间的关系称为一元回归分析，处理多个变量之间的关系称为多元回归分析。如果两个变量之间是线性关系，称为直线拟合或一元线性回归；如果变量之间是非线性关系，则称为曲线拟合或一元非线性回归。

求经验公式的一般步骤有：①确定经验公式的函数类型；②确定函数中的各参数值；③对所得经验公式的精度做出评价。

（1）直线拟合——一元线性回归方程。如果对两个变量 x 和 y 进行了 n 次测量，得到 n 对测量值 $(x, y_1), \cdots (x_n, y_n)$，将其对应的坐标点在直角坐标系中描出，若各点分布在一条直线附近，则可用一元线性回归方程来代表 x 和 y 之间的关系，可表示为

$$y = a + bx \tag{3.14}$$

根据最小二乘法，回归系数 a, b 为

$$a = \bar{y} - b\bar{x} \tag{3.15}$$

$$b = \frac{\sum (x_i - \bar{x})(y_i - \bar{y})}{\sum (x_i - \bar{x})^2} \tag{3.16}$$

$$\bar{x} = \frac{1}{n} \sum_{i=1}^{n} x_i, \bar{y} = \frac{1}{n} \sum_{i=1}^{n} y_i$$

（2）曲线拟合——一元非线性回归方程。当两个变量之间不符合线性关系时，求回归方程的步骤为：①根据数据描绘曲线，选取合适的函数类型。②求解相关函数中的回归系数和常数项。

一元非线性回归分为两种情况：化曲线为直线和多项式回归。

① 化曲线为直线的回归。先选取适合的函数类型；通过变量转换把非线性函数关系转化为线性关系；进行一元线性回归分析。通过变量反转换，将求出的线性关系还原为非线性关系，即得到所要求的拟合曲线。常用的典型曲线通过变量转换化成直线的经验公式如下。

a. 双曲线 $\frac{1}{y} = a + \frac{b}{x}$，令 $Y = \frac{1}{y}$，$X = \frac{1}{x}$，$A = a$，$B = b$ 则

$$Y = A + BX$$

b. 幂函数曲线 $y = ax^b$，令 $Y = \lg y$，$X = \lg x$，$A = \lg a$，$B = b$，则

$$Y = A + BX$$

c. 指数曲线 $y = ae^{bx}$，令 $Y = \ln y, X = x, A = \ln a, B = b$，则

$$Y = A + BX$$

d. 对数曲线 $y = a + b\lg x$，令 $Y = t, X = \lg x, A = a, B = b$，则

$$Y = A + BX$$

②多项式回归。若实验结果与前面任何一条曲线都不相符时，则需要按多项式回归处理。多项式的形式为

$$y = a_0 + a_1 x + a_2 x^2 + \cdots + a_m x^m$$

3.2.2 动态实验数据处理

▶ **1. 动态测试数据处理概述**

（1）数据准备。

①异常数据的剔除。异常数据的判断方法同 3.1.4 小节"粗大误差的判别"。

②零均值化处理。即中心化处理，将要分析的数据转化成零均值数据。设 $\{u_n\}, n = 0, 1, 2, \cdots, N-1$ 为连续采样所得的一组数据，其均值为

$$m_u = \frac{1}{n} \sum_{n=0}^{N-1} u_0 \tag{3.17}$$

令

$$\{x_1\} = \{u_n - m_u\}, n = 0, 1, 2, \cdots, N-1$$

则 $\{x_n\}$ 的均值为 0，以后的数据分析以 $\{x_n\}$ 为基础展开。

③消除趋势项。在测试过程中如果存在某种系统误差的干扰，所得实验数据会出现某种线性的或缓慢的趋势性误差。在连续信号中周期大于样本记录长度的频率称为趋势项。趋势性误差的存在会严重影响相关分析与功率谱分析。最常用的消除趋势项的方法是最小二乘法。

（2）数据分类。

①动态实验数据的分类（表 3-2）。

表 3-2 动态实验数据分类表

确定性数据	周期性数据	正弦周期性数据
		复杂周期性数据
	非周期性数据	准周期性数据
		瞬变数据
随机性数据	平稳过程数据	各态历经过程数据
	非平稳过程数据	非各态历经过程数据

② 数据性质判别。首先判断数据是确定性数据还是随机性数据，一般采用频谱分析的方法。若一段时间历程的频谱是离散的，则一定是确定性数据；若频谱是连续的，则为随机性数据。对随机性数据一般进行平稳性检验、周期性检验（图形检验法、方差定量检验法）和正态性检验（概率密度函数检验法、χ^2 拟合优度检验法）。

③ 数据分析。实验数据的类型不同，分析方法也不同。对于确定性数据，可以寻求数学函数式或经验公式。而对于随机性数据，一般从以下 3 个方面进行分析：①时间域描述——自相关函数、互相关函数；②幅值域描述——均值、均方值、方差、概率密度函数；③频率域描

述——自功率谱密度函数、互功率谱密度函数。

2. 时域分析

(1) 相关系数。相关是指变量之间的线性关系。对于确定性数据,两个变量之间可以用函数关系来描述。而对于两个随机变量,无法找到一个确定的函数关系式描述这两个变量之间的关系。但是如果两个变量间具有某种内在关系,可以通过大量统计计算发现。

变量 x 和 y 之间的相关程度用相关系数 ρ_{xy} 表示

$$\rho xy = \frac{E[(x-\mu x)(y-\mu_y)]}{\sigma_x \sigma y} \tag{3.18}$$

当 $|\rho_{xy}|=1$ 时,说明 x 和 y 两变量之间是线性关系,$|\rho_{xy}|=0$ 时,说明 x 和 y 之间完全没有关系,$|\rho_{xy}|<1$ 时,x 和 y 之间的相关程度取决于 $|\rho_{xy}|$ 的大小。

(2) 自相关分析。如果 $x(t)$ 是某各态历经随机过程的一个样本,$x(t+\tau)$ 与 $x(t)$ 时移差为 τ,则 $x(t)$ 与 $x(t+\tau)$ 的相关系数为

$$
\begin{aligned}
\rho_{x(t)x(t+\tau)} &= \frac{\lim_{T \to \infty} \frac{1}{2T} \int_{-\infty}^{\infty} [x(t)-\mu_x][x(t+\tau)-\mu_x]\mathrm{d}\tau}{\sigma_x^2} \\
&= \frac{\lim_{T \to \infty} \frac{1}{2T} \int_{-\infty}^{\infty} x(t)x(t+\tau)\mathrm{d}t - \mu_x^2}{\sigma_x^2}
\end{aligned} \tag{3.19}
$$

用 $R_x(\tau)$ 表示自相关函数

$$R_x(\tau) = \lim_{T \to \infty} \frac{1}{2T} \int_{-T}^{T} x(t)x(t+\tau)\mathrm{d}t \tag{3.20}$$

$$\rho_{x(t)x(t+\tau)} = \frac{R_x(\tau)-\mu_x^2}{\sigma_x^2} \tag{3.21}$$

自相关函数的性质:①周期函数的自相关函数是频率相同的周期函数;②自相关函数是的偶函数;③当 $\tau=0$ 时,$R_x(0)$ 的最大值为 $\sigma_x^2 + \mu_x^2$。

(3) 互相关分析。对于各态历经随机过程,两个随机信号 $x(t)$ 和 $y(t)$ 的互相关函数 $R_{xy}(\tau)$ 定义为

$$R_{xy}(\tau) = \lim_{T \to \infty} \frac{1}{2T} \int_{-T}^{T} x(t)y(t+\tau)\mathrm{d}t \tag{3.22}$$

$$R_{yx(\tau)} = \lim_{T \to \infty} \frac{1}{2T} \int_{-T}^{T} y(t)x(t+\tau)\mathrm{d}t \tag{3.23}$$

互相关函数的性质:

① 互相关函数不是 τ 的偶函数,也不是奇函数,是可正可负的实函数。

$$R_{xy}(\tau) = R_{yx}(-\tau)$$

② 当 $\tau=\tau_0$ 时,$R_{xy}(\tau_0)$ 的最大值为 $\sigma_x \sigma_y + \mu_x \mu_y$。

③ 对于两同频率的周期信号,其互相关函数仍然是同频率的周期信号,但保留了原信号的相位信息。

3. 幅值域分析

(1) 均值、均方值、方差。

① 均值。均值反映了数据的平均性质。各态历经信号的均值为

$$\mu_x = \lim_{T \to \infty} \frac{1}{T} \int_{0}^{T} x(t)\mathrm{d}t \tag{3.24}$$

式中：$x(t)$ 为样本的时间历程函数；T 为所处理信号的记录时间。

② 均方值。均方值描述信号的强度，是样本函数 $x(t)$ 平方的均值。均方值的正平方根称为均方根值。均方值计算公式

$$x_{\text{rms}}^2 = \lim_{T \to \infty} \frac{1}{T} \int_0^T x^2(t) \, \mathrm{d}t \tag{3.25}$$

③ 方差。方差的大小反映了随机信号对于均值的离散程度，方差的正平方根称为标准差。方差的计算公式为

$$\sigma_x^2 = \lim_{T \to \infty} \frac{1}{T} \int_0^T [x(t) - \mu_x]^2 \, \mathrm{d}t \tag{3.26}$$

可以推算出均值、方差和均方值之间的关系为

$$\sigma_x^2 = x_{\text{rms}}^2 - \mu_x^2 \tag{3.27}$$

在实际测量中，观测时间不可能是无限长的，用有限长度的样本值计算出的均值、方差和均方值的估计值分别为

$$\hat{\mu}_x = \frac{1}{T} \int_0^T x(t) \, \mathrm{d}t$$

$$\hat{x}_{\text{rms}}^2 = \frac{1}{T} \int_0^T x^2(t) \, \mathrm{d}t$$

$$\hat{\sigma}_x^2 = \frac{1}{T} \int_0^T [x(t) - \hat{\mu}_x]^2 \, \mathrm{d}t$$

在数字分析处理中，均值、均方值和方差的估计值分别为

$$\hat{\mu}_x = \frac{1}{N} \sum_{n=1}^{N-1} x_n$$

$$\hat{x}_{\text{rms}}^2 = \frac{1}{N-1} \sum_{n=0}^{N-1} x_n^2$$

$$\hat{\sigma}_x^2 = \frac{1}{N-1} \sum_{n=0}^{N-1} (x_n - \hat{\mu}_x)^2$$

式中：x_n 为信号经时域采样后得到的数值序列，$n = 0, 1, 2, \cdots, N-1$；N 为采样点数，$N = T/\Delta t$；Δt 为采样时间间隔。

(2) 概论密度函数。概率密度函数是表示信号瞬时值落在某指定区间内的概率。概率密度函数的定义为

$$p(x) = \lim_{\Delta x \to 0} \frac{P(x < x(t) \leqslant x + \Delta x)}{\Delta x} = \lim_{\Delta x \to 0} \frac{1}{\Delta x} \left[\lim_{T \to \infty} \frac{T_x}{T} \right] \tag{3.28}$$

概率密度函数的估计值为

$$\hat{p}(x) = \frac{T_x}{T \Delta x}$$

式中：T_x 为 $x(t)$ 落在中心 x、宽度 Δx 的窄振幅窗中的时间。

▶ **4. 频域分析**

(1) 周期性数据频谱分析——谐波分析法。对于周期性数据频谱分析，根据傅里叶级数理论，在满足狄利克雷条件(分段连续和分段光滑)下，任何周期 T 的时间历程 $x(t)$ 都可展开成傅里叶级数。这种将周期性数据展开成傅里叶级数的方法称作谐波分析法。

(2) 非周期性数据——傅里叶积分变换法。对于非周期性数据的频谱分析，瞬变数据的

时间历程 $x(t)$ 满足傅里叶积分存在条件,即狄利克雷条件和函数在无限区间上绝对可积可表示为

$$X(f) = \int_{-\infty}^{\infty} x(t) e^{j2\pi ft} dt \qquad (3.29)$$

$$X(t) = \int_{-\infty}^{\infty} x(f) e^{j2\pi ft} dt \qquad (3.30)$$

实际应用时 $X(f)$ 是通过 $x(t)$ 离散的快速傅里叶变换(DFFT)来获得的。

(3)随机性数据——功率谱分析法。由于随机数据的信号时间历程不满足函数在无限区间上绝对可积的条件,因此描述其频率特性就不能直接利用傅里叶积分变换法,而通常采用功率谱分析法。

①子功率谱函数密度。假定 $x(t)$ 是各态历经随机过程的一个样本,其均值 $\mu_x = 0$,并且其中没有周期性分量,则根据傅里叶变换公式,可以得到自相关函数 $R_x(x)$ 的傅里叶变换 $S_x(f)$ 及其逆变换,即

$$S_x(f) = \int_{-\infty}^{\infty} R_x(\tau) e^{-j2\pi ft} dt \qquad (3.31)$$

$$R_x(\tau) = \int_{-\infty}^{\infty} S_x(f) e^{j2\pi ft} dt \qquad (3.32)$$

$$R_x(x) \Leftrightarrow S_x(f)$$

$S_x(f)$ 定义为 $x(t)$ 的自功率谱密度函数,简称功率谱密度函数、自功率谱或自谱。$S_x(f)$ 和 $R_x(x)$ 之间是傅里叶变换对,两者一一对应,因此 $S_x(f)$ 中包含了 $R_x(\tau)$ 的全部信息。

在 $(0, +\infty)$ 频率范围内定义的功率谱称作单边自功率谱密度,记做 $(G_x(f))$,即

$$G_x(f) = \begin{cases} 2S_x(f) & (0 \leqslant f < \infty) \\ 0 & (其余) \end{cases}$$

②互功率谱函数密度。如果互相关函数 $R_{xy}(\tau)$ 满足傅里叶积分变换条件,则 $S_{xy}(f)$ 定义为信号 $x(t)$ 和 $y(t)$ 的互功率谱密度函数,即

$$S_{xy}(f) = \int_{-\infty}^{\infty} R_{xy}(\tau) e^{j2\pi ft} d\tau \qquad (3.33)$$

$$R_{xy}(\tau) = \int_{-\infty}^{\infty} S_{xy}(f) e^{j2\pi ft} df \qquad (3.34)$$

$$S_{yx}(f) = \int_{-\infty}^{\infty} R_{yx}(\tau) e^{-j2\pi ft} d\tau \qquad (3.35)$$

$$R_{yx}(\tau) = \int_{-\infty}^{\infty} S_{yx}(f) e^{j2\pi ft} df \qquad (3.36)$$

定义 $G_{xy}(f)$ 为单边互功率谱,即

$$G_{xy}(f) = 2S_{xy}(f) \qquad (0 \leqslant f < \infty)$$

$$G_{xy}(f) = |G_{xy}(f)| e^{-j\varphi(f)}$$

③相干函数。利用互谱密度函数可以定义相干函数 $\gamma_{xy}(f)$ 和系统频率响应函数 $H(f)$,即

$$\gamma_{xy}^2(f) = \frac{|G_{xy}(f)|^2}{G_x(f)G_y(f)} \qquad (3.37)$$

$$H(f) = \frac{G_{xy}(f)}{G_x(f)} \tag{3.38}$$

可以证明

$$0 \leqslant \gamma_{xy}^2(f) \leqslant 1$$

相干函数的作用类似于相关系数,可以判断输出 $y(t)$ 中有多少成分来自输入 $x(t)$,有多少来自噪声。当 $\gamma_x^2(f)=1$ 时,说明 $y(t)$ 和 $x(t)$ 完全相关,没有噪声干扰。否则,测量过程中可能存在噪声干扰,也可能系统是非线性的,还有可能 $y(t)$ 是 $x(t)$ 和其他输入的综合输出。

第 4 章

汽车电控单元与车载总线系统

4.1 汽车电控单元简介

在汽车的某一系统上采用微机控制时,则称该系统为电控系统。汽车电控单元(Electronic Control Unit,ECU)是包括微控制器和相关外围连接器件的电路板总称,是电控系统的核心,称为汽车电子控制器(Controller)或汽车电子控制组件,俗称"汽车计算机"、"车载计算机"。

电控单元是以单片微型计算机(即单片机)为核心所组成的电子控制装置,具有强大的数学运算、逻辑判断、数据处理与数据管理等能力。电控单元是一种电子综合控制装置,具备以下功能:

(1)接收传感器或其他装置输入的信息;给传感器提供参考电压;将输入的信息转变为微机所能接收的信号,并向受控装置(即执行器或执行元件)发出控制指令。

(2)存储、计算、分析处理信息;计算输出值所用的程序;存储该车型的特点参数;存储运算中的数据,存储故障信息。

(3)运算分析。根据信息参数求出执行命令数值;将输出的信息与标准值对比,查出故障。

(4)输出执行命令。把弱信号变成强的执行命令信号;输出故障信息。

(5)自我修正功能(自适应功能)。

电控单元的电压工作范围一般在 6.5～16V(内部关键处有稳压装置),工作电流在 0.015～0.1A,工作温度在 −40～80℃。能承受 1000Hz 以下的振动,因此 ECU 损坏的概率非常小。

4.2 电控单元结构

汽车电控单元一般是在一块芯片上集成了微处理器(Microprocessing Unit)、存储器(ROM、RAM)、输入/输出接口(I/O)、模/数转换器(A/D)及整形、驱动等大规模集成电路。整块电路板一般都封装在铝质金属壳体或塑料壳体内部,通过卡扣或者螺钉方便安装于车身钣金上,并通过线束插座与汽车整车的电器线路连接。图 4-1 为桑塔纳 2000GLi 型轿车电控单元的外形。图 4-2 为铝质金属壳体或塑料壳体内部电控单元的结构。

在汽车电子控制系统中,各种电控单元的组成大同小异,都是由硬件、软件、壳体和线束插座四部分组成。汽车各种电控单元的硬件电路都是一种十分复杂的电路,虽然不同公司开发研制的硬件电路的结构各有不同,但是,硬件电路的组成基本相同,都是由输入回路、单片微型计算机(即单片机)、输出回路、通信电路和电源电路 5 部分组成,组成框图如图 4-3 所示。

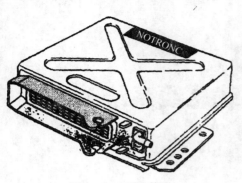

图 4-1　ECU 外形

图 4-2　ECU 内部结构

汽车电子控制系统包括硬件和软件两个部分,硬件有电子控制单元及接口、传感器、执行机构、显示机构等。ECU 控制功能的变化主要依赖于软件及输入、输出模块功能的变化,随控制系统所完成的任务不同而不同。汽车各种电控单元硬件电路的组成,具体来说是由不同种类的专用集成电路、大量的电阻器、电容器、二极管、稳压管、三极管等分立电子元件和印制电路板等构成。

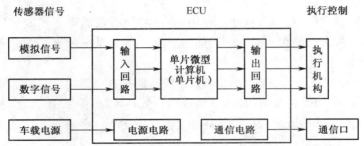

图 4-3　ECU 组成框图

在软件方面,ECU 的控制程序有以下方面:计算、控制、监测与诊断、管理、监控。执行控制模式如图 4-4 所示。

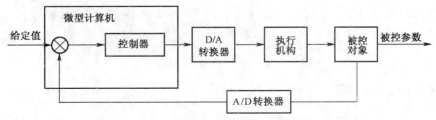

图 4-4　ECU 软件控制模式方块图

4.2.1　电控单元的输入回路

输入回路又称为输入接口,其功用是将传感器输出的信号和各种开关信号送入输入回路中,经过输入回路滤去混入信号中的干扰信号,将以正弦波形式的输入信号变成单片机能够识别与处理的数字信号。输入回路的作用如图4-5示。

ECU的输入信号主要有3种形式:模拟信号、数字信号(包括开关信号)、脉冲信号。模拟信号通过A/D转换为数字信号提供给微处理器。数字信号需要通过电平转换,得到计算机接收的信号。如图4-6所示,输入回路主要由A/D转换器和数字输入缓冲器两部分组成。

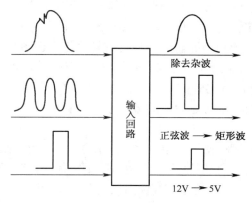

图4-5 输入回路的作用

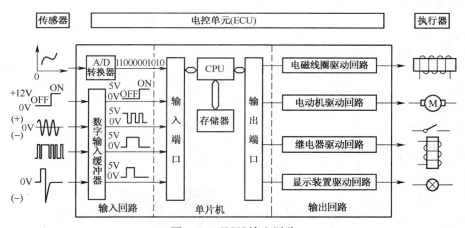

图4-6 ECU输入回路

▶ 1. 模拟输入电路——A/D转换器

A/D是模拟(Analogue)/数字(Data)的简写。A/D转换器的功用是将模拟信号转换为数字信号。控制系统要求模数信号转换具有较高的分辨率和精度(>10位)。为了保证测控系统的实时性,采样间隔一般要求小于4ms。

在汽车电子控制系统中,如空气流量传感器(翼片式、热丝式、热膜式)信号、进气歧管压力与大气压力传感器信号、进气温度和冷却液温度传感器信号、爆燃传感器信号、线性输出型节气门位置传感器信号等连续变化的信号均为模拟信号。由于数字计算机不能识别模拟量,因此需要经过A/D转换器将连续变化的模拟量转换成数字量之后才能输入单片机。

▶ 2. 数字输入电路——缓冲器

数字信号是指随着时间的变化而不连续变化的电压(或电流)信号。在汽车电子控制系统中,空气流量传感器(超声波检测涡流式与光电检测涡流式)信号、霍耳式与磁感应式传感器

（发动机转速、活塞上止点位置、车速、轮速）信号、光电式传感器（曲轴位置、凸轮轴位置、转向盘位置、减速度）信号、触点式节气门位置传感器信号、热敏铁氧体式温度传感器信号、舌簧开关式车速传感器信号、水银式减速度传感器信号、氧传感器信号及各种控制开关（空调高压低压开关、启动开关、空挡启动开关等）信号均为脉冲信号或数字信号（高电平或低电平），因此需要通过输入回路的数字缓冲器进行限幅、整形处理后，才能传输到单片机进行运算处理。

　　缓冲器电路主要由整形电路、波形变换电路、限幅电路和滤波电路等组成。数字输入缓冲器的功用是对单片机不能接收的数字信号进行预处理，以便单片机能够接收和运算处理。

　　例如，点火开关、空挡启动开关等输出的开关信号均为电源电压（12～14V）信号，而单片机能够接收的信号电压为0V或5V，因此需要缓冲器的限幅电路将高于5V的信号电压转换成5V信号。磁感应式传感器输出的信号为正弦波信号，单片机不能直接处理，必须经过缓冲器的波形变换电路转换成数字信号之后才能输入单片机；触点开关式传感器或继电器输出的数字信号含有干扰信号。

　　此外，汽车上设有各种控制开关，在电气系统工作过程中，当控制开关接通或断开，电器负载电流变化、电压变化或磁场变化时都可能产生高频干扰信号，这些干扰信号必须经缓冲器的滤波电路将干扰消除之后单片机才能接收，否则控制系统就无法正常工作。

4.2.2　电控单元处理器

　　汽车ECU通常是由车用单片机与一些标准的或特制的集成电路构成的。单片机是将中央处理器、存储器、输入/输出接口电路总线等主要计算机部件集成在一块集成电路芯片上的微型计算机。虽然单片机只是一块芯片，但"麻雀虽小，五脏俱全"，不仅具有微型计算机的组成，而且具有微型计算机的功能，故称为单片微型计算机，简称单片机或微机。它的作用是对数字信号进行加工处理，担负着存储器与外部设备进行数据交换的功能，并负责单片机内各系统的协调工作。单片机的基本结构示意图，如图4-7所示。

　　汽车ECU中常用的单片机有MCS51、PIC系列、飞思卡尔、英飞凌、ARM Cortex内核等。汽车电子控制系统采用的单片机均为数字式单片机，单片机芯片外形如图4-8所示。

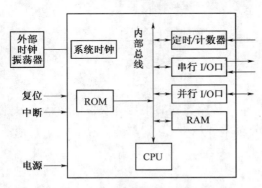

图4-7　单片机基本结构示意图

图4-8　单片机芯片外形

▶ **1. 中央处理器**

　　中央处理器（Central Processing Unit，CPU）又称为微处理器，是具有译码指令和数据处理能力的电子部件，是汽车电子控制单元的核心。中央处理器在单片机中担任中央控制功能的模块，通常从指令条数、CPU的字节、执行速度等3个方面来衡量它的功能。

在工作过程中,CPU 不断执行指令,通常有加、减指令;向存储器和外围设备存数、取数指令;中断处理指令、条件判断指令。CPU 指令条数越多,功能就越强。二进制的每一个数位成为"位"或比特(bit),它是单片机中运算和传送的最小单位。通常把 8 位二进制数定义为一个字节(B),字节是构成信息的一个小单位。字长是 CPU 一次能同时处理的二进制位数。CPU 的字长越长,处理数据的能力就越强。中央处理器主要由运算器(Arithmetic Unit)、寄存器(Register)和控制器(Controller)组成。

(1) 运算器。运算器是计算机的运算部件,用于实现数学运算和逻辑运算。它以全加器为基础,辅之以移动寄存器及相应控制逻辑组合而成的电路,在控制信号作用下可完成加、减、乘、除四则运算。汽车上各种电子控制系统(如电子控制燃油喷射系统(EFI)、防抱死制动系统(ABS)、安全气囊系统(SRS)、电子控制自动变速系统(ECT),ECU 内部的数据运算与逻辑判断都在这里进行。

(2) 寄存器。寄存器用于暂时存储数据或程序指令。采用寄存器,可以减少 CPU 访问内存次数,从而提高了 CPU 的工作速度。

(3) 控制器。控制器是计算机的指挥控制部件,其功用是按照监控程序和应用程序使计算机各部分自动协调工作。

▶ **2. 存储器**

存储器是计算机的记忆部件,用于存放程序和数据。存储器又分为内部存储器和外部存储器,单片机只有内部存储器。此外,存储器有其他多种分类方法,按功能可分为程序存储器和数据存储器;按构成材料可分为半导体存储器和磁质存储器;按读写操作原理可分为只读存储器(Read Only Memory,ROM)和随机存取存储器(Random Access Memory,RAM)。

随着半导体技术的发展,半导体存储器的功能和性能得到了大幅度提高,读写操作方式更简便实用,20 世纪 90 年代初期推出的快速擦写型存储器(Flash Memory)则充分体现了体积小、功耗低、价格便宜、操作简便的优点。

(1) 只读存储器。只读存储器(ROM)是一种一旦信息写入就不可更改,而只能读出的存储器。实质上,ROM 是一次性写入、可随机读出的存储器。在单片机上,常用来存放已固化的程序和常数。

在汽车电控系统中,ROM 用来存储制造厂家编制的控制程序、运行程序和原始试验数据(如喷射系统最佳混合气的喷油三维脉谱图数据、最佳点火提前角三维脉谱图数据等),即使点火开关断开切断电源,ROM 中存储的这些信息也不会丢失。ROM 种类有很多,目前使用最广泛的是半导体 ROM,按写入方法可分为掩模 ROM、PROM、EPROM、OTPROM 和 EEPROM。下面分别对其加以说明。

① 掩模 ROM:单片机掩模是指程序数据已经做成光刻版,在单片机生产的过程中把程序烧写进去。在厂家生产出单片机的裸片后,在做终测时,利用测试机把程序烧写进去。具有程序可靠、成本低、备货灵活、供货周期快等优点。

② PROM:可编程只读存储器(Programmable ROM,PROM),内部有行列式的镕丝,需要利用电流将其烧断,写入所需的资料,但仅能写录一次。PROM 在出厂时存储的内容为空白(全为"0"),编程时,需要足够大的电流熔断丝或永久性地击穿 PN 结,由此写入"1"的信息,以实现对其"编程"的目的。PROM 除了存放一些固定程序外,还可以存放一些不变的表格,但是这种写入是一次性的,一旦编程出错,芯片只能报废。

③ EPROM:可抹除可编程只读内存(Erasable Programmable Read Only Memory,

EPROM)可利用高电压将资料编程写入,抹除时将线路曝光于紫外线下,则资料可被清空,并且可重复使用。通常在封装外壳上会预留一个石英透明窗以方便曝光。

④ OTPROM:一次编程只读内存(One Time Programmable Read Only Memory,OPTROM)的写入原理同 EPROM,但是为了节省成本,编程写入之后就不再抹除,因此不设置透明窗。

⑤ EEPROM:电子式可抹除可编程只读内存(Electrically Erasable Programmable Read Only Memory,EEPROM)的运作原理类似 EPROM,但是抹除的方式是使用高电场来完成,因此不需要透明窗。

(2)随机存储器。随机存储器(RAM)与只读存储器(ROM)相比主要有 3 点不同:第一,RAM 中的信息既可随时写入或读出,也可随时改写,改写时不必先擦除原有内容,存取速度与存储单元位置无关;第二,半导体 RAM 中的信息会因突然断电而丢失;第三,相对 ROM,RAM 可读可写、容量大、速度快。

在汽车上,RAM 通常用来存储单片机工作时暂时需要存储的数据(如输入/输出数据、单片机运算得出的结果、故障代码、空燃比修正数据等),这些数据根据需要可随时调用或被新的数据改写。RAM 根据制造原理不同,可分为静态 RAM(SRAM)和动态 RAM(DRAM)。SRAM 集成度低,价格高,但速度快,常用作高速缓冲存储器。DRAM 集成度高,价格低,但需要周期性动态刷新,故速度慢。

常见的半导体 RAM 分为双极型与 MOS 型两种类型。双极型半导体 RAM 的速度比 MOS 型半导体 RAM 快,可达 10ns 以下,但集成度低,成本高,功耗大,主要用于速度要求高的微型计算机中;而 MOS 型 RAM 比双极型 RAM 容量大。MOS 型 RAM 又分为静态型和动态型两种。静态 MOS 型 RAM 集成度、功耗、成本、速度等指标介于双极型 RAM 和动态 MOS 型 RAM 之间。它功耗率低,而又不需要刷新,易于用电池作后备电源。动态 MOS 型 RAM 中还有预充、刷新等方面的控制电路。

(3)非易失性 RAM。新型元器件非易失性存储器(Non-Volatile Memory,NVRAM),是指当电流关掉后,所存储的数据不会消失的计算机存储器。如 FM24C64,X5045 等。

3. 输入/输出接口

输入/输出(Input/Output,I/O)接口是 CPU 与传感器或执行器之间进行数据交换和下达控制指令的通道。I/O 接口与地址总线、数据总线的连接同存储器一样,每个外部设备与微处理器的连接必须经过接口适配器(I/O 接口)。每个 I/O 接口及外部设备都有固定的地址,在 CPU 的控制下完成读写操作。由于传感器和执行器种类繁多,它们的信号速度、频率、电平、功率和工作时序等都不可能与 CPU 完全匹配,因此必须根据 CPU 的指令,通过 I/O 接口进行协调和控制。

I/O 口是单片机的重要资源,也是衡量单片机功能的重要指标之一。输入/输出接口可以分为并行输入/输出接口和串行输入/输出接口。并行输入/输出接口通常为独立的双向 I/O 口,一般既可以用做输入方式,又可以用做输出方式,通过软件编程设定;串行输入/输出接口用于单片机和串行设备或其他单片机系统的通信。串行通信有同步和异步之分,可用于硬件或通用串行收/发器件实现。

4. 输入和输出设备

输入和输出设备(如键盘、鼠标、显示器、打印机等)用于和计算机进行信息交流的输入和输出操作。

▶ **5. 总线**

总线(BUS)是微型计算机内部传递信息的连线电路。在单片机内部,CPU、ROM、RAM与I/O接口之间的信息交换都是通过总线来实现,总线数量的多少由CPU的功能决定。

CPU芯片上有3组功能不同的引线,按传递信息不同分为数据总线、地址总线和控制总线。数据总线(Data Bus,DB)适用于传送程序或数据的总线;地址总线(Address Bus,AB)是用来传递地址数码,以识别不同存储单元或I/O接口,地址总线的多少决定着一台计算机内存容量的大小;控制总线(Control Bus,CB)与微型计算机中的元器件连接,CPU可通过控制总线随时掌握各个器件的状态,并根据需要随时向某个器件发出控制指令,用于传输控制信号。总线系统示意图如图4-9所示。

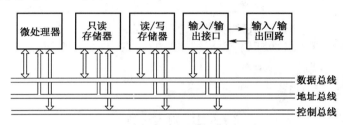

图4-9 微机总线系统示意图

4.2.3 电控单元的输出回路

输出回路是单片机与执行器之间建立联系的一部分装置,其功用是根据计算机发出的指令,控制执行器动作。微机对采样信号进行分析、比较、运算后,由预定的程序形成控制指令并通过输出端输出。由于单片机只能输出微弱的电信号(如喷油驱动信号、点火控制信号、燃油泵控制信号等),电压一般为5V,不能直接驱动执行元件,因此必须通过输出回路对控制指令进行功率放大、译码或D/A转换变成可以驱动各种元件的强电信号。输出回路多采用大功率三极管,由微型计算机输出的信号控制其导通和截止,从而控制执行元件的搭铁回路。

4.3 电控单元的开发步骤

汽车ECU的一般开发步骤如下:

(1) 提出对系统功能要求的具体描述。首先根据客户的需求进行市场调研,然后由整车开发部提出对ECU功能的具体要求,包括制造成本、生产规模、产品认证等。ECU开发部门根据要求制定出详细的系统及子系统开发目标、功能描述、技术指标、开发进度规划、节点控制等。

(2) 对具体方案进行系统建模与仿真。根据具体的方案进行整体技术分解,将整体分成几个相对独立的子系统。建立能基本描述系统工作过程的模块化仿真模型,确定信号及控制指令的方向。

(3) 系统硬件设计及改进。根据系统要求,将目标系统进一步细化,提出硬件设计方案及目标。设计每个子系统的电路图,设计PCB电路图和制版。制版完成后,根据要求选定硬件元器件的具体型号进行焊接电路板和调试电路板的工作。

(4) 系统软件设计及改进。系统软件设计为开发过程最核心的关键技术,ECU软硬件是技术含量和价值含量的具体体现。电路板完成焊接调试后,加入程序进行调试试验,然后根据系统功能要求设计 ECU 软件系统,编程具体的应用控制逻辑与控制算法。

(5) ECU 原始样机加工。作为 ECU 台架试验,实车试验是匹配参数的硬件载体。将软硬件功能结合起来完成具有目标功能的 ECU 雏形,为下一步系统参数配置及优化改进提供软硬件平台。

(6) 参数匹配。通过静态、动态试验对控制算法进行验证和优化,得到最终的控制参数表。根据试验台上的系统静态试验可以确定控制算法中控制参数的基本取值范围,为最终实车参数匹配提供参考。实车匹配试验可验证控制算法并匹配控制参数,根据评价指标最终确定控制参数表。

(7) 样机加工、验收。在 ECU 原始样机的基础上,重新设计、加工样品,为小批量试制做准备。经过对 ECU 软硬件的严格产品测试后,与目标系统外形、性能基本相符的 ECU 便正式完成。然后由客户参与,对样机进行台架及实车试验,完成控制参数匹配、优化,并确定最终的 ECU 控制参数表。客户验收后,根据反馈意见改进 ECU 软硬件及电路设计。再经过新一轮的样机验证,最终定型后批量生产。

8051 程序开发步骤,如图 4-10 所示。

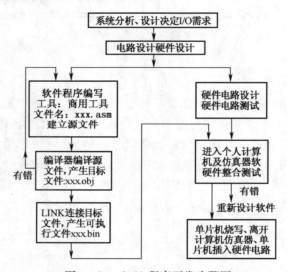

图 4-10   8051 程序开发步骤图

4.4 CAN 总线简介

CAN(Controller Area Network)是 ISO 国际标准化的串行通信协议。20 世纪 80 年代,由于欧洲汽车工业发展的需要,最先由德国 Bosch 公司提出 CAN 总线方案以解决汽车装置间的通信问题,在车载各电子控制装置 ECU 之间交换信息形成汽车电子控制网络,以解决传统布线面临的线束增多、维修困难等问题,传统的电气系统布线方案与采用 CAN 网络布线方案对比,如图 4-11 所示。

CAN 总线控制局域网是为汽车而开发的串行数据通信总线,因此其第一用户当然是汽车工业。目前,一些在世界上举足轻重的汽车制造商都在积极地将 CAN 总线用在新型汽车上,如奔驰、宝马、保时捷、劳斯来斯和美洲豹等都已采用 CAN 总线来实现汽车内部控制系统与

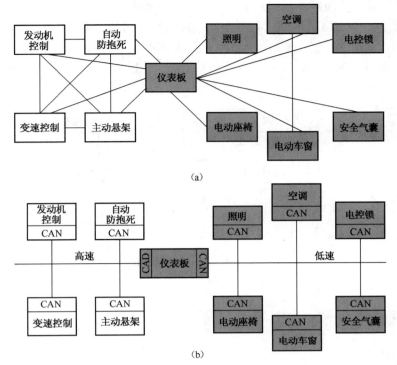

图 4-11 布线方案对比

(a)传统电气系统;(b)应用网络技术后的电气系统。

各执行结构间的数据通信。由于 CAN 具有通信速率高、可靠性强、连接方便、性能价格比高等特点,其应用范围目前已不再局限于汽车行业,而扩展到了过程工业、机械工业、纺织工业、农用机械、机器人、数控机床、医疗器械、家用电器及传感器、建筑、环境控制等领域。如 SIEMENS 公司生产的 CT 断层扫描仪采用了 CAN 总线,改善了设备的性能。CAN 已经成为全球范围内最主要的总线之一,甚至领导着串行总线的发展。在 1999 年,有近 6000 万个 CAN 控制器投入应用;2000 年,市场销售了超过 1 亿个 CAN 器件。在各种总线的应用中,因具有卓越的特性、极高的可靠性和独特的设计而受到工业界的广泛重视,CAN 总线一直处于浪尖,并已被公认为几种最有前途的现场总线之一。

CAN 属于总线式串行通信网络,由于其采用了许多新技术及独特的设计,与一般的通信总线相比,CAN 总线的数据通信具有突出的可靠性、实时性和灵活性。其特点可概括如下。

(1)通信方式灵活,无需站地址等通信信息;

(2)可以通过设置优先级满足不同的实时要求;

(3)采用非破坏式仲裁技术解决总线冲突,节省时间;

(4)通过报文滤波实现数据发送与接收;

(5)数据传输距离长达 10m;

(6)CAN 网络上的节点数最多可到 110 个,而采用扩展标准的报文几乎不受数量限制;

(7)传输时间短,传输数据速率高达 1Mb/s;

(8)出错率低;

(9)通信介质可以为同轴电缆或者双绞线等,选择灵活;

(10) 具有可靠的错误处理和检错机制。

CAN 由 CAN - H 和 CAN - L 两条线组成,两条线为同轴电缆或者双绞线。静态时均是 2.5V 左右,此时状态表示为逻辑 1,称为隐性。用 CAN_H 比 CAN_L 高表示为逻辑 0,称为显性,此时通常电压值为 CAN_H = 3.5V 和 CAN_L= 1.5V,车载 CAN 总线的网络结构如图 4 - 12 所示。

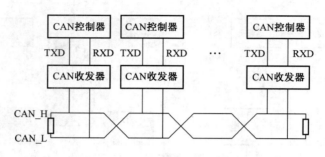

图 4 - 12　CAN 网络结构

4.5　CAN 总线协议

4.5.1　基本概念

▶ 1. 标识符

标识符是唯一的,它描述了数据的特定含义,也决定了报文的优先级:①标识符数值越小,优先级越高。②最高优先级的报文获得总线访问权。③低优先级报文在下一个总线周期自动重发。④标准帧,11 位标识符 CAN2.0A。⑤扩展帧,29 位标识符 CAN2.0B。

▶ 2. 信息路由

在 CAN 系统里,节点不使用任何关于系统配置的信息(例如,站地址)。以下是几个重要的概念。

(1) 系统灵活性:不需要改变任何节点的应用层及相关的软件或硬件,就可以在 CAN 网络中直接添加节点。

(2) 报文路由:报文的内容由识别符命名。识别符不指出报文的目的地,但解释数据的含义。因此,网络上所有的节点可以通过报文滤波确定是否应对该数据做出反应。

(3) 多播:由于引入了报文滤波的概念,任何数目的节点都可以接收报文,并同时对此报文做出反应。

(4) 数据连贯性:在 CAN 网络内,可以确保报文同时被所有的节点接收(或同时不被接收)。因此,系统的数据连贯性是通过多播和错误处理的原理实现的。

▶ 3. 同步机制

(1) 硬同步。所谓硬同步,就是由节点检测到的来自总线的沿强迫节点立即确定出其内部位时间的起始位置(同步段的起始时刻),如图 4 - 13 所示。

(2) 重同步。所谓重同步,就是节点根据沿相位误差的大小调整其内部位时间,以使节点内部位时间与来自总线的报文位流的位时间接近或相等,如图 4 - 14 所示。

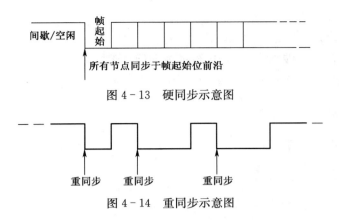

图 4-13 硬同步示意图

图 4-14 重同步示意图

4. 位填充

一帧报文中的每一位都由不归零码表示,可保证位编码的最大效率。然而,如果在一帧报文中有太多相同电平的位,就有可能失去同步。为保证同步,由同步沿用位填充产生。在 5 个连续相等位后,发送节点自动插入一个与之互补的补码位;接收时,这个填充位被自动丢掉。例如,5 个连续的低电平位后,CAN 自动插入一个高电平位。CAN 通过这种编码规则检查错误,如果在一帧报文中有 6 个相同位,CAN 就知道发生了错误。

如果至少有一个节点通过以上方法探测到一个或多个错误,它将发送出错误标志,终止当前的发送。这可以阻止其他节点接收错误的报文,并保证网络上报文的一致性。当大量发送数据被终止后,发送节点会自动地重新发送数据。作为规则,在探测到错误后 23 个位周期内重新开始发送。在特殊场合,系统的恢复时间为 31 个位周期。

但这种方法存在一个问题,即一个发生错误的节点将导致所有数据被终止,其中也包括正确的数据。因此,如果不采取自监测措施,总线系统应采用模块化设计。为此,CAN 协议提供一种将偶然错误从永久错误和局部节点失败中区别出来的办法。这种方法可以通过对出错节点统计评估来确定一个节点本身的错误,并进入一种不会对其他节点产生不良影响的运行方法来实现,即节点可以通过关闭自己来阻止正常数据因被错误地当成不正确的数据而被终止。

5. 位仲裁

要对数据进行实时处理,就必须将数据快速传送,这就要求数据的物理传输通路有较高的速度。在几个节点同时需要发送数据时,要求快速地进行总线分配。实时处理通过网络交换的紧急数据有较大的不同。一个快速变化的物理量,如汽车发动机负载,将比类似汽车发动机温度这样相对变化较慢的物理量,更频繁地传送数据并要求更短的延时。

CAN 总线以报文为单位进行数据传送,报文的优先级结合在 11 位标识符中,具有最低二进制数的标识符有最高的优先级。这种优先级一旦在系统设计时被确立后就不能更改。总线读取中的冲突可通过位仲裁解决。如图 4-15 所示,当几个节点同时发送报文时,节点 1 的报文标识符为 0111111;节点 2 的报文标识符为 0100110;节点 3 的报文标识符为 0100111。所有标识符都有相同的两位 01,直到第 3 位进行比较时,节点 1 的报文被丢掉,因为它的第 3 位为高,而其他两个节点的报文第 3 位为低。节点 2 和节点 3 报文的 4、5、6 位相同,直到第 7 位时,节点 3 的报文才被丢失。

6. 总线长度与波特率

总线长度与波特率的关系如图 4-16 所示。

▶ **7. 鲁棒性**

CAN 可以工作在非常恶劣的环境下,它的强大的错误检测机制可以保证检测到任何传输错误。ISO11898 标准"建议"接口芯片应设计成即使在下述条件下仍然能够通信:①两条线中的一条被切断。②其中一条线对电源短路。③其中一条线对地短路。

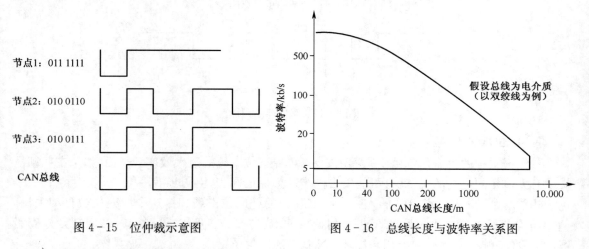

图 4-15　位仲裁示意图　　　　图 4-16　总线长度与波特率关系图

▶ **8. CAN 网络的灵活性**

如果新节点接收数据且仅需要现存的数据,那么它可以加入到网络而无需对现存网络系统软(硬件)作任何改变;涉及多个控制器的测量可以通过网络实现,无需每个控制器都连接传感器。

▶ **9. 分层结构**

CAN 网络的分层结构如表 4-1 所列。

表 4-1　CAN 网络的分层结构

名称	功　　能
应用层	用户在应用层定义协议规范
数据链路层	包括逻辑链路控制子层(LLC)和媒体访问控制子层(MAC),LLC 主要用于接收滤波,过载通知和恢复管理;MAC 主要用于报文分帧、仲裁、应答、错误检测及标定
物理层	涉及位时间,位编码,同步
驱动器/接收器特性	与实际 CAN 网络部件结构有关

▶ **10. 错误标定和恢复时间**

任何检测到错误的节点会标志出已损坏的报文。此报文会失效并将自动地开始重新传送。如果不再出现新错误的话,从检测到错误到下一报文的传送开始为止,恢复时间最多为 29 个位的时间。

▶ **11. 睡眠模式/唤醒**

为了减少系统电源的功率消耗,可以将 CAN 器件设为睡眠模式以便停止内部活动及断开与总线驱动器的连接。CAN 器件可由总线激活,或系统内部状态而被唤醒。唤醒时,虽然传输层要等待一段时间使系统振荡器稳定,然后还要等待一段时间直到与总线活动同步(通过检查11个连续的"隐性"的位),但在总线驱动器被重新设置为"总线在线"之前,内部运行已重新开始。为了唤醒系统上正处于睡眠模式的其他节点,可以使用特殊的唤醒报文,此报文具有专门的、最低等级的识别符。

4.5.2 报文传输

▶ 1. 帧格式

有两种不同的帧格式,不同之处在于识别符场的长度不同。具有11位识别符的帧称为标准帧,而含有29位识别符的帧称为扩展帧。数据帧(或远程帧)通过帧间空间与前述的各帧分开,其组成如图4-17所示。

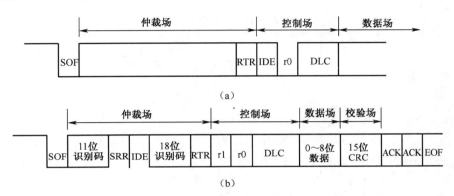

图4-17 报文数据帧的两种帧格式
(a)标准帧;(b)扩展帧。

▶ 2. 帧类型

报文传输由数据帧、远程帧、错误帧和过载帧4个不同的帧类型所表示和控制。

(1) 数据帧。数据帧用于在各个节点之间传送数据或指令,它由7个不同的位场组成,即帧起始(SOF)、仲裁场、控制场、数据场、循环冗余码(Cyclic Redundancy check,(RC)场)、应答(ACK)场和帧结束。CAN 2.0数据帧的组成如图4-18所示。其中数据场的长度在0~8B之间。对于需要传输长度大于8B的数据,应分成多个数据帧发送,接收时再拼接起来。

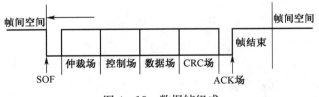

图4-18 数据帧组成

帧起始:标志数据帧和远程帧的起始,它仅由一个显位组成。只有在总线处于空闲状态时,才允许站开始发送。所有站都必须同步于首先开始发送的那个站的帧起始前沿。

仲裁场:由标识符和远程发送请求位(RTR)组成。标准帧中,标识符的长度为11位,扩展帧中标示符的长度为29位。

控制场:由6位组成。控制场包括数据长度码(DLC)和两个保留位r1、r0,这两个保留位必须为显性位。数据长度码DLC指出了数据场里的字节数目。数据长度码为4位,在控制场里发送。数据帧允许的数据字节的数目为0~8,不能使用其他数值。

数据场:由数据帧中被发送的数据组成。它的字节数由数据长度代码(DLC)决定,可为 0～8B,每个字节为 8 位,首先发送的是最高有效位。

CRC 场:包括 CRC 序列和 CRC 界定符。它的工作是实现差错控制,主要为信息的正确传输与否提供依据,用于帧校验的 CRC 序列由特别适用于位数小于 127 位帧的循环冗余码校验驱动。其生成多项式为:X15+X14+X10+X8+X7+X4+X3+1。循环冗余码的编码可由硬件实现。在这里,关于循环冗余码的具体数学原理不再赘述。

应答场:长度为两位,包含应答间隙和应答界定符,如图 4-19 所示。在应答场中,发送器发送两位隐性位。当接收器正确地接收到有效的报文时,接收器会在应答间隙期间(发送 ACK 信号)向发送器发送一个显性位以示应答。

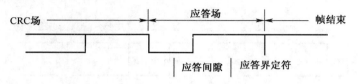

图 4-19 报文的应答场

帧结束:由 7 位隐性电平组成。

(2)远程帧。通过发送远程帧,作为某数据接收器的站通过其资源节点对不同的数据传送进行初始化设置。远程帧由 6 个不同的位场组成:帧起始、仲裁场、控制场、CRC 场、应答场、帧结束。与数据帧相反,远程帧的 RTR 位是"隐性"的。它没有数据场,数据长度代码的数值是不受制约的,此数值是相应于数据帧的数据长度代码。

(3)错误帧。错误帧由错误标志和错误界定符两个不同的位场组成。错误帧的组成如图 4-20 所示。错误标志具有两种形式,一种是活动错误标志,一种是认可错误标志,活动错误标志由 6 个连续的显性位"000000"组成,而认可错误标志由 6 个连续的隐性位"111111"组成,除非被来自其他节点的显位冲掉重写。

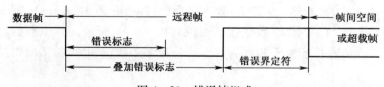

图 4-20 错误帧组成

接收站在发现总线上的报文出错时,"错误激活"节点将自动发出"活动错误标志"进行标注。由于各个接收站发现错误的时间可能不同,导致显性位"000000"的叠加,所以总线上实际错误标志的总长度在最小值 6 和最大值 12 位之间变化。当一个"错误认可"站检测到出错条件时,它将试图发送一个认可错误标志进行标注。该错误认可站以这个认可错误标志为起点,等待 6 个相同的连续位。当检测到总线上有 6 个相同的连续位后,认可错误标志即告完成。

错误界定符包括 8 个隐性位"11111111"。出错标志发送后,每个站都送出隐性位"1",并监视总线,直到检测到隐性位。以后开始发送剩余的 7 个隐性位"1111111"。

(4)超载帧。超载帧由超载标志和超载界定符组成,如图 4-21 所示。超载帧只能在一个帧的结束后开始。存在两种导致发送超载标志的超载条件:一个是接收站要求延迟发送下一个数据帧或远程帧;另一个是在间歇场的第 1、2 位检测到显位或是在错误、超载界定符最后一位采样到显位。

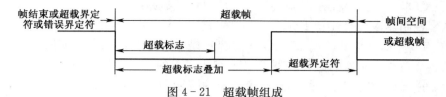

图 4-21　超载帧组成

超载标志由 6 个显性位"000000"组成,而超载界定符由 8 个隐位"11111111"组成。超载界定符与错误界定符具有相同的形式。发送超载标志后,一旦站点上监视到总线发生由"0"到"1"的变化,在此站点上,总线上的每一个站均完成送出其超载标志,并且所有站一致地开始发送剩余的"1111111"。

4.6　CAN 总线智能节点设计

一般的 CAN 总线系统如图 4-22 所示,智能节点包括 CAN 总线驱动器、CAN 总线控制器及模块控制器。

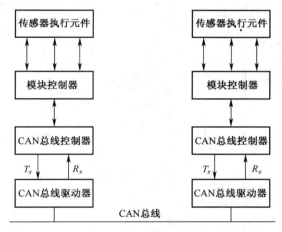

图 4-22　CAN 总线系统结构图

CAN 节点是指能够挂接在 CAN 总线上的单元,并能通过 CAN 总线实现各个节点间的通信,以实现复杂的控制过程,目前主要用于汽车的众多传感器间通信。而 CAN 总线智能节点就是指由微处理器和可编程的 CAN 控制芯片组成。CAN 总线智能节点在分布式控制系统中起着承上启下的作用。它位于传感器和执行机构所在的现场,一方面和上位机(PC 或者工控机)进行通信,以完成数据交换;另一方面又可根据系统的需要对现场的执行机构或者传感器进行控制和数据采集。它常常将一些简单的过程控制程序放在底层模块中,从而减少了通信量,提高了系统控制的实时性。因此,智能化模块设计在 CAN 系统中有着十分重要的作用。

许多公司生产了多种 CAN BUS 芯片,其中有智能 CAN 芯片,也有非智能 CAN 控制器及 CAN 收发器。Motorola 公司生产的 MC68HC05X4 是在 68HC05 微控器上加入了 CAN 模块,也称为 MCAN。Philips 公司生产的 P8XC592 微控器上集成了 CAN 控制器,取代了原来的 I2C 串行口。Philips 还生产 SJA1000 独立 CAN 控制器、82C150 即 CAN 串行链接 I/O (SLIO)器件、82C250CAN 收发器、P8XCE598 带有集成 CAN 接口的电磁兼容控制器。Intel

公司生产了 82527 独立 CAN 控制器,它可通过并行总线与各种控制器连接。Microchip 公司生产的 CAN 控制器 MCP2510。Dallas 公司生产的带 CPU 的 DS80C390 等。

对于车用电控单元来说,为了简化设计,提高可靠性,一般都采用集成的 CAN 总线控制器或自带 CAN 总线控制器的微处理器。对于有些简单的驱动电路或检测部分可采用 CAN 总线控制器加逻辑电路的方式,即具有通信功能的智能 I/O 节点。采用自带 CAN 总线控制器的微处理器,不占用处理器的端口资源,可以大大简化接口电路的设计,然而在有些情况下,出于成本的考虑,采用片外总线控制器。

如图 4-23 是用 80C51 作为微处理器,SJA1000 作为通信控制器及 TJA1050 作为 CAN 总线驱动器构建的 CAN 网络智能节点硬件电路图。

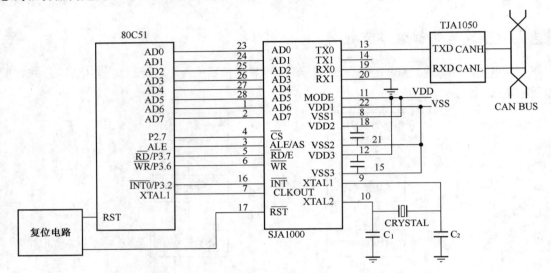

图 4-23　CAN 总线智能节点硬件电路图

4.7　CAN 总线测试技术

4.7.1　CAN 总线测试技术简介

目前就汽车行业来讲,CAN 协议广泛应用,但是并没有一个统一的测试规范可以覆盖全部汽车产业,各个汽车厂商也只是自行定义其轿车 CAN 总线协议,并根据该协议制定各自的测试规范。测试规范形式多样,但是概括来讲,可以分为单节点测试和总线系统集成测试两部分。

单节点测试在每个节点连接到 CAN 总线网络之前进行,用以确定节点工作正确并且不会干扰总线的正常通信。这方面的测试按照 CAN 的分层结构的划分主要是指物理层测试,其目的是验证节点及系统在电路设计、物理电平特性等方面的性能,这是保证节点能够正确连入总线的基础。测试主要包括节点的电阻电容特性、节点差分电阻、总线终端电阻、CAN 总线上的物理电平特性等方面。

而总线系统集成测试则是将各个节点都连接形成完整的 CAN 总线系统,对系统进行测试以验证系统运行的完整性及正确性、系统的鲁棒性、电气鲁棒性及系统的容错自恢复功能等。次测试也即数据链路层测试,该测试包括位定时测试、采样点测试、SJW 测试等内容,该测试内容主要用以保证各个节点的通信参数能够保持一致性,所组成的网络能够正常有效地工作。

4.7.2　CAN 总线的测试方法

试验设备主要有 ZLG USBCAN - Ⅱ 智能接口卡、PC 机、CANalsyt - Ⅱ 分析仪、数字示波器、CAN 总线通信介质。试验搭建的 CAN 网络结构如图 4 - 24 所示,利用 ZLG USBCAN - Ⅱ 智能接口卡实现 CAN 网络与 PC 机的连接。而对于测试和对 CAN 协议的分析则采用 CANalsyt - Ⅱ 分析仪。

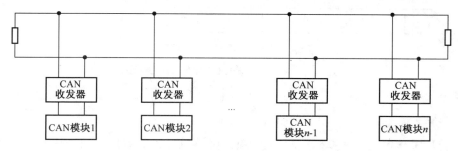

图 4 - 24　CAN 网络结构示意图

CANalsyt - Ⅱ 分析仪是用来安装、开发、测试、维护、管理 CAN - BUS 网络的专业分析工具,操作通用,功能强大,其提供的客户应用程序有:①在线显示 CAN 报文和跟踪文件;②发送/循环发送 CAN 报文;③在线显示统计数字。

图 4 - 25 是利用 ZLG CAN 验证 CAN 网络通信的软件界面,进行单节点主要是验证 CAN 节点的自发自收功能,即接入是否正常。而选用正常发送则可以验证 CAN 网络的连接状态,将最终 CAN 报文导入 CANalsyt - Ⅱ 分析仪即可获得 CAN 报文的分析报告。

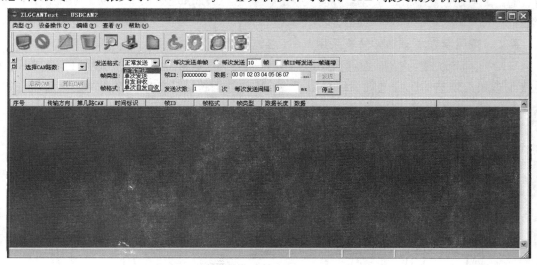

图 4 - 25　ZLGCAN Test 软件测试界面

4.8　典型的车载总线系统

随着车载控制单元的数量和各控制单元之间数据交换量的不断增加,很多车辆在控制模块之间采用了总线通信,下面介绍常见车系的车载总线系统。图 4 - 26 为奔驰轿车的 CAN

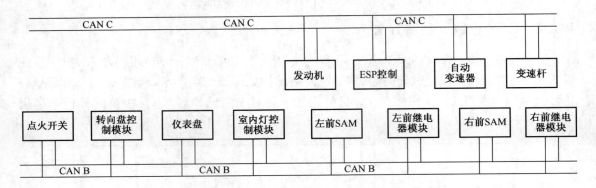

图 4-26 奔驰轿车的 CAN BUS 网络系统

BUS 网络系统。

▶ 1. 奔驰 W220 CAN-BUS 网络

现代奔驰轿车多采用计算机控制,控制单元(计算机)间的数据通信采用 CAN-bus 数据总线,其中 CAN-BUS 分为 CAN B、CAN C 及光纤通信,具有传输数据量大、速度快、数据更安全的特点。

▶ 2. 通用公司车载网络系统采用的总线

目前通用公司车载网络系统采用的总线包括 UART、CLASS-2 和 LAN 3 种形式。例如别克荣御车载通信网络包括 UART、CLASS-2 和 LAN 3 种形式,动力系统控制模块间的通信采用高速网络,LAN 通信协议与 UART 通信协议不兼容,由网关来协调两个网络间的通信,别克荣御的网关是动力系统接口模块,在串行数据通信系统中集成了动力系统接口模块,使通信网络 UART 和 LAN 之间可以实现双向通信。

▶ 3. 东风雪铁龙毕加索轿车采用 VAN 总线系统

VAN 由标致—雪铁龙—雷诺公司联合开发研制,主要用于车身电气设备的控制。东风雪铁龙毕加索轿车的车身电气系统采用了 VAN 总线系统。毕加索轿车的 VAN 总线连接 7个控制单元,如图 4-27 所示。

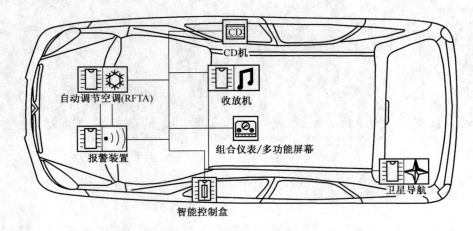

图 4-27 毕加索轿车 VAN 总线系统

▶ 4. BMW F02 车载网络

（1）K-CAN,K-CAN2 车身总线。K 总线用于将普通车辆电气系统、信息和通信系统及安全系统的组件联网,其他具有通信功能并相互交换数据的控制单元也连接到 K 总线上,K 总线是一个双向单线接口。

（2）PT-CAN 动力传输总线。PT-CAN 的传输速度为 500kbit/s,是宝马车辆上最快的 CAN 总线,该总线将所有属于传动装置的控制单元和模块连接在一起,所有总线设备以并联方式连接,这种 CAN 总线的特点是使用了 3 根导线,而不是过去的 2 根导线,第三根导线作为唤醒导线使用,与 CAN 总线的原有功能无关。

（3）MOST 多媒体系统。MOST 是专门针对车内使用的、服务于多媒体应用的通信技术,采用环形光缆结构,可以传输各种数据,主要是指控制单元、音频和图像等,并提供各种数据服务,在宝马上使用的 MOST 传输系统的有 DVD、音响、卫星协调器等。

第5章

卫星定位与远程测试系统

GPS 系统原理概述

GPS(Global Positioning System)是全球卫星定位系统的简称。早在 1958 年,美国海军武器实验室就开始实施建立为美国军用舰艇导航服务的卫星导航系统,即"海军导航卫星系统"(Navy Navigation Satellite System,NNSS)。NNSS 系统由 6 颗卫星组成,具有全天候、自动定位、全球覆盖、定位精度较高、定位速度快和经济效益好等一系列优点,因此,迅速被世界各国所采用。但是,由于该系统的"单星、低轨、低频测速"体制的限制,不能满足高动态用户实时导航定位的要求,也不能满足现代军事和民用部门的高精度要求。

鉴于 NNSS 系统的局限性,为了实现全天候、全球性和高精度的连续导航定位,满足军事部门和民用部门对连续实时、高动态、高精度导航定位的迫切要求,早在第一代卫星导航系统 NNSS 投入使用不久,美国于 1967 年就着手研制新一代卫星导航系统。经过试验研究,于 1973 年 12 月,美国国防部正式批准陆、海、空三军共同研制全球卫星定位系统,全称为"授时与测距导航系统/全球卫星定位系统"(Navigation System Timing and Ranging/Global Positioning System,NAVSTAR/GPS),简称为"全球卫星定位系统"(GPS)。

全球卫星定位系统自 1973 年以来,经过 3 个阶段,耗时 20 年,投资 300 亿美元,于 1993 年 6 月基本建成。这是继阿波罗登月、航天飞机之后的第三大空间工程。GPS 是在 NNSS 的基础上发展起来的,采用了"多星、高轨、高频、测时—测距"体制,实现了全球覆盖、全天候、高精度、实时导航定位。

5.1.1 GPS 系统组成

GPS 主要由三大部分组成:空间星座部分、地面监控部分和用户设备部分,如图 5 - 1 所示。

▶ **1. 空间星座部分**

GPS 空间星座部分由 24 颗卫星组成,其中包括 3 颗备用卫星。工作卫星分布在 6 个等间距的轨道面内,每个轨道面分布 4 颗卫星。卫星轨道倾角为 55°,各轨道平面升交点的赤经相差 60°,在相邻轨道上,卫星的升交距角相差 30°。轨道为近圆形,最大偏心率是 0.01,半长轴

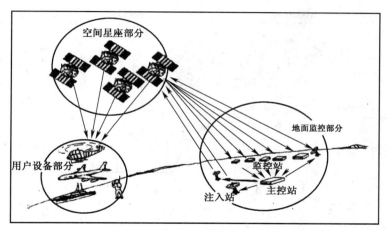

图 5-1　GPS 的三大组成部分

为 26560km，轨道平均高度为 20200km，卫星运行周期为 11 h 58 min（12 恒星时）。

每颗卫星每天约有 5h 在地平线以上。同时位于地平线以上的卫星数最少为 4 颗，最多可达 11 颗，因此，保证了在地球上和近地空间任一点、任何时刻均可至少同时观测 4 颗 GPS 卫星，便于进行实时定位。但应指出，在个别地区可能有某一短时间内，所观测到的 4 颗卫星几何图形结构较差，不能达到定位精度要求，这段时间称作"间隙段"。图 5-2 为空间星座部分的空间部分。

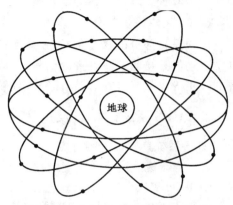

图 5-2　空间星座部分的空间部分

▶ 2. 地面监控部分

对于导航定位来说，GPS 卫星是动态已知点。星的位置是依据卫星发射的星历，描述卫星运动及其轨道的参数算得的。每颗 GPS 卫星所播发的星历，是由地面监控部分提供的。卫星上的各种设备是否正常工作，以及卫星是否一直沿着预定轨道运行，都要由地面设备进行监测和控制。地面监控部分的另一重要作用是保持各颗卫星处于同一时间标准——GPS 时间系统。这就需要地面站监测各颗卫星的时间，求出时钟差。然后由地面注入站发给卫星，卫星再由导航电文发给用户设备。GPS 工作卫星的地面监控部分包括 1 个主控站、3 个注入站和 5 个监测站。

地面监控系统完成的主要功能有：①跟踪观测 GPS 卫星；②收集数据；③编算导航电文；④诊断状态；⑤注入导航电文；⑥调度卫星；

图 5-3 是地面监控系统的三大组成部分。

主控站：位于美国科罗拉多（Colorado）的法尔孔（Falcon）空军基地。它能根据各监控站对 GPS 的观测数据，计算出卫星的星历和卫星时钟的改正参数等，并将这些数据通过注入站注入到卫星中去；还能对卫星进行控制，向卫星发布指令；当工作卫星出现故障时，调度备用卫星，替代失效的工作卫星工作；主控站还具有监控站的功能。

监测站：夏威夷（Hawaii）、阿松森群岛（Ascencion）、迭哥伽西亚（Diego Garcia）、卡瓦加兰（Kwajalein）、科罗拉多。监控站接收卫星信号，监测卫星的工作状态。

注入站：阿松森群岛、迭哥伽西亚、和卡瓦加兰。其作用和功能是将主控站计算的卫星星

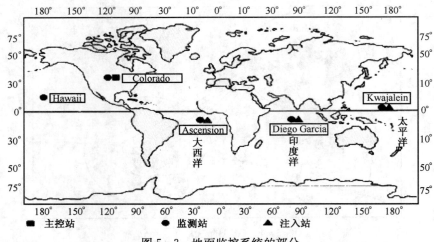

图 5-3 地面监控系统的部分

历和卫星时钟的改正参数等注入到卫星中去。

▶ 3. 用户设备部分

用户设备部分的核心是 GPS 接收机,它主要由主机、天线、电源和数据处理软件等组成。其主要功能是接收卫星发播的信号;获取定位的观测值;提取导航电文中的广播星历、卫星时钟的改正等参数;经数据处理而完成导航定位工作。

5.1.2 GPS 系统的特点及用途

GPS 系统具有如下的特点:

(1) 全球覆盖连续导航定位,在地球上和近地空间上任何一点,均可连续同步地观测 4 颗以上卫星,可实现全球、全天候连续导航定位。

(2) 高精度三维定位,GPS 能连续地为各类用户提供三维位置、三维速度和精确时间信息。P 码精度为 5m,C/A 码精度为 15m,事后处理精度可达 3~5m。

(3) 实时导航定位,1s 即可完成一次定位。

(4) 被动式全天候导航定位,使用 GPS 导航定位时,用户设备只需接收 GPS 信号就可以进行导航定位,而不需要用户发射任何信号,因此 GPS 系统隐蔽性好,而且可以容纳无数多用户。

(5) 抗干扰性能好、保密性强。GPS 采用数字通信的特殊编码技术,即伪噪声码技术,因而具有良好的抗干扰性和保密性。

由于 GPS 应用广泛,经济效益好,因而各国均研制和生产了各种类型的接收机。目前世界上有几千个厂家研制、生产 GPS 用户设备。GPS 用户设备最核心的是 GPS 芯片,GPS 芯片包含了 RF 射频芯片、基带芯片及微处理器的芯片组。2003 年以后 GPS 芯片产业如雨后春笋般呈现出一种蓬勃发展的局面。目前设计生产 GPS 芯片的厂家超过 10 家,包括美国瑟孚、高明、摩托罗拉、索尼、富士通、飞利浦、Nemerix、uNav、uBlox 等。自 2000 年起,克林顿政府取消了 GPS 选择可用性(SA),这也就是说一般民用信号的精度,从 100m 提高到 15m。目前,一般民用 GPS 接收机的定位精度都可以达到 15m,为 GPS 的广泛使用,提供了更好的性能。

GPS 的用途为:①导航定位,常用于车辆和船舶的定位和导航。②精密定位,主要用于地质勘探、测绘等领域,通过差分等手段获得高精度的位置坐标。③精密授时,GPS 接收机能输出非常精确的时间数据,其中 PPS 秒脉冲的精度可达 20ns,可以用于并网发电的相位同步、无线通信的网络同步等领域。④大气研究,大气中的电离层的变化会对 GPS 定位的精度产生影响,同样,通过 GPS 的定位精度变化也可以反过来研究大气层的变化。⑤为武器精确制导;在武器的飞行、航向控制中可以使用 GPS 制导,用于精确打击目标。⑥在航天与武器试验中的应用,GPS 接收机可为航天器和武器的实验提供位置数据,用于分析姿态和运动状况分析。

GPS 系统目前存在的问题:

(1) 生存能力问题。由于 GPS 是一个系统工程,GPS 接收机的定位离不开卫星和地面监控部分的支持,一旦卫星或地面监控部分被摧毁,整个系统将陷入瘫痪。

(2) 缺少通信链。由于 GPS 接收机只需要接收 GPS 卫星发射的信号即可实现定位,数据传输是单向的,即 GPS 接收机只能接收 GPS 卫星的数据,而无法向 GPS 卫星发射数据,因此,GPS 接收机无法向外界发布自己的位置和状态等信息。

(3) GPS 信号无入水能力。由于水对 GPS 信号的衰减非常强,当 GPS 进入水下时,无法接收 GPS 卫星发来的信号,也就无法确定自己的位置。

美国的 GPS 政策为:①标准定位服务(SPS)即不收直接用户费。用户使用 GPS 接收机时,只需要购买接收机即可,无需向美国政府缴纳 GPS 信号使用费,GPS 信号的使用是免费的。②精密定位服务(PPS)长期保密,仅供美国和盟国及特许用户使用。③美国不保证 GPS 的可用性精度和可靠性,引入的误差是可变的。当美国政府认为某一地区威胁到美国的利益时,GPS 控制中心可根据需要关闭这一地区上空的 GPS 信号或者增加 GPS 的误差。

5.2 GPS 测试技术

5.2.1 GPS 的定位原理

▶ 1. 伪距法测量

GPS 是一种测量时间的导航系统,GPS 定位是基于三角测量定位原理。观测量是利用相关技术获取的。在相关接收中,卫星上发射的 C/A 码伪随机信号是由卫星钟控制的,用户接收机的 C/A 码伪随机信号是由本地时钟控制的。在相关接收时,将两个伪随机信号码位对齐,即完成跟踪和延时锁定,这一时刻相对于初始时刻的时延量,表征了地面点到卫星间距离的函数,称为伪距观测量,通常以 ρ 表示,即

$$\rho = \tau \cdot c = \Delta T \cdot c \tag{5.1}$$

相关系数为

$$R = \frac{1}{\Delta T}\int_{\Delta T} u(t-\Delta T) \times u(t-\tau)\mathrm{d}t \tag{5.2}$$

此观测量之所以称为伪距是因为:①这一观测量是星地之间距离的函数;②由于存在着钟差和大气效应,这一观测量并不等于真实距离,伪距测量的示意图如图 5-4 所示。

▶ 2. 伪距的测定步骤

(1) 卫星依据自己的时钟发出某一结构的测距码,该测距码经过 ΔT 时间传播后到达接收机;

(2) 接收机在自己的时钟控制下产生一组结构完全相同的测距码——复制码,并通过时延器使其延迟时间 τ;

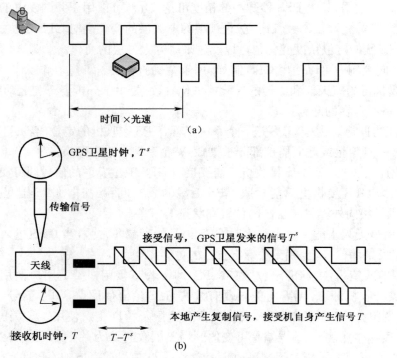

图 5-4　伪距测量的示意图

（3）将这两组测距码进行相关处理，直到两组测距码的自相关系数 $R(t)=1$ 为止，此时，复制码已和接收到的来自卫星的测距码对齐，复制码的延迟时间 τ 就等于卫星信号的传播时间 Δt；

（4）将 Δt 乘上光速 c 后即可求得卫星至接收机的伪距。

3. 定位原理

在二维情况下，计算接收机的位置至少需要两颗卫星。如果卫星的位置已知，且可测量接收机到每个卫星的伪距，那么，接收机的位置处于直径等于伪距的两个圆的交点之一，如图 5-5 所示。

可用下面方程计算未知接收机的位置（注意这些方程采用二维笛卡儿坐标系作为参照坐标系），即

$$\begin{cases} p_1 = \sqrt{(x-x_1)^2+(y-y_1)^2} \\ p_2 = \sqrt{(x-x_2)^2+(y-y_2)^2} \end{cases} \tag{5.3}$$

式中：(x_1,y_1) 和 (x_2,y_2) 是卫星的已知坐标；p_1，p_2 是测量的伪距。求解这两个联立方程后，可利用一个粗略的统计（或第三颗卫星）确定采用哪一个解。

对于三维情况，需要 3 颗卫星。伪距产生定位球体，而不是圆，如图 5-6 所示。

显然，求解下列方程可确定接收机的位置 (x,y,z)

$$\begin{cases} p_1 = \sqrt{(x-x_1)^2+(y-y_1)^2+(z-z_1)^2} \\ p_2 = \sqrt{(x-x_2)^2+(y-y_2)^2+(z-z_2)^2} \\ p_3 = \sqrt{(x-x_3)^2+(y-y_3)^2+(z-z_3)^2} \end{cases} \tag{5.4}$$

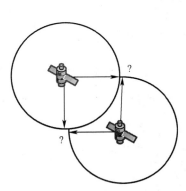

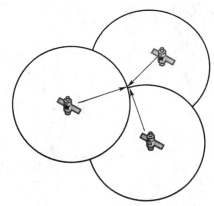

图 5-5　两个伪距交　　　　　　　　　图 5-6　3 个伪距交

式中：(x_1,y_1,z_1)、(x_2,y_2,z_2) 和 (x_3,y_3,z_3) 是卫星的已知坐标；p_1,p_2,p_3 是测量的伪距。

用于测量信号传播时间的接收机时钟与 GPS 时间不同步，必须确定接收机时间与 GPS 时间之间的时钟偏差，利用第四颗卫星可计算该参数。按照设计，所有卫星时钟利用精确的原子钟同步。如果接收机时钟与卫星时钟精确地同步，时间的测量是简单的。然而，从经济上考虑接收机采用原子钟是不实际的，而是采用价格便宜的晶体管振荡器。这些时钟在接收机和 GPS 时钟间引入时间偏差（时钟偏差），所以，必须考虑偏差在计算中的影响。接收机时钟偏差是接收机的时间偏差，对于每颗卫星都是相同的。

从而可从下列方程计算接收机位置和时钟偏差

$$
\begin{cases}
p_1 = \sqrt{(x-x_1)^2+(y-y_1)^2+(z-z_1)^2} + c(dt-dT_1) \\
p_2 = \sqrt{(x-x_2)^2+(y-y_2)^2+(z-z_2)^2} + c(dt-dT_2) \\
p_3 = \sqrt{(x-x_3)^2+(y-y_3)^2+(z-z_3)^2} + c(dt-dT_3) \\
p_4 = \sqrt{(x-x_4)^2+(y-y_4)^2+(z-z_4)^2} + c(dt-dT_4)
\end{cases}
\tag{5.5}
$$

式中：$(x_1,y_1,z_1),(x_2,y_2,z_2),(x_3,y_3,z_3)$ 和 (x_4,y_4,z_4) 是已知卫星的坐标；p_1,p_2,p_3,p_4 是测量的伪距，c 是光速，dT_1,dT_2,dT_3,dT_4 是 GPS 卫星与接收机时钟偏差项。

卫星时钟偏差项可从广播导航信息由接收机计算得出。在前面的方程中，为简化起见忽略了某些误差项。例如，由于电离层延迟和对流层延迟造成的测距误差可用大气模型估算。然而，接收机噪声、多路径传播误差、卫星轨道误差及 SA 影响仍然存在。方根项表示接收机和卫星的几何测距，其他项是伪距的分量。

速度测量是基于多普勒频率位移原理的测量法。每个卫星频率的多普勒位移是接收机和卫星沿它们之间直线相对速度的直接度量，由于卫星轨道运动和接收机所处地球旋转运动，每个卫星相对于一个静止接收机具有非常高的速度。对前面介绍的四维导航解（伪距方程）对时间求导可求出速度解。

5.2.2　差分 GPS

所谓差分定位，就是将一台 GPS 接收机，安置在已知坐标的测站上（称基准站）进行观测，根据基准站已知精密坐标，计算出基准站到卫星的有关改正数（距离、位置或载波相位），并由基准站实时地将这一改正数发送出去。用户接收机在进行 GPS 观测的同时，也接收到基准站的改正数,并对其定位结果进行改正,从而提高定位精度,示意图如图5-7所示。

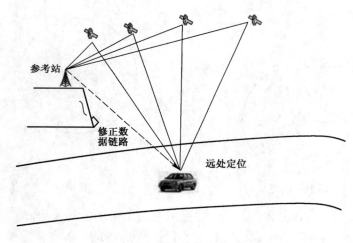

图 5-7 差分 GPS

5.2.3 GPS 模块

图5-8为试验用GPS模块——GPS25。

图 5-8 GPS 模块——GPS25

该模块具有以下特点:

(1) 并行 12 通道瞬间锁定可视卫星;

(2) 长寿命后备锂电使重捕速度更快;

(3) 全屏敞封装具备优秀抗电磁干扰特点;

(4) 1 秒脉冲输出精度可达到 $\pm 1 \mu s$;

(5) 标准 NMEA0183 语句可选择输出;

(6) 二进制格式输出和 Motorola 格式兼容;

(7) 多种供电模式、电平输出模式可供选择;

(8) 输出电压 3.6~6V(LVS LVC);

(9) 电平输出 RS232 HVS LVS;

(10) 差分精度可达 5m。

5.2.4 其他国家的定位系统

▶ **1. 欧洲 Galileo(伽利略卫星导航系统)**

由 30 颗轨道卫星组成,其中 27 颗工作星,3 颗备份星。卫星转道高度约 24000km,位于 3 个倾角为 56°的转道平面内。2012 年 10 月,伽利略卫星导航系统第二批两颗卫星成功发射太空,太空中已有 4 颗正式的伽利略系统卫星,可以组成网络,初步发挥地面精确定位的功能。伽利略卫星导航系统从运营开始就将同时开拓军民两用领域,精度不超过 1m。另外,它还可兼容美国的 GPS 和俄罗斯的 Glonass。

▶ **2. 俄罗斯 Glonass(格洛纳斯全球导航系统)**

Glonass 由 24 颗卫星组成,1984 年初开始发射首颗卫星,1995 年前还是拥有 24 颗卫星的完整系统,由于卫星老化没有资金及时进行新老更替,一度只剩下一个躯干而不能提供定位服务。目前,俄罗斯正逐步进行新老卫星更替。

Glonass 卫星的载波上也调制了两种伪随机噪声码:S 码和 P 码。俄罗斯对 Glonass 系统采用了军民合用、不加密的开放政策。Glonass 系统单点定位精度水平方向为 16m,垂直方向为 25m。

Glonass 卫星由"质子"号运载火箭一箭三星发射入轨,卫星采用三轴稳定体制,整量质量 1400kg,设计轨道寿命 5 年。所有 Glonass 卫星均使用精密铯钟作为其频率基准。第一颗 Glonass 卫星于 1982 年 10 月 12 日发射升空。到目前为止,共发射了 80 余颗 Glonass 卫星,最近一次是 2000 年 10 月 13 日发射了 3 颗卫星。截止 2001 年 1 月 10 日为止尚有 10 颗 Glonass 卫星正在运行。

为进一步提高 Glonass 系统的定位能力,开拓广大的民用市场,俄政府计划用 4 年时间将其更新为 Glonass‐M 系统。内容有改进一些地面测控站设施;延长卫星的在轨寿命到 8 年;实现系统高的定位精度:位置精度提高到 10~15m,定时精度提高到 20~30ns,速度精度达到 0.01m/s。

Glonass 系统的主要用途是导航定位,当然与 GPS 系统一样,也可以广泛应用于各种等级和种类的测量应用、GIS 应用和时频应用等。

▶ **3. 我国的北斗定位系统**

"北斗"导航系统一代 仅仅是一个双星定位系统,因此只能在中国范围内定位。卫星定位的原理是地球上的某个物体发出电磁波后,通过计算天空中的两颗卫星接收到这个无线电波所用的时间差,可以计算出这个物体在地球上的位置和速度,反过来也可以发出信号指挥这个物体朝着某个目标前进,因此卫星定位系统至少得有两颗卫星。但是双星定位系统由于无法在同一时间内接收到全球任一地点的信号,因此只能实现区域导航。

北斗导航系统是中国卫星导航事业的重要基础设施,意在打破卫星定位导航应用市场由美国 GPS 垄断的局面。它可以广泛应用于海陆空交通运输、有线和无线通信、地质勘探、资源调查、森林防火、医疗急救、海上搜救、精密测量、目标监控等领域。

北斗导航系统由空间端、地面端、用户端组成,可在全球范围内全天候、全天时为各类用户提供高精度、高可靠定位、导航、授时服务,并具有短报交通信能力,定位精度优于 20m,授时精度优于 100ns。2012 年 12 月 27 日,北斗系统空间信号接口控制文件正式发布,北斗导航业务正式对亚太地区提供无源定位、导航、授时服务。

5.3 车载远程监控与测试技术

5.3.1 车载 GPS 远程监控系统

车载 GPS 远程监控系统只能单向接收,没有数据传输功能。常用的传输数据的方法有:①集群电台传输数据。使用无线电,将车辆当前的位置及状态信息发送出去,比较适用于没有公用无线网络覆盖的偏远地区或需要保密的特殊行业。②GSM 的 SMS 传输数据。使用公用网络的短消息,将车辆的位置及状态信息发送出去,在移动互联网络出现之前,这一方式得到广泛的应用,但由于短信息数据容量较小、发送间隔不能太小、资费较高等一系列问题,逐渐被移动互联网络所取代,目前只是在一些特殊行业使用,用于较少数据量的发送,或者作为移动互联网络数据传输的补充使用。③移动互联网络数据传输。使用公用移动互联网络,如GPRS、CDMA1X、3G 等,将车辆位置和状态等数据,传输到中心服务器,是目前使用最为广泛的数据传输方式。

5.3.2 基于 GSM 的车辆监控系统

▶ 1. GSM 通信系统简介

GSM(Global System for Mobile Communication)是欧洲国家为了创造一个统一的、完整的泛欧数字蜂窝移动通信系统,联合了欧洲 20 多个国家的电信运营部门、研究所和生产厂家组成的标准化委员会设计的。于 1982 年提出,1992 年欧洲各大 GSM900 运营商开始商业服务,到现在已经在全世界 100 多个国家和地区投入商用。它是目前基于 TDMA 技术最成熟、完善的一种。我国于 1993 年开始建立 GSM 实验网,目前已建成覆盖全国范围的数字蜂窝移动通信网,是我国公众移动通信网的主要方式。

GSM 工作在 900MHz 附近的射频频段,上行频率(移动台发——基站收)890~915MHz,下行频率(基站发——移动台收)935~960MHz,双工间隔为 45MHz。

无线子系统的物理信道支撑着逻辑信道,逻辑信道可分为业务信道和控制信道(信令信道)。前者载有编码的话音和用户数据,后者用于传输信令或同步数据。

▶ 2. GSM 提供的业务

GSM 定义的所有业务是建立在综合业务数字网(ISDN)概念基础上的,并考虑移动特点作了修改。考虑到复杂性和成本,GSM 在业务上面向 ISDN,但不提供 ISDN 全部业务。表5-1 列出了 GSM 的电信业务。

表 5-1 电信业务分类

分类号	电信业务类型	编号	电信业务名称	实现阶段
1	话音传输	11	电话	E1①
		12	紧急呼叫	E1
2	短信消息业务	21	点对点 MS 终止的短消息业务	E3③
		22	点对点 MS 起始的短消息业务	A
		23	小区广播短消息业务	FS
3	MHS 接入	31	先进消息处理系统接入	A

（续）

分类号	电信业务类型	编号	电信业务名称		实现阶段
4	可视图文接入	41	可视图文接入子集 1		A
		42	可视图文接入子集 2		A
		43	可视图文接入子集 3		A
5	智能用户电报传送	51	智能用户电报		A
6	传真	61	交替的话音和 3 类传真	透明	E2②
				非透明	A
		62	自动 3 类传真	透明	FS
				非透明	FS

①E1:必需项,第一阶段以前提供,A:附加项;
②E2:必需项,第二阶段以前提供,FS:待研究;
③E3:必需项,第三阶段以前提供,MHS:消息处理系统

3. 适应车辆定位系统的 GSM 业务选择

适应车辆定位系统的 GSM 业务有如下选择：

（1）数据业务：GSM 提供 2400 b/s、4800 b/s、9600 b/s 的异步数据传输能力,可用于传输 GPS 数据。但 GSM 是公众网,其业务的使用需要通过拨号来连接,一旦建立连接即开始计费,目前中国电信的最小计费单位是 1 min,而车辆定位数据大多不到 20 B,若按 9600 b/s 的速率,传输一次定位数据大约需 20 ms,可见数据业务在传输车辆定位信息是极不经济的。若把一段时间的位置信息存储起来,当调动中心需要时一起发送到中心站是可行的。即 GSM 的数据业务可以作为管理中心工作于查询模式下的数据传输方案。

（2）短消息业务：GSM 短消息业务利用信令信道传输,不需拨号建立连接,短消息每次限制在 160B 内,足以用来传输每一车辆的定位信息。短消息业务用于车辆定位最大的优点在于建立连接简单、接续快。GSM 的短消息是手机对手机的,在中心台需有一部或多部终端来接收移动台发来的短消息,这仅适合于系统内车辆不多的情况。

4. 车辆定位系统的组网方案

车辆定位系统管理中心可通过 GSM 通信网与移动中的车辆进行通话、短消息传输和数据传输,完成车辆调度、定位、监控、报警等功能,并能够在数字地图上显示车辆的位置。用 GSM 网实现车辆定位系统管理中心的原理框图如 5-9 所示。

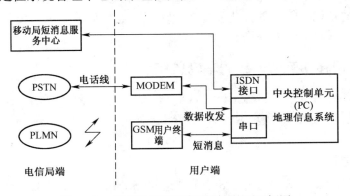

图 5-9 车辆定位系统管理中心的原理框图

▶ 5. 车载终端

车载终端由 GSM 移动终端(手机或车载台)、GPS 接收机和控制单元组成,如图 5-10 所示。

图 5-10 车载终端

控制单元功能主要是接收 GPS 数据、与 GSM 移动台接口、控制移动台自动拨号和自动收发数据、收发短消息、显示车辆位置、自动/人工报警、遥控制动汽车等。报警主要在车辆故障或特殊情况下使用。报警时可报告车辆编号、状况、位置等信息,监控中心接到报警信息后可遥控该车熄火,致使报警车辆不能离开出事地点。

GPS 接收机用来接收 GPS 卫星发来的信号并解算出定位信息,由控制单元读取、显示,并通过移动终端传送到管理中心。

GSM 移动终端提供话音、短消息和数据业务。控制单元可以向移动终端发送拨号等控制命令以沟通话音、收发短消息、收发数据。

对一般车辆用短消息的方式进行监控,即车上控制单元把接收到的 GPS 定位信息通过 GSM 的短消息业务发送到中心站。GSM 的短消息业务可与数据或通话同时进行互不影响。对一些特殊车辆需要实时监控的,可以用 9600 b/s 的数据通信业务。也可采用短消息和数据相结合进行定位信息的传送。

综上所述,若采用短消息方式,每辆车可在规定时间间隔发送定位信息,系统的容量由短消息服务中心的处理能力决定。其忙时处理能力一般在 120 条信息 1s 以上,容量支持 50 万用户以上,消息存储延时小于 1s。

若采用数据方式,则只能工作于查询模式,且数据通信一旦建立连接,其他用户无法接入,这就需要车辆采用分时的方式呼叫中心站。而 GSM 的处理呼叫时间不是固定值,因此,若分时间隔选择处理时间范围的最大值,则不利于增加系统容量;若分时间隔小于该最大值,则不能保证各车辆定位数据不发生碰撞。另外,电信部门计费按 1min 时间计费,若两次呼叫时间间隔不到 1min,则两次呼叫会按 2min 时间计费,这比长期占用信道的费用还要高,极不经济。若两次定位传送时间间隔太大,则不能精确显示车辆轨迹。

总之,基于 GSM 通信方式的车辆定位系统可采用主要以短消息方式定时传送定位信息,辅助以数据方式的查询功能。两种业务相结合既可实现车辆数据定时传送到管理中心,又可实现管理中心对各车辆的随即查询。

5.3.3 基于公用移动互联网络的车辆监控系统

公用移动互联网络包括 GPRS、CDMA1X、WCDMA、TDS-CDMA、EVDO 等多种网络,都可以实现车辆信息的无线传输,本文以 GPRS 为例,介绍此类网络数据传输在汽车测试中的应用。

▶ 1. GPRS 系统简介

GPRS 系统是在 GSM 基础上引入 3 个关键组件(SGSN、GGSN、PCU)组成的,是介于第二代和第三代移动通信技术之间的一种技术,通常称为 2.5G。图 5-11 为 GPRS 的系统结构图。

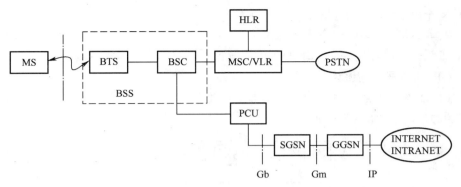

图 5-11　GPRS 的系统结构图

SGSN：服务 GPRS 支持节点，是 GPRS 骨干网与无线接入网的接口，它将分组交换到正确的基站子系统(BSS)，任务有提供对移动台的加密、认证、会话管理、移动性管理、逻辑链路管理，也提供到 HLR 等数据库的连接。

GGSN：网关 GPRS 支持节点，如果外网是一个 IP 网，GPRS 可看成一个普通的 IP 路由器，它服务于移动台的所有 IP 地址，该节点可以包括防火墙和分组过滤机制。另外，GGSN 根据移动台的位置，为其指定一个 SGSN 的接口。

PCU：分组控制单元，支持所有 GPRS 空中接口的通信协议，功能有分组交换呼叫建立、监视和拆除，并支持越区切换、无线电资源配置和信道指配等。

▶ **2. GPRS 模块的分类**

为了支持 GPRS，原 GSM 的相应部件需要进行软件升级，这些软件升级部件包括 BTS (基站收发台)、BSC(基站控制器)、MSC/VLR(移动交换中心/来访位置寄存器)和 HLR(归属位置寄存器)。GPRS 的数据都是在数据网中传输，它能提供较高的传输速率(理论上最高 171.2 k/s)，其终端模块可分为 A、B、C 三类。

A 类：可同时进行通话和数据传输；

B 类：能作数据传输或通话用，例如 MC35i GPRS 模块；

C 类：只能作数据传输用。

如图 5-12 为 GPRS 模块 BenQ M23A 和 SIM900。

(a)　　　　　　　　　　　　(b)

图 5-12　GPRS 模块

(a)M23A；(b)SIM900。

▶ **3. GPRS 的特点**

GPRS 具有接通上网时间短、永久在网在线和收费低廉的特点，为诸如车辆动态导航、移动办公、移动金融、无线上网等应用提供了强有力的支持。

随着中国移动和中国联通在全国范围内逐步开通 GPRS,且随着国内经济发展和交通需求的增加,最近几年在车辆定位系统的应用领域及范围得到了巨大发展。

▶ **4. GPRS 数据传输协议**

GPRS 是基于 IP 的分组数据传输,其协议主要为 TCP/IP 协议族,该协议族可以映射到 OSI 模型的如下四层,如图 5-13 所示。

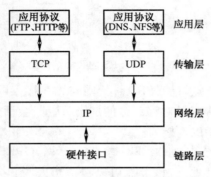

图 5-13 TCP/IP 协议族

链路层:负责在线路上传输并接收数据报文;

网络层:利用 IP 协议生成数据报文,实现数据传输,进行必要的路由;

传输层:管理通信双方之间的会话,主要包括 TCP、UDP 协议,可根据不同要求选择使用;

应用层:包括 FTP(文件传输协议)、HTTP(超文本传输协议)等。

5.3.4 GPS/GPRS 监控系统

▶ **1. 系统组成**

GPS/GPRS 监控系统包括中心服务器、客户监控计算机、车载终端。汽车上装备 GPS/GPRS 车载终端,车载终端按照预设的间隔和指令向监控中心固定 IP 服务器发送数据帧,客户监控分中心与监控中心固定 IP 服务器之间通过互联网进行数据传输。客户监控计算机可以通过软件观察每辆实验车的位置和采集的数据。其框架结构如图 5-14 所示。

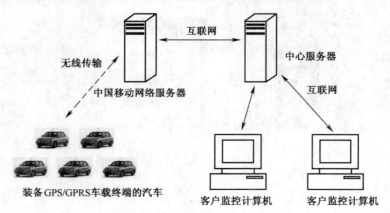

图 5-14 GPS/GPRS 监控系统框架结构

2. 中心服务器

中心服务器需要一台高性能的计算机,具备固定 IP 地址。中心服务器的任务:

(1) 接收车载终端发送过来的数据,给需要数据的客户端转发,并保存到数据库中;

(2) 根据客户端的指令,将存储的历史数据发送给客户端;

(3) 接收客户端监控计算机给车载终端的操作指令,并转发给车载终端;

(4) 用户管理,对每个客户端的账号、密码进行管理,在中心服务器管理软件中可以设置每一个用户的监控范围和权限。

3. 客户监控计算机

客户监控计算机对性能要求不高,但必须能够上网。客户监控计算机和中心服务器之间通过 C/S(客户机/服务器)结构的方式通信。客户监控计算机的任务如下:

(1) 与中心服务器进行通信,接收服务器转发的车载终端的信息;

(2) 地图显示,显示车辆在地图上的位置、速度、行驶方向、车辆参数等信息,电子地图可以任意缩放;

(3) 下载数据,对车辆进行轨迹回放;

(4) 数据分析,读取 U 盘采集的车载终端保存的数据,并对历史数据进行报表分析与轨迹回放、疑点数据分析与回放;

(5) 车辆分组管理,驾驶员管理;

(6) 处理车载终端发送的报警信息;

(7) 向车载终端发送任意的文本调度信息。

4. 车载终端

GPS/GPRS 车载终端的硬件如图 5-15 所示,包括主机、显示屏、天线和线束。主机主要接收 GPS 的数据,对汽车上的信号进行检测、存储,通过 GPRS 模块发送数据和接收指令。天线包括 GPS 天线和 GPRS 天线两种,分别用来接收 GPS 信号和 GSM 信号。

车载终端系统结构图如 5-16 所示。

图 5-15 GPS/GPRS 车载终端硬件图

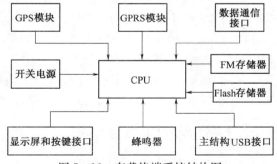

图 5-16 车载终端系统结构图

5. 车辆监控工作原理及功能

车辆监控工作的原理是:车载终端拨号,登录 GPRS 网络;向固定 IP 地址的中心服务器发送 GPS 信息,信息中包含车载终端的 IP 地址和端口号;中心服务器记录车载终端的 ID 号和对应的 IP 地址和端口号;客户端通过服务器向某一 IP 地址和端口号发送命令,即可找到对应 ID 的车载终端;ID 相同的车载终端应答命令,将数据通过中心服务器发送给客户端。

其实现的功能有:①定位、监控;②轨迹回放、车辆运营报表;③超速报警、越界报警、紧急求助报警;④话音通话;⑤数据传输(照片、短信息等)。

第6章

汽车性能测试

　　汽车的动力性是指汽车在良好路面上直线行驶时,由汽车受到的纵向外力决定的、所能达到的平均行驶速度。汽车是一种高效率的运输工具,运输效率的高低主要取决于汽车的动力性。动力性能好,汽车就会具有较高的行驶速度、较好的加速能力和上坡能力。提高汽车平均行驶速度,就会提高汽车的运输效率,所以动力性是汽车各种性能中最基本、最重要的性能。

　　从获得尽可能高的平均行驶速度的观点出发,汽车动力性能主要由下列 3 个方面的指标来评定:①汽车的最高车速 U_{amax};②汽车的加速时间 t;③汽车能爬上的最大坡度 $i_{\max}$。

6.1.1　汽车动力性能检测标准

　　汽车动力性能检测项目主要有加速性能检测、最高车速检测、滑行性能检测、发动机输出功率检测和汽车底盘输出功率检测。

　　动力性能实验可依据的标准主要包括 GB/T 12534—1990《汽车道路试验方法通则》;GB/T 12544—1990《汽车最高车速试验方法》;GB/T 12543—1990《汽车加速性能试验方法》;GB/T 12547—1990《汽车最低稳定车速试验方法》;GB/T 12539—1990《汽车爬陡坡试验方法》;GB/T 12537—1990《汽车牵引力性能试验方法》。

6.1.2　驱动力与阻力的计算

▶ 1. 汽车的驱动力和行驶阻力

　　(1) 驱动力。汽车发动机产生的转矩,经传动系传到驱动轮上。此时作用于驱动轮上的转矩 M_t 产生一对地面的圆周力 F_0,地面对驱动轮产生与 F_0 方向相反的反作用力 F_t 即是驱动汽车的外力,此外力称为汽车的驱动力。

　　汽车驱动力的分析示意图如图 6 - 1 所示,汽车的驱动力用式(6.1)表示,即

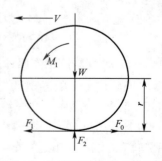

图 6 - 1　汽车驱动力分析示意图

74

$$F_t = \frac{M_t}{r} = \frac{M_e \cdot i_k \cdot i_o \cdot \eta_T}{r} \qquad (6.1)$$

式中：F_t 为驱动力(N)；M_t 为作用于驱动轮上的转矩(N·m)；M_e 为发动机转矩(N·m)；i_k 为变速器传动比；i_o 为主减速器传动比；η_T 为传动系统机械效率；r 为驱动轮半径(m)。

（2）行驶阻力。汽车行驶时，必须克服来自地面的滚动阻力 F_f、来自空气的空气阻力 F_w、汽车上坡时的坡度阻力 F_i、汽车加速行驶时的加速阻力 F_j。因此，汽车行驶时的总阻力为

$$\sum F = F_f + F_w + F_i + F_j \qquad (6.2)$$

▶ 2. 汽车行驶方程式

为保证汽车的正常行驶，必须有一定的驱动力来克服行驶阻力，驱动力和行驶阻力必须满足下面的汽车行驶方程式(6.3)，汽车才能正常，即

$$F_t = \sum F = F_f + F_w + F_i + F_j \qquad (6.3)$$

汽车的动力性能可在道路或者台架上进行检测。道路检测主要是测定最高车速、加速能力和最大爬坡度等评价参数。台架试验可测量汽车的驱动力和各种阻力。

▶ 3. 滑行阻力

汽车滑行阻力包括滚动阻力、空气阻力、传动系内摩擦阻力、轮毂轴承摩擦阻力和车轮定位前束阻力等。通常因为传动系内摩擦阻力、轮毂轴承摩擦阻力和车轮定位前束阻力等数值较小，常忽略不考虑。在此前提下，可采用低速滑行试验方法测量出低速滑行阻力系数，可近似为滚动阻力系数；用高速滑行试验测出滑行阻力系数，可以把它近似看成滚动阻力和空气阻力两部分组成，进而可求出空气阻力系数。

可用以下方法计算滑行阻力：滑行初速度设定在能使汽车在 $20\pm2s$ 时间内通过 $100m$ 测量路段。根据试验得到的数据，选取长度为 $100m$ 的测量路段，将其分成 $50m$ 的两段，记录汽车通过开始 $50m$ 和整个 $100m$ 路段的滑行时间 t_1 和 t_2，往返测量至少 3 次，取试验平均值，按式(6.4)、式(6.5)和式(6.6)计算出滑行阻力系数和滑动阻力。滑行阻力系数可由式(6.4)求得，即

$$f = a/9.8 \qquad (6.4)$$

式中：f 为滑行阻力系数；a(m/s^2)为滑行减速度，按式(6.5)计算，即

$$a = \frac{100}{t_2}\left(\frac{1}{t_1} - \frac{1}{t_2 - t_1}\right) \qquad (6.5)$$

式中：t_1 为通过开始 $50m$ 路段的滑行时间(s)；t_2 为通过整个 $100m$ 路段的滑行时间(s)。

滑动阻力可由式(6.6)求得，即

$$F = (M + M')g \cdot f \qquad (6.6)$$

式中：F 为滑行阻力(N)；M 为试验时汽车总质量(kg)；M' 为旋转部分的当量质量(kg)（如果 M' 未知，一般载货汽车取 $M'=0.07M_0$，轿车、轻型汽车及客车取 $M'=0.05M_0$，其中 M_0 为汽车整备质量）。用这种方法测出的滑行阻力系数可近似为滚动阻力系数。

6.1.3　主要试验设备及工作原理

汽车动力性能试验使用的设备主要包括汽车底盘测功机、第五轮仪、非接触式车速仪、汽车综合测试仪及数据采集系统等。

▶ 1. 汽车底盘测功机

底盘测功机包括加载装置（功率吸收装置、水力测功机、电力测功机、电涡流测功机）、测量

装置(测力装置、测速装置、功率值标度)、转鼓组件(转鼓、飞轮)、纵向约束装置(从动轮固定、钢丝绳固定)、车辆举升装置、轮胎冷却装置、发动机冷却装置等。

底盘测功机的工作原理如图6-2所示，试验汽车的驱动轮放在转鼓上，转鼓轴端有液力或者电力测功机。测功机能产生一定的阻力矩并调节转鼓的转速(即汽车的速度)。由测力装置可测出施加于转鼓的转矩 T 值，即

$$T = FL$$

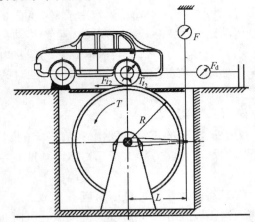

图6-2　汽车底盘测功机工作原理

式中：F 为由拉力表测出的作用于测功机外壳长臂上的拉力(N)；L 为测功机外壳长臂的长度(m)。

为了固定汽车，应有钢丝绳拉住实验汽车。从装在钢丝绳中的拉力表可读出汽车的挂钩拉力 F_d。而

$$F_d = F_{x2} \tag{6.7}$$

式中：F_{x2} 为车轮与转鼓间的摩擦力(N)。

根据汽车驱动轮和转鼓的力矩平衡，可以得出驱动轮上的驱动力矩 T_t 为

$$T_t = F_d(r+R) - FL \tag{6.8}$$

故汽车的驱动力为

$$F_t = \frac{T_t}{r} = \frac{F_d(r+R) - FL}{r} \tag{6.9}$$

测出各个排挡、各种车速下节流阀全开时的 F_d 与 F 值，即能表征出汽车动力性能的驱动力图。

汽车测功机通过模拟汽车在道路行驶时的阻力，测量其驱动轮输出功率及加速、滑行等性能。有的测功机还带有汽车燃料消耗量检测装置。底盘测功机具有如下功能：①测量汽车驱动轮输出功率；②检验汽车滑行性能；③检验汽车加速性能；④校验车速表；⑤校验里程表；⑥配备油耗仪的测功机可以在室内模拟道路行驶、测量等速油耗。

▶ 2. 第五轮仪

在进行车辆道路试验时，为了测量车辆的行驶距离和速度，尽管可以利用由传动系驱动的里程表和速度表，但不准确，因为车辆驱动轮的滚动半径直接受驱动力矩、地面对轮胎的切向反作用力、车轴载荷、轮胎气压及其磨损程度等的影响。此外，车用里程表和速度表的精度也较低。为消除这些因素对测量精度的影响，在车辆旁边或后边附加一个测量的轮子，对于四轮汽车来说，安装上去的充气车轮就像汽车的第五轮一样，故称为第五轮仪。第五轮仪是从动轮，行驶中无滑转，故能在平坦的路面上精确地测量车辆行驶距离和时间。

第五轮仪主要有机械式、电子式和微机式3种。第五轮仪一般由传感器部分和记录仪两部分组成。传感器部分与记录仪部分由导线相连接。传感器部分的作用是把汽车行驶的距离变成电信号；记录仪部分的作用是把传感器部分送来的电信号和内部产生的时间信号，进行控制、计数并计算出车速，然后指示出来。

第五轮仪的传感器部分一般由充气车轮、传感器、支架、减振器和连接装置等组成，如图

6-3所示。充气车轮为轮胎式,安装在支架上,支架通过连接装置固定在汽车的侧面或尾部的车身上。在减振器压簧的作用下,充气车轮紧贴地面,并随汽车的行驶而滚动。当充气车轮在路面上滚动一周时,汽车行驶了充气车轮周长的距离。在充气车轮中心处安装有传感器,可以把轮子在路面上滚动的距离通过传感器转变成电信号,常用的传感器有磁电式和光电式两种。

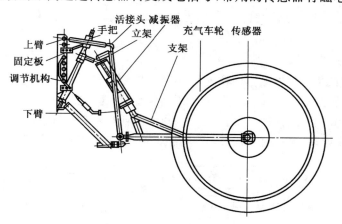

图 6-3 第五轮仪的结构

磁电式传感器由磁极、线圈、齿盘、支架等组成。由导磁材料制成的齿盘与第五轮轮轴固接并随之旋转,而由磁极和线圈组成的电磁头固定不动,电磁头端面与旋转盘上的齿顶间隙约0.5~1mm。当第五轮仪旋转时,电磁头端面与磁盘周缘的间隙发生变化,使闭合磁路的磁阻发生变化,则通过线圈的磁通量发生变化,这样,旋转盘上的每个齿经过磁极时都会在线圈中感应出一个近似正弦波的信号,该信号经整形后呈矩形波脉冲信号进入记录仪。国产WLY—5型微机第五轮仪使用的齿盘上加工有176个齿,当轮子旋转一周时,便会产生176个信号。若轮子的周长为1760mm,则每个脉冲信号就表示10mm的距离(即10mm/脉冲)。轮胎圆周长与接地压力和气压有关,应予以修正。其脉冲数经修正圆周长后输入计数器,并由晶体振荡器控制时间,求得速度、距离、时间并显示在仪器上。

光电式传感器指在充气车轮的中心一侧固定有圆形的光孔板,其上沿圆周均布有若干小孔,在小孔的两侧分别装有光源和光敏管,光源和光敏管固定在支架上。当充气车轮转动时,光孔板随之转动。每转过一个小孔,光源的光线穿过小孔照射光敏管一次,光敏管就产生一个电脉冲信号,并通过导线送入记录仪。国产 PTS—3 型第五轮仪使用的光孔板加工有 155 个小孔,充气车轮旋转一周,传感器发出 155 个电脉冲信号。

▶ **3. 非接触式车速仪**

第五轮仪有时因路面状态不好而打滑或跳离地面,也会因轮胎气压等原因使测试精度降低。第五轮仪因其结构上的限制,不适用于180km/h以上的高速测试。非接触式车速仪采用光电相关滤波技术,是第五轮仪换代产品。

非接触式车速仪测试范围可达 1.5~250km/h,不需要特殊的工夹具,只需将光电传感器安装在汽车前、后保险杠上,或用真空吸盘吸附于前、后车体上,方向对正汽车车身的纵轴线,光学镜头垂直对准灯光照明的地面。

非接触式车速仪由光电传感器和以计算机为核心部件的二次仪表组成,配以相应的I/O接口及外设,不需要接触路面或在路面上设置任何测量标记。光电传感器由照明组件、梳状光电器件、放大器及外壳支架等部件组成。照明组件的强光射在地面上,由于地面凹凸不平,形成明暗对比度不同的反射斑纹(凸凹斑或色斑等),由梳状光电器件接收,并产生感应电流。汽车运动时,地面的明暗变化引起梳状光电器件的感应电流变化,经滤波及整形等处理后,转换为脉冲输出,一个脉冲就严格对应于汽车在地面上走过的一段距离,输入二次仪表进行速度运算和距离计数。

非接触式车速仪的传感器在路面有积雪或水的时候,会引起测量误差,目前已开始采用GPS进行速度测量。

▶ **4. 汽车综合测试仪**

汽车综合测试仪是一种以微型计算机为核心的智能化仪器,配以不同的传感器,可用于测定汽车、拖拉机、工程机械等车辆的动力性能(如滑行性能、加速性能、最高车速、最小稳定车速等)、经济性(如等速油耗、加速油耗、多工况油耗、100 km 油耗等)、制动性能、牵引性能等多种技术性能参数,并具有数据处理、显示、存储、打印等功能。图 6-4 是汽车综合测试仪的原理框图。

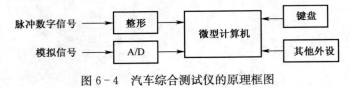

图 6-4 汽车综合测试仪的原理框图

6.1.4 试验方法

汽车动力性能试验方法可以分为道路试验与台架试验两种。

▶ **1. 试验准备**

一般试验条件按 GB/T 12534—1990《汽车道路试验方法通则》有关规定执行。动力性能的大部分试验在汽车试验场的综合性能道路或飞机场跑道上进行,要求路面平坦、坚硬、干燥、清洁,用沥青或混凝土铺装,直线段长度不少于 2km,对于大型汽车,要求更长,宽度不小于8m,纵向坡度在 0.1% 以内。

最大爬坡度试验,要求坡道长度不少于 25m,坡度均匀,坡前应有 8m～10m 的平直路段;坡度大于或等于 30% 的路面应用水泥铺装,小于 30% 的坡道可用沥青铺装,允许以表面平整、坚实、坡度均匀的自然坡道代替。

按试验车技术条件规定的额定装载量装载。试验前,检查汽油发动机化油器的阻风阀和节气阀以保证应能全开;柴油发动机喷油泵齿条行程应能达到最大位置(必要时进行调整);允许更换空气滤清器和燃油滤清器的滤芯。

▶ **2. 道路试验**

通过道路试验测试汽车动力性能,其结果接近实际运行情况。汽车动力性能在道路试验中的检测项目一般有高速挡加速时间、起步加速时间、最高车速、陡坡爬坡车速、长坡爬坡车速,有时为了评价汽车的拖挂能力,还进行汽车牵引力检测。另外,有时为了分析汽车动力平衡问题,采用高速滑行试验测定滚动阻力系数及空气阻力系数,但道路试验受到道路条件、风向、风速、驾驶技术等因素的影响,而且这些因素可控性差。

(1)最高车速试验。汽车的最高车速,是指汽车满载时在水平、路面良好的直线路段上(混凝土或沥青路面),所能达到并保持的最高车速。它不是瞬时值,而是可连续行驶一定距离的最高车速。

最高车速试验的速度测试路段要求 200m 长,并且在两端用标杆准确标记。要求速度测量路段的后端留有足够的供制动的路段,一般此路段要求长 200m 以上,并且有足够的加速行驶区段,因此,最高车速试验最好在汽车试验场的高速环形跑道上进行。

如果没有上述条件,在进行最高车速试验时,应在无干扰的直线跑道上进行,要求供加速用的直线路段长至少 1~3km(视汽车质量大小和加速性能而定)。

测量最高车速时,变速器挡位置于汽车设计最高车速的相应挡位,一般是最高挡。如果最高挡速比设置不能使汽车达到最大行驶车速(如某些超速挡),可以在次低挡进行测试对于使用自动变速器的车辆,最高车速在"D"前进挡测量。试验汽车在加速路段行驶时,油门全开,以最佳的加速状态行驶。

最高车速反映了车辆依靠动力所能达到的车速极限,试验时,要关闭车窗和附加设施,如空调系统等。为了消除道路的微小坡度影响,提高测量准确性,应进行往返两个方向测试,行驶路段应重合,试验结果取平均值。

行驶时间 t(s)和车速,v(km/h)的关系如下,即

$$v=\frac{200}{t}\times 3.6=\frac{720}{t} \tag{6.10}$$

(2) 最低稳定车速试验。最低稳定车速一般指汽车以直接挡能够稳定行驶的最低车速,对未设直接挡的汽车指最接近直接挡速比的挡位能够稳定行驶的最低车速。最低稳定车速反映了汽车以直接挡作低速行驶时,发动机及传动系能够正常工作的最低限度。如果这一速度低,汽车在行驶中遇到情况减速后,可不必换入低挡而能够保持正常行驶,简化驾驶员的操作。

在试验路段上选定两段长 100m 的测量路段,两段之间相隔 200~300m。汽车挂直接挡,在测量路段前保持可以稳定行驶的最低稳定车速驶入测量路段,通过第五轮仪或车速行驶记录装置观察车速,测定通过第一个测量路段的时间;驶离第一个测量路段后,急速踩下加速踏板,发动机不应熄火,传动系不应颤动,加速至 20~25km/h,并在第二个测量路段前再稳定至最低稳定车速驶入测量路段,测量通过第二个测量路段的时间。根据试验情况,适当提高或降低驶入测量路段前的稳定车速,重复试验。

试验中,在测量路段上不允许切断离合器,使离合器打滑或使用制动。试验往返各进行 2次,按 4 次通过测量路段的时间取算术平均值,计算出汽车直接挡的最低稳定车速。

(3)汽车加速性能试验。加速性能是指汽车从较低车速到较高车速时获得最短时间的能力。它主要用加速时间来衡量。表征汽车加速能力的指标有起步换挡加速时间和超车加速时间,相应的测试汽车加速性的试验方法有两种。

① 最高挡和次高挡加速性能试验。最高挡和次高挡加速性能反映了汽车在行进中提速的快慢程度。汽车在正常行驶时,以最高挡和次高挡行驶居多,汽车由较低车速过渡到较高车速时,动力性能好的车能在较短时间内达到预定的车速。

试验车经充分预热行驶后,变速器挂预定挡位,以稍高于该挡的最低稳定车速为初速度(选 5 的整倍数,如 20km/h、25km/h、30km/h、35km/h、40km/h)匀速行驶,当车速稳定后(偏差±1km/h),驶入试验路段,立即迅速将加速踏板踏到底,并保持此状态一直到加速结束;使汽车加速至该挡最高车速的 80% 以上,对于轿车,应加速至 100 km/h 以上,记录加速全过程。试验时,汽车变速器置于预定挡位,加速中不换挡。试验往返各进行一次,往返试验的路段应重合,试验结果取平均值。

② 汽车起步连续换挡加速试验。汽车起步连续换挡加速试验是指汽车在平直道路上用

汽车的起步挡位起步,并以最大的加速度迅速过渡至最高挡,或者使汽车达到某一速度或行驶一定距离的试验。汽车起步连续换挡加速性,表征汽车从起步开始快速达到较高行驶车速的能力。

令换挡时发动机转速分别为发动机额定转速的 90%、95%、100%,试验车从起点开始,油门全开,按上述一种发动机转速换挡,测定汽车通过同一 500 m 路段的加速时间。每种换挡车速往返预试一次,取加速时间的算术平均值。加速时间最短者,其换挡车速最佳。

试验时,汽车停在加速试验路段起点(保险杠与标杆线重合),变速器预先置于起步挡位,然后迅速起步,并将加速踏板踩到底,使汽车尽快加速行驶。当发动机达到最大功率转速时,力求迅速无声地换至高挡位(一般换挡时间 1~1.5s),换挡后立即将加速踏板踩到底,直到车速升至最高挡最高车速的 80% 以上(对于轿车,应加速至 100km/h 以上)。试验往返各进行一次,往返试验的路程应重合,试验结果取平均值。

(4) 爬陡坡试验。爬陡坡试验的评价指标是汽车的最大爬坡度。汽车的最大爬坡度是指汽车处于最大总质量状态时,变速器挂最低挡,在坚硬路面上所能克服的最大坡度(不允许动力冲坡)。开始试验前,试验车预热行驶,使油温、水温达到正常的工作状态,而后停于接近坡道的平直路段上。将试验车的变速器置于最大牵引力输出挡(通常是第一挡)。汽车起步后,立即迅速将加速踏板踩到底,要保持节气门全开(或喷油泵齿条行程最大),不允许换挡,爬至坡顶。

如果试验车克服了该坡道,再到大一级坡度的坡道上进行上述试验。依此类推,直到汽车不能克服的坡道为止。如果第一次爬不上去,可进行第二次,但不允许超过两次。最后以能爬至坡顶最陡坡道的坡度作为该车的最大爬坡度。

▶ 3. 台架试验

台架试验与实车道路试验相比,有以下优点:①不受外界试验条件与环境条件的影响;②试验周期短;③节省人力;④精度高。

室内的动力性能试验主要是测定驱动力、传动系机械效率、轮胎滚动阻力系数及汽车空气阻力系数等参数,通常在底盘测功机上进行。汽车的动力性能、燃料经济性、制动性能和振动特性等,均可在底盘测功机上进行测定。测功试验时,应选择几个有代表性的工况测试汽车驱动轮的输出功率或驱动力,如发动机额定功率所对应的车速(或转速)、发动机最大转矩所对应的车速(或转速)、汽车常用车速或经济车速,或根据交通管理部门的要求选择检测点。

在动力性能检测过程中,控制方式处于恒速控制,当车速达到设定车速(误差 12km/h)并稳定 5s 后(如时间过短,检测结果重复性较差),计算机方可读取车速与驱动力数值,并计算汽车底盘输出功率。

检测发动机额定功率和最大转矩转速下的输出功率或驱动力时,将变速器挂入选定挡位,松开驻车制动,踩下加速踏板,同时调节测功机制动力矩对滚筒加载,使发动机在节气门全开情况下以额定转速运转。待发动机转速稳定后,读取并打印驱动车轮的输出功率(或驱动力)值、车速值。在节气门全开情况下继续对滚筒加载,至发动机转速降至最大转矩转速稳定运转时,读取并打印驱动力(或输出功率)值、车速值。

测量驱动车轮在变速器不同挡位下的输出功率或驱动力时,要依次挂入每一挡位,按上述方法进行测试。当发动机发出额定功率,挂直接挡,可测得驱动车轮的额定输出功率;当发动机发出最大转矩,挂第一挡,可测得驱动车轮的最大驱动力。

发动机全负荷运转,在选定车速下进行输出功率或驱动力的测试时,是在踩下加速踏板的同时,调节测功机制动力矩对滚筒加载,使发动机在节气门全开情况下以选定的车速稳定运转进行的。发动机部分负荷选定车速下输出功率或驱动力的检测与此相同,只不过发动机是在选定的部分负荷下工作的。

6.2 汽车制动性能测试

汽车的制动性是指汽车行驶时,能在短距离内停车且维持行驶方向稳定和下长坡时能维持较低车速的能力。

6.2.1 汽车制动性能检测标准

国家标准 GB 7258—2004《机动车运行安全技术条件》对检验制动性能作出了规定,检验方法分为道路试验和台架试验两类。本节主要介绍这两类试验的方法和要求。此外,GB 12676—1999《汽车制动系统结构、性能及试验方法》规定了汽车制动系统结构、性能的试验方法。GB/T 13594—2003《汽车防抱制动系统性能要求和试验方法》规定了汽车防抱制动系统的性能要求和试验方法。

▶ 1. 制动性能的评价指标

汽车的制动性主要由以下 3 个方面来评价:

(1)制动效能。制动效能是指汽车迅速降低车速直到停车的能力,通常用制动距离、制动减速度和制动力等参数来评价。

(2)制动效能的恒定性。制动效能的恒定性主要指的是抗热衰退性能,一般用一系列连续制动时制动效能的保持程度来衡量。

(3)制动时汽车的方向稳定性。制动时汽车的方向稳定性是指汽车在运动过程中维持直线行驶或预定弯道行驶的能力。汽车试验中常规定一定宽度的试验通道,制动时方向稳定性合格的车辆在试验过程中不允许产生不可控制的效应使它离开这条通道。

▶ 2. 制动时车轮的受力

(1)地面制动力。汽车只有受到与行驶方向相反的外力时,才能从一定速度制动到较小的车速或停车。这个外力只能由地面或者空气提供,但是由于空气阻力相对较小,所以使汽车制动的外力主要由地面提供,被称为地面制动力。对同一辆汽车来说,地面制动力越大,制动减速度就越大,制动距离就越短,所以地面制动力对汽车的制动性能有着至关重要的影响。

图 6-5 所示是汽车在良好的硬路面上的制动时车轮的受力情况。从力矩平衡可得

$$F_{xb} = \frac{T_\mu}{r} \qquad (6.11)$$

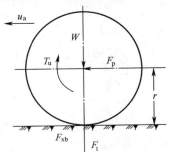

图 6-5 车轮在制动时的受力情况

式中:F_{xb} 为地面制动力(N);T_μ 为车轮制动器中的产生的摩擦力矩(N·m);r 为车轮半径(m)。

地面制动力是使汽车制动而减速行驶的外力,但是地面制动力取决于两个摩擦副的摩擦力,一个是制动器内制动摩擦片与制动鼓或与制动盘间的摩擦力;另一个是轮胎与地面间的摩擦力即附着力。

(2)制动器制动力。在轮胎周缘为了克服制动器摩擦力矩所需的力称为制动器制动力,

以符号 F_μ 表示。它相当于把汽车架离地面,并踩住制动踏板,在轮胎周缘沿切线方向推动车轮直至车轮能转动所需要的力,如式(6.12)所示,即

$$F_\mu = \frac{T_\mu}{r} \tag{6.12}$$

式中:r 为车轮半径(m)。

(3) 地面制动力、制动器制动力与附着力之间的关系。在制动过程中,如果只考虑车轮的运动为滚动与抱死拖滑两种状况,当制动踏板力较小时,制动器摩擦力矩不大,地面和轮胎之间的摩擦力即地面制动力,足以克服制动器摩擦力矩而使车轮滚动。显然,车轮滚动时的地面制动力就等于制动器制动力,且随着制动踏板力的增大而增大。但地面制动力是滑动摩擦力的约束反力,其值不能超过附着力,因此当制动器踏板力或制动系压力上升到某一个数值,地面制动达到附着力时,车轮即抱死不转而出现拖滑现象。若制动器踏板力或制动系压力继续增大,则制动器制动力也按原有关系继续增大,但若作用在车轮上的法向载荷为常数,地面制动力 F_{xb} 达到附着力 F_ϕ 之后就不再增加了。

因此,汽车的地面制动力首先取决于制动器制动力,但同时又受地面附着条件的限制,所以只有当汽车具有足够的制动器制动力,同时地面又能提供足够的附着力的时候,才能获得足够的地面制动力。

▶ 3. 汽车的制动效能及其恒定性

(1) 制动距离。制动距离是指汽车速度为 v 时,从驾驶员开始操纵制动控制装置(制动踏板)到汽车完全停住为止所驶过的距离,包括制动器起作用和持续制动两个阶段中汽车行驶的距离。

在制动器起作用的阶段,汽车行驶过的距离 S_1(m)可由式(6.13)求得

$$S_1 = \frac{v}{3.6}(t_1 + t_2) \tag{6.13}$$

式中:v 为制动初速度(km/h);t_1 为驾驶员反应时间(s);t_2 为机构滞后时间(s)。

在持续制动阶段,汽车行驶过的距离 S_2(m)一般可用式(6.14)估算,即

$$S_2 = \frac{v^2}{25.9} \cdot \frac{m(1+\varepsilon)}{F} \tag{6.14}$$

式中:m 为汽车的质量(kg);ε 为汽车旋转零件的当量质量与汽车质量的比值 $\frac{\Delta m}{m}$;Δm 为汽车旋转零件的当量质量(kg);F 为各轮制动力总和(N)。

所以,制动距离 S(m)可以表示为

$$S = S_1 + S_2 = \frac{v}{3.6}(t_1 + t_2) + \frac{v^2}{25.9} \cdot \frac{m(1+\varepsilon)}{F} \tag{6.15}$$

从式(6.13)、式(6.14)和式(6.15)中可以看出,决定汽车制动距离的因素有制动器起作用的时间、最大制动减速度、整车质量等。附着力和制动器制动力越大,起始制动速度越低,制动距离越短。汽车应保证制动系统可以产生足够的制动力,并且使制动力在汽车前后桥分配合理,以便充分利用各桥的垂直载荷,保证汽车在一定初速度下的制动距离在规定范围以内。

汽车在规定的初速度下的制动距离和制动稳定性应符合表 6-1 的要求。

表6-1 制动距离和制动稳定性要求

车辆类型	制动初速度/(km/h)	满载检验制动距离要求[①]/m	空载检验制动距离要求[②]/m	制动稳定性要求车辆任何部位不得超出的试车道宽度
座位数≤9的载客汽车	50	≤20	≤19	2.5
其他总质量≤4.5t的汽车	50	≤22	≤21	2.5
其他汽车、汽车列车及无轨电车	30	≤10	≤9	3.0
四轮农用运输车	30	≤9	≤8	2.5
三轮农用运输车	20	≤5	≤4.5	2.3
两轮摩托车	30	≤7		—
边三轮摩托车	30	≤8		2.5
正三轮摩托车	30	≤7.5		2.3
轻便摩托车	20	≤4		—
轮式拖拉机组	20	≤6.5	≤6.0	3.0
手扶变型运输机	20	≤6.5		2.3

注:1. 对总质量大于3.5t并小于等于4.5t的汽车试车道宽度为3m;
① 气压制动系统:气压表的指示气压≤额定工作气压;液压制动系统:座位数小于或等于9的载客汽车,踏板力≤500N;对于其他车辆,踏板力≤700N;
② 气压制动系统:气压表的指示气压≤600kPa。液压制动系统:座位数小于或等于9的载客汽车,踏板力≤400N;对于其他车辆,踏板力≤450N

(2)制动减速度。制动减速度是制动时车速相对于时间的导数。在持续制动阶段,若制动器最大制动力 $F_{\mu,\max}$ 尚未达到(或不能达到)附着力 F_ϕ 的值,且假设在制动过程中 $F_{\mu,\max}$ 不变,则汽车在此阶段内减速度 $j(\mathrm{m/s^2})$ 为

$$j = \frac{F_{\mu,\max}}{G/g} \qquad (6.16)$$

式中:G 为车身重量(N)。

汽车走过的距离 $S(\mathrm{m})$ 为

$$S = \frac{v^2}{25.9} \cdot \frac{G/g}{F_{\mu,\max}} \qquad (6.17)$$

在持续制动阶段,由于轮胎与地面摩擦时轮胎温度升高,导致附着系数下降,所以,$F_{\mu,\max}$ 也将发生变化,在此阶段,汽车并不是匀减速运动,用平均减速度(MFDD)来检测汽车的制动性能更能符合实际,MFDD 由式(6.18)计算,即

$$\mathrm{MFDD} = \frac{v_b^2 - v_e^2}{25.92(S_e - S_b)}(\mathrm{m/s^2}) \qquad (6.18)$$

式中:v 为试验车的制动初速度(km/h);试验车速 $v_b = 0.8v$(km/h);试验车速 $v_e = 0.1v$(km/h);S_b 为试验车速从 v 到 v_e 的行驶距离(m);S_e 为试验车速从 v 到 v_e 的行驶速度。

显然,平均减速度越大,制动力也就越大,制动效果越好。反之,如果平均减速度很小,则

83

制动距离相应延长,制动效果变差。所以,采用平均减速度能有效评价汽车的制动效能。

汽车在规定的初速度下急踩制动时充分发出的平均减速度和制动稳定性应符合表6-2的要求。

▶ 4. 制动时汽车的方向稳定性

制动过程中,有时会出现制动跑偏、后轴侧滑或者前轮失去转向能力而使汽车失去控制,离开原来的行驶方向,甚至发生撞入其他车辆行驶轨迹、驶进沟中、滑下山坡的危险情况。一般称汽车在制动过程中维持直线行驶或按照预定弯道行驶的能力为制动时汽车的方向稳定性。制动时汽车自动向右或者向左偏驶称为"制动跑偏"。侧滑是指制动汽车的某一轴或两轴发生横向移动。制动跑偏、侧滑与前轮失去转向能力是造成交通事故的重要原因。

表6-2 平均减速度和制动稳定性要求

车辆类型	制动初速度/(km/h)	满载测试充分发出的平均减速度/(m/s²)	空载测试充分发出的平均减速度/(m/s²)	制动稳定性要求车辆任何部位不得超出的试车道宽度/m
座位数≤9 的载客汽车	50	≥5.9	≥6.2	2.5
其他总质量≤4.5t 的汽车	50	≥5.4	≥5.8	2.5
其他汽车、汽车列车及无轨电车	30	≥5.0	≥5.4	3.0
注:对总质量大于 3.5t 并小于等于 4.5t 的汽车试车道宽度为 3m				

在制动过程中,若是只有前轮抱死或前轮先抱死拖滑,则汽车基本上沿直线行驶,汽车处于稳定状态,但失去转向能力。若后轮比前轮提前一定的时间先抱死拖滑,且车速超过某一个数值,汽车在轻微的侧向力作用下就会发生侧滑。

所以,从保证汽车行驶方向稳定性的角度出发,首先不能出现只有后轮抱死或后轮比前轮先抱死的情况,以防止危险的后轮的侧滑;其次,尽量少出现只有前轮抱死或前轮和后轮同时抱死的情况,以维持汽车的转向能力。最理想的状态是防止任何车轮抱死,前后车轮都处于滚动状态,这样就能保持制动汽车的稳定性。

汽车的制动性可采用道路试验和室内试验进行测试。道路试验一般要测定冷制动及高温下汽车的制动距离、制动减速度、制动时间等参数及在转弯与变更车道时汽车制动的方向稳定性,使用的仪器主要有五轮仪、减速器仪和压力传感器。室内试验主要是通过室内试验装置测试汽车制动器的摩擦力矩来检查汽车制动性,使用的制动试验台根据支撑(车轮形式)的不同,分为滚筒式和平板式。

6.2.2 主要试验设备及工作原理

▶ 1. 主要试验设备

主要仪器设备有第五轮仪或非接触式车速仪、制动减速仪、反力式滚筒制动试验台、平板式制动试验台等。

▶ 2. 制动试验台的结构与工作原理

(1) 反力式滚筒制动试验台。反力式滚筒制动试验台的结构简图如图6-6所示,由结构完全相同的左右两套对称的车轮制动力测试单元和一套指示、控制装置组成。每一套车轮制动力测试单元由框架(多数试验台将左、右测试单元的框架制成一体)、驱动装置、滚筒组、举升

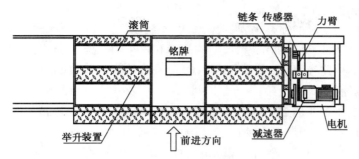

图 6-6 反力式制动试验台结构简图

装置、测量装置等构成。

　　滚筒相当于移动的路面,各对滚筒分别带有飞轮,产生相当于汽车质量的惯性。制动时滚筒依靠惯性相对于车轮移过一定距离,因此这种试验台的主要测试参数是各轮的制动距离,同时还可以测得制动时间或减速度。反力式滚筒制动试验台的优点在于试验条件接近实际行驶条件,可在任何车速下进行测试。但是,旋转部分的转动惯量大,结构复杂,占地面积大,测试车型受限,也是这种试验台的不足之处。

　　有的滚筒制动试验台在主、从动滚筒之间设置一个直径较小,既可自转又可上下摆动的第三滚筒,平时由弹簧使其保持在最高位置。而在许多设置有第三滚筒的制动试验台上取消了举升装置,在第三滚筒上装有转速传感器。在测试时,被测车辆的车轮置于主、从动滚筒上,同时压下第三滚筒,并与其保持可靠接触。控制装置通过转速传感器即可获知被测车轮的转动情况。

　　制动力测试装置主要由测力杠杆和传感器组成。测力杠杆一端与传感器连接,另一端与减速器壳体连接,被测车轮制动时测力杠杆与减速器壳体将一起绕主动滚筒(或绕减速器输出轴、电动机枢轴)轴线摆动。传感器将测力杠杆传来的、与制动力成比例的力(或位移)转变成电信号输送到指示、控制装置。传感器有应变测力式、自整角电机式、电位计式、差动变压器式等多种类型。

　　进行车轮制动力测试时,被测汽车驶上制动试验台,车轮置于主、从动滚筒之间,放下举升装置(或压下第三滚筒,装在第三滚筒支架下的行程开关被接通),通过延时电路启动电动机,经减速器、链传动和主、从动滚筒带动车轮低速旋转,待车轮转速稳定后驾驶员踩下制动踏板,车轮在车轮制动器的摩擦力矩作用下开始减速旋转。此时电动机驱动的滚筒对车轮轮胎周缘的切线方向作用制动力以克服制动器摩擦力矩,维持车轮继续旋转。与此同时,车轮轮胎对滚筒表面切线方向附加一个与制动力方向反向等值的反作用力,在反作用力矩作用下,减速器壳体与测力杠杆一起朝滚筒转动相反方向摆动,测力杠杆一端的力或位移量经传感器转换成与制动力大小成比例的电信号。从测力传感器送来的电信号经放大滤波后,送往 A/D 转换器转换成相应的数字量,经计算机采集、存储和处理后,测试结果由数码显示或由打印机打印出来。一般可以把左、右轮最大制动力、制动力和、制动力差、阻滞力和制动力时间曲线等一并打印出来。

　　目前,采用的反力式滚筒制动试验台对具有防抱死(ABS)系统的汽车制动系的制动性能,还无法进行准确的测试。主要原因是这些试验台的测试车速较低,一般不超过 5km/h,而现代防抱死系统均在车速 10～20km/h 以上起作用,所以在上述试验台上测试车轮制动力时,车辆的防抱死系统应不起作用,只能相当于对普通的液压制动系统的测试过程。

（2）平板式制动试验台。平板式制动试验台是一种新型的制动检测设备。它利用汽车低速驶上平板后突然制动时的惯性力，来检测制动效果，属于一种动态惯性式制动试验台。它除了能检测制动性能外，还可以测试轮重、前轮侧滑和汽车的悬架性能，也是一种综合性试验台。

这种试验台结构比较简单，主要由几块测试平板、传感器和数据采集系统等组成。轿车测试线一般由 4 块前制动——悬架——轴重测试用平板及一块侧滑测试板组成。数据采集系统由力传感器、放大器、多通道数据采集板等组成。该试验台不需要模拟汽车转动惯量，较容易将制动试验台与轮重仪、侧滑仪组合在一起，测试过程接近实际路试条件，车辆测试方便且效率高。但这种试验台存在测试操作难度较大（测试重复性主要取决于车况及测试员踩刹车快慢），对不同轴距车辆适应性差、占地面积大、需要助跑车道等缺点。其测试原理如图 6 - 7 所示。

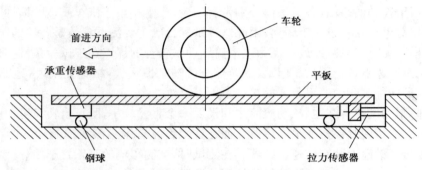

图 6 - 7 平板式制动试验台原理图

平板制动试验台是一种低速动态测试车辆制动性能的设备。其测试原理基于牛顿第二定理，即制动力等于质量乘以（负）加速度测试时只要知道轴荷与减速度即可求出制动力。从理论上讲制动力与测试时车速无关，与刹车后的减速度相关。测试时汽车以 5～10km/h（或按出厂说明允许更高）速度驶上平板，置变速器于空挡并紧急制动。汽车在惯性作用下，通过车轮在平板上附加与制动力大小相等方向相反的作用力，使平板沿纵向位移，经传感器测出各车轮的制动力、动态轮重并由数据采集系统处理，计算出轮重、制动及悬架性能的各参数值，并显示检测结果。

6.2.3 试验方法

▶ 1. 道路试验要求

（1）进行道路试验的试验条件。试验路段应为干净、平整、坡度不大于 1‰ 的混凝土路面。路面附着系数不宜小于 0.72～0.75。实验时风速应小于 5m/s，气温在 0～35℃。

（2）试验车辆准备。满载状态：实验车辆处于厂定最大质量状态，其载荷分布均匀。空载状态：汽车油箱加至厂定容积的 90%，加满冷却液和润滑剂，携带随车工具和备胎，另包括 200kg 质量（驾驶员、一名试验员和仪器的重量）。试验开始前所用试验车辆应充分预热，以 $0.8～0.9U_{amax}$ 行驶 1h 以上。

▶ 2. 试验方法

汽车制动性能的测试宜采用反力式滚筒试验台或平板制动试验台，其中前轴驱动的乘用车更适合采用平板制动试验台测试制动性能不宜采用制动试验台测试制动性能的汽车也可以采用路试测试制动性能。

（1）用反力式滚筒试验台测试。制动试验台滚筒表面应干燥，没有松散物质及油污，滚筒表面附着系数不应小于 0.75。驾驶员将车辆驶上滚筒，位置摆正，变速器置于空挡，启动滚筒，在 2s 后测取车轮阻滞力；使用制动，测取制动力增长全过程中的左右轮制动力差和各轮制动力的最大值，并记录左右车轮是否抱死。

在测量制动时，为了获得足够的附着力以避免车轮抱死，允许在车辆上增加足够的附加质量和施加相当于附加质量的作用力（附加质量和作用力不计入轴荷）；也可采取防止车轮移动的措施（例如，加三角垫块或采取牵引等方法）。

（2）用平板制动试验台测试。制动试验台平板表面应干燥，没有松散物质及油污，平板表面附着系数不应小于 0.75。驾驶员将试验车辆对正平板制动试验台，并以 5～10km/h 的速度（或制动试验台制造厂家推荐的速度）驶上平板，置变速器于空挡（自动变速器的车辆可置变速器于 D 挡），急踩制动，使试验车辆停止，测得各轮制动力、每轴左右轮在制动力增长全过程中的制动力差、制动协调时间、车轮附滞力和驻车制动力等参数值。

（3）冷态制动效能试验方法。试验分四种车速，即 20km/h，30km/h，40km/h，50km/h，允许误差 ±0.5km/h。每次试验开始时使车速略高于预定车速（一般高出 3～5km/h）后，置变速器于空挡（自动变速器的车辆可置变速器于 N 挡），急踩制动，使试验车辆停止。用制动距离测试行车制动性能时，测量制动距离，对除气压制动外的机动车还应同时测取踏板力（或手操纵力）。充分发出的平均减速度测试行车制动性能时，测量机动车充分发出的平均减速度（MFDD）和制动协调时间，对除气压制动外的机动车还应同时测取踏板力（或手操纵力）。

6.3　汽车燃料经济性测试

汽车燃料经济性是指在保证动力性的条件下，汽车以尽量少的燃料消耗量行驶的能力。燃料经济性好，可以降低汽车的使用费用，也降低了汽车排放污染物对大气的污染。同时，汽车的燃料经济性又与汽车发动机和底盘的技术状况密切相关，因此汽车的燃料经济性可作为综合指标评价汽车的技术状况。汽车燃料经济性试验有道路试验和台架试验两种基本方法。

6.3.1　汽车燃油经济性测试标准

燃料消耗量试验方法根据 GB/T 12534—1990《汽车道路试验方法通则》、GB/T 12545.1—2001《乘用车燃料消耗量试验方法》（适用于 M1 类车辆和最大总质量小于 2t 的 N1 类车辆）、GB/T 12545.2—2001《商用车燃料消耗量试验方法》（适用于 M2、M3 类和最大总质量大于或等于 2t 的 N 类车辆）和 GB/T 19233—2003《轻型汽车燃料消耗量试验方法》（适用于以点燃式发动机或压燃式发动机为动力，最大设计车速大于或等于 50km/h 的 M 类车辆，也可用于最大设计质量不超过 3.5t 的 M2 类和 N1 类车辆）进行测试。

GB/T 12545.1—2001《乘用车燃料消耗能量试验方法》、GB/T 12545.2—2001《商用车燃料消耗能量实验方法》和 GB/T 19233—2003《轻型汽车燃料消耗能量试验方法》（本章以下简称"汽车燃料消耗量试验方法"）对汽车在路试条件下燃料消耗量试验的规范和项目的规定如下。

（1）试验规范：汽车路试的基本规范按照 GB/T 12534—1990《汽车道路试验方法通则》。

（2）试验项目：①直接挡全节气门加速燃料消耗量试验；②等速燃料消耗量试验；③多工况燃料消耗量试验；④限定条件下的平均使用燃料消耗量试验。

一般而言，汽车监测站因受到场地条件的限制，而无法用道路试验检测汽车的燃料经济性,因此常在底盘测功机上参照有关规定模拟道路试验来测试汽车的燃料经济性。行业标准 JT/T 198—2004《营运车辆技术等级划分和评定要求》规定如下。

(1)检测项目:汽车等速百公里油耗。

(2)检测方法:用底盘测功机检测等速百公里油耗。

启动发动机是汽车运转至正常的热工况。在底盘测功机上,将变速器置于直接挡(无直接挡的用最高速挡),底盘测功机加载至限定条件,使汽车稳定地测试车速、测量燃油消耗量,并换算成百公里燃料消耗量。

在具有可模拟汽车行驶功能的飞轮机构中,采用自动控制的底盘测功机,也可按规定的试验循环测定汽车的多工况燃料消耗量。

6.3.2 主要试验设备及工作原理

汽车测定燃料消耗量时,须采用车用油耗仪。油耗仪由油耗传感器和显示装置构成,二者采用电缆线连接。油耗仪的种类很多,按测试方法不同可分为容积式油耗仪、质量式油耗仪、流量式油耗仪和流速式油耗仪。目前常用的主要为容积式和质量式油耗仪。

▶ 1. 质量式油耗仪

质量式油耗仪由称量装置、计数装置和控制装置构成,如图6-8所示。

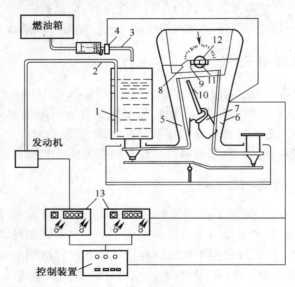

图6-8 质量式油耗仪

1—油杯;2—出油管;3—电磁阀;4—加油管;5、10—光电二极管;6、7—限位开关;
8—限位器;9—光源;11—鼓轮机构;12—鼓轮;13—计数器。

质量式油耗仪通过测量消耗一定质量的燃油所用的时间来计算油耗,燃油消耗量可按式(6.19)来计算,即

$$G = 3.6 \cdot \frac{\omega}{t} \qquad (6.19)$$

式中:ω 为燃油质量(g);t 为测量时间(s);G 为燃油消耗量(kg/h)。

称量装置上的秤盘上装有油杯1,燃油经电磁阀3加入油杯。电磁阀的开闭由装在平衡块上的行程限位器8拨动两个微型限位开关6和7进行控制。光电传感器由两个光电二极管

5、10 和装在棱形指针上的光源 9 组成,用于给出油耗始点和终点信号。光电二极管 5 为固定式,光电二极管 10 装在活动滑块上,滑块通过齿轮齿条机构移动,齿轮轴与鼓轮 12 相连,计量的燃油量通过转动鼓轮 12 从刻度盘上读出。计量开始时,光源 9 的光束射在光电二极管 5 上,光电二极管发出信号使计数器 13 开始计数,随着油杯中燃油的消耗,指针移动。当光束射在光电二极管 10 上时,光电二极管发出信号,使计数器停止计数。

▶ 2. 容积式油耗仪

容积式油耗仪的工作原理是使被测燃油充满一定容量的测量室,通过充满测量室的次数,可得出被测燃油的总量,再除以测定时间间隔或行驶里程即可得平均燃油消耗量。

图 6-9 为行星式油耗传感器的流量转换机构的工作原理图。该装置由 4 个互成 90° 的活塞(相当于 4 个滑阀)和旋转曲轴构成,进油室内充有一定压力的燃油,燃油存储在传感器的曲轴箱中。由滑阀开闭时刻的巧妙配合,实现了油缸吸排油的连续进行,用于将一定容积的燃油流量转变为曲轴的旋转。

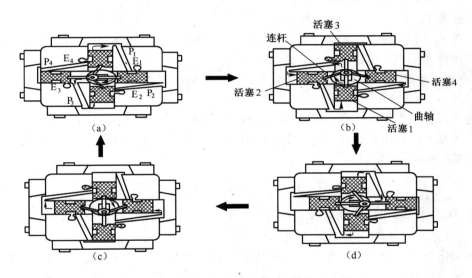

图 6-9　行星式油耗传感器原理图

P_1、P_2、P_3、P_4——油道;E_1,E_2,E_3,E_4——排油口。

在泵油压力作用下,燃油推动活塞往复运动,4 个活塞各往复运动一次则曲轴旋转一周,完成一个进排油循环。活塞在油缸中处于进油行程或者排油行程,取决于活塞相对进、排油口的位置。图 6-9(a)表示活塞 1 处于进油行程,来自传感器曲轴箱的燃油经油道 P_3 推动其上行,并使曲轴作顺时针旋转。此时,活塞 2 处于排油行程终了状态,活塞 3 处于排油行程中,燃油从活塞 3 上部经 P_1 从排油口 E_1 排出,活塞 4 处于进油终了状态;当活塞和曲轴位置如图 6-9(b)时,活塞 1 处于进油行程终了状态,活塞 2 处于进油行程,油道 P_4 导通,活塞 3 处于排油行程终了,活塞 4 处于排油行程,燃油从油道 P_2 经排油口 E_2 排出。

图 6-9(c)和图 6-9(d)的进排油状态及曲轴旋转方向如图中箭头所示。如此循环往复,曲轴每旋转一周,各缸分别泵油一次,从而具有连续定容量泵油的作用。曲轴旋转一周的泵油量为

$$V=4\times\frac{\pi d^2}{4}\times 2h=2h\pi d^2 \qquad (6.20)$$

式中：h 为曲轴偏心距(cm)；d 为活塞直径(cm)。

可见，经上述流量转换机构的转换后，燃油消耗量的测量转化为流量变换机构曲轴的旋转圈数测量，这可由装在曲轴一端的信号转换装置完成。一般采用光电测量装置进行信号转换，把曲轴旋转圈数转化为电脉冲信号。

6.3.3 试验方法

台架试验时，汽车燃料经济性是由底盘测功机和油耗仪配合使用完成的。底盘测功机用于提供活动路面并模拟汽车在道路上行驶时的阻力，油耗仪则用于燃油消耗量的测量。汽车燃料经济性测试结果的准确性除了与油耗仪的测量精度有关之外，还取决于底盘测功机对汽车行驶阻力的模拟是否准确。

▶ **1. 等速行驶百公里油耗试验**

行业标准 JT/T 198—2004《营运车辆技术等级划分和评定要求》规定了用底盘测功机监测汽车的等速百公里油耗时的测试条件为：汽车为正常热状态；变速器挂直接挡或最高挡；加载至限定条件并使汽车稳定在试验车速。

"汽车燃料消耗量试验方法"规定限定条件下的试验车速为：轿车(60±2)km/h，铰接式客车(35±2)km/h，其他车辆(50±2)km/h。

在台架试验汽车的等速百公里油耗时，合理确定底盘测功机的加载量以模拟汽车在Ⅲ级以上平直道路上以规定车速行驶时所受到的阻力极为重要。此时，汽车克服滚动阻力和空气阻力所消耗的驱动轮功率为

$$P_K=(G\cdot f+\frac{1}{21.15}C_D\cdot A\cdot v^2)\cdot v/3600 \qquad (6.21)$$

式中：P_K 为驱动轮输出功率(kW)；G 为汽车总重量(N)；f 为滚动阻力系数；C_D 为空气阻力系数；A 为迎风面积(m²)；v 为试验车速(km/h)。

合理确定式(6.21)中各系数并求出试验车速下驱动轮功率，以此作为底盘测功机的模拟加载量。试验时，把汽车驱动轮驶入底盘测功机滚筒装置，把油耗仪油耗传感器接入汽车的燃油管路；设定好试验车速，启动发动机，变速器挂直接挡；逐渐踩下加速踏板，使底盘测功机指示的功率值等于计算值并使之稳定；此时按下油耗测量按钮，当驱动力在滚筒上驶过不少于500m 的距离时，即可从显示装置上读出汽车的等速百公里油耗值。为消除偶然因素的影响，应重复测试 3 次，取其平均值作为被测汽车在给定测试条件下的百公里油耗值。

参照"汽车燃料消耗量试验方法"的有关规定，可在不同试验车速下进行汽车的等速百公里油耗试验，并作出汽车的等速百公里油耗特性曲线。实验室，汽车使用常用挡位，试验车速从 20km/h(最小稳定车速高于 20km/h 时，从 30km/h 开始)起测，以 10km/h 的整数倍递增，均匀选取试验车速，直到达到最高车速的 90%。至少测定 5 个试验车速。

显然，在不同试验车速下，底盘测功机所对应的加载功率不同。在不同试验车速和所对应加载功率的条件下，每个试验车速测试 3 次，取其测试值的平均值作为被测汽车在给定试验车速时的百公里油耗量。每个规定车速下的百公里油耗量测出后，便可在以车速为横坐标，百公里油耗为纵坐标的坐标系中给出该车的百公里油耗特性曲线图。图 6-10 为部分车型的等速百公里油耗特性曲线。

2. 多工况循环燃料消耗量试验

多工况循环包括六工况循环(适用于城市客车和双层客车以外的车辆,如图6-11所示)和四工况循环(适用于城市客车和双层客车,如图6-12所示),可以进行道路试验,也可以在底盘测功机上进行。这里重点介绍道路试验方法。

道路试验进行多工况循环燃料消耗量测试时,汽车尽量用高挡位进行试验,当高挡位达不到工况要求,超出规定偏差时,应降低一挡进行;当车辆进入可使用高挡行驶的等速行驶段和减速行驶段时,再换入高挡进行试验。换挡应迅速、平稳。减速行驶中,应完全放松加速踏板,离合器仍接合。当试验车速降至10km/h时,分离离合器,必要时,减速工况中允许使用车辆的制动器。

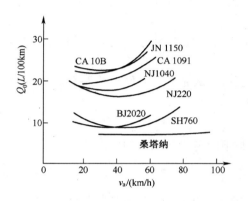

图6-10 部分车型的等速百公里
油耗特性曲线

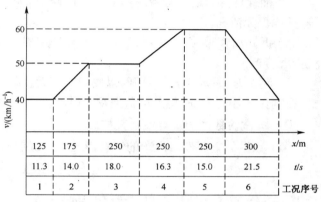

图6-11 六工况循环

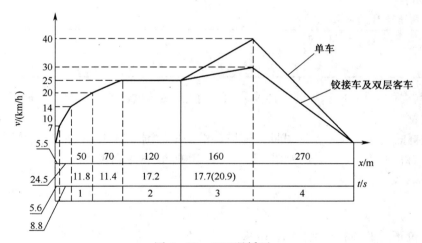

图6-12 四工况循环

试验车辆在多工况的终速度的偏差为±3km/h,其他各工况速度偏差为±1.5km/h。在各种行驶工况改变过程中允许车速的偏差大于规定值,但在任何条件下超过车速偏差的时间不大于1s,即时间偏差为±1s。

3. 注意事项

(1) 为使汽车燃料经济性测试结果准确可靠,应注意以下几点:

①发动机冷却液温度应在 80～90℃之间,温度过高时应使用冷却风扇降温;轮胎气压应符合规定,误差不超过±0.01MPa,且左右轮胎的花纹一致;被测车底盘温度应随室温变化严格控制,室温低于 10℃时,底盘温度应控制在 25℃以上。

②试验仪器的精度应满足要求,车速测定仪器和燃料流量计精度为 0.5%;计时器最小读数为 0.1s。

③正确连接油耗仪传感器,并注意排除油路中的空气泡。

④测试车速、挡位、载荷、试验循环等应满足"汽车燃料消耗量试验方法"的规定。

(2)为保证台架试验汽车燃油经济性时的安全,应注意以下几点:

①被测车辆旁必须配备性能良好的灭火器。

②油耗传感器所用油管应透明、耐油、耐压,油管接头用合格的环形夹箍,不得用铅丝缠绕,并确保无泄漏。

③拆卸油管时,必须用沙盘接油,不允许用棉纱或其他易燃物接油,不允许燃油流到发动机排气管上。

④测试时,发动机盖应打开,以便观察有无渗漏现象,测试完毕安装好原管路后启动发动机,在确保无任何渗漏时,方可盖上发动机盖。

▶ **4. 试验数据的重复性及其校正**

(1)数据的重复性。汽车的燃料消耗量测试数据必须满足式(6.22)的要求,即

$$\frac{Q_{max} - Q_{min}}{Q_A} \leqslant R \tag{6.22}$$

式中:Q_{max} 为百千米油耗量测试数据中的最大值(L/100km);Q_{min} 为百千米油耗量测试数据中的最小值(L/100km);Q_A 为百千米油耗量测试数据的算术平均值(L/100km);R 为比例系数,其取值如表 6-3 所列。

表 6-3 比例系数 R 的取值

试验次数	2	3	4	5	10
R	0.053	0.063	0.069	0.073	0.085

若测量数据的重复性达不到上述要求,必须排除测试仪器及发动机或者底盘的有关故障,重新进行检测。

(2)数据的校正。每一实际试验车速燃料消耗量的测量值均应按照公式校正到标准状态下的数值。标准状态是指:气温为 20℃,气压为 100kPa,汽油密度为 0.742g/mL,柴油密度为 0.830g/mL。校正公式为

$$Q_0 = \frac{Q_A}{C_1 C_2 C_3} \tag{6.23}$$

式中:Q_0 为校正后的燃料消耗量(L/100km);Q_A 为实测燃料消耗量的均值(L/100km);C_1 为环境温度校正系数,$C_1 = 1 + 0.0025(20 - T)$;C_2 为大气压力校正系数,$C_2 = 1 + 0.0021(P - 100)$;$C_3$ 为燃料密度校正系数,$C_3 = 1 + 0.8(0.742 - G_s)$(汽油机),$C_3 = 1 + 0.8(0.830 - G_d)$(柴油机);$T$ 为试验时的环境温度(℃);P 为试验时的大气压力(kPa);G_s 为试验用的汽油平均密度(g/mL);G_d 为试验用的柴油平均密度(g/mL)。

车身表面数据采集及处理

7.1 逆向工程与数据采集

7.1.1 逆向工程简介

逆向工程(Reverse Engineering,RE)是近年发展起来的一种新的集分析和应用等技术于一体的组合技术。它是在只有产品模型或实物模型,而没有产品的设计参数和图纸的情况下,通过测量仪器得到产品数据信息,然后建立出数字模型,再将这些模型和表征用于产品的分析、制造和加工生产中的过程。与传统的产品开发设计技术相比,逆向工程的显著特点是缩短产品的开发周期、有效提高生产效率。

逆向工程技术是从 20 世纪 90 年代开始受到各国工业界和学术界的重视的。特别是计算机技术和测量技术的迅猛发展为之提供了可靠的技术支撑,利用 CAD/CAM 技术、先进制造技术来实现产品实物的逆向工程已成为 CAD/CAM 领域研究的热点,并成为逆向工程技术应用的主要内容。统计数据表明,逆向工程的运用可以使产品的研发周期缩短 40%以上,极大地提高了生产效率。因此,逆向工程技术的研发,对于提高我国工业发展和科学技术水平有着重要意义。

逆向工程也称为反求工程、反向工程等,是相对于传统的产品开发流程而言的。传统的产品开发设计(正向工程)是先了解市场需求、定义产品功能,进而抽象出产品外形、结构的概念,据此建立产品的 CAD 模型,然后在此模型基础上加工得到产品的实物原型。由此可见,正向设计是从概念到 CAD 模型再到实物模型的开发过程。而逆向工程则是对现有的实物产品或模型进行扫描、处理获得产品表面数据和 CAD 模型,再通过模型修改、加工制造得到实物模型,逆向工程是从实物到 CAD 模型再到实物模型的过程。

正向工程流程图如图 7-1(a)所示,逆向工程的流程图如图 7-1(b)所示。逆向工程示意图如图 7-2 所示。

需要注意的是,逆向工程的目的不是机械地还原、复制原物,而是要在原有的实物模型上对产品进行二次创新和改进,以期以更高的效率获得性能更好的产品。

逆向工程的大致流程是:首先通过数据采集设备采集产品表面的数据,并将这些数据输入专门的数据处理软件进行数据处理,然后进行曲面和三维实体重构,在计算机上重现实物产品的外形模型,在此模型上进行改进和创新设计,最后对修改后的数据模型进行实物制造。

93

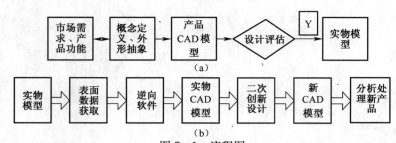

图 7-1 流程图

(a)正向工程;(b)逆向工程。

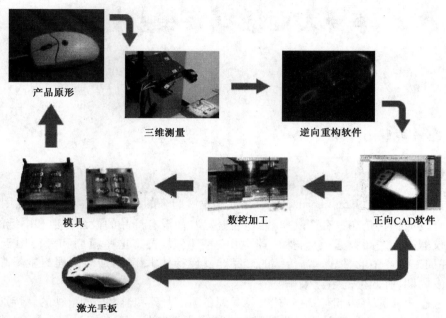

图 7-2 逆向工程示意图

逆向工程具体工作流程如图 7-3 所示。

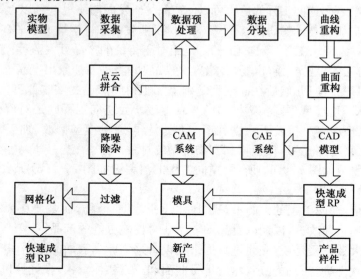

图 7-3 逆向工程具体工作流程

在国外,逆向工程已作为一种先进的产品设计方法被引入到产品的开发设计工作中。从逆向工程的流程中不难看出,对现有产品进行数据采集,无疑是学习、吸收先进产品外形设计、制作工艺技术的过程。我国作为最大的发展中国家,努力学习和吸收国外先进产品的技术是提高我国整体工业实力的重要途径。并且我国已成为最大的制造业大国,正向制造业强国努力发展,逆向工程技术为这一目的提供了重要的技术支持。由于避免了冗长的产品原型设计阶段,不仅提高了开发效率、节约了研发成本,而且设计结果的可行性也大幅提高,这对于我国企业缩短与发达国家的差距具有重要意义,所以逆向工程技术的研发正受到越来越多企业的重视和关注。

7.1.2 逆向工程的应用

随着逆向工程技术的不断成熟,以及其在产品开发中不可比拟的优势,逆向工程技术已在现代制造业新产品的开发技术中居于核心地位,被广泛地应用于航空、航天、汽车、家用电器、模具等领域产品的开发与设计创新,成为消化、吸收先进技术,实现新产品快速开发的重要技术手段。具体来说,逆向工程技术的应用主要集中在以下几个方面:

▶ **1. 航空、航天、汽车、家用电器、模具等领域的产品外观设计**

为节约设计成本和方便直观了解产品的外观效果,设计师广泛采用油泥、木头等材料进行快速且工作量巨大的模型制作,将所设计的产品外观以实体呈现出来。这类产品开发方式中,并没有直接应用 CAD 软件进行设计,而是制作比例模型,在逆向工程技术重建产品的数据模型。逆向技术获得的航天飞机数据模型如图 7-4 所示。逆向技术获得的汽车车身数据模型如图 7-5 所示。逆向技术还可以用于手机模具开发,如图 7-6 所示。

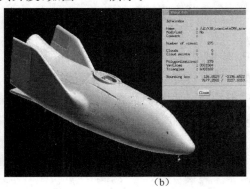

(a) (b)

图 7-4 逆向技术获得的航天飞机数据模型

▶ **2. 对损坏或磨损的零件进行还原**

对于一些磨损比较严重而又比较重要的零部件,有时需要在没有零部件原始 CAD 数据模型的条件下获得零部件的数据模型,以对该零件进行还原。此时,逆向工程技术便成为快速获得零件数据模型的重要途径。因此,逆向工程也可以用于对古文物的修复和还原等考古、文物保护领域,如图 7-7 所示。

▶ **3. 对现有产品进行二次创新设计**

为了适应市场的激烈竞争,有时往往需要在短时间内快速开发出新产品,且新产品只是在现有产品功能有所增加、外观有所改进,而并没有实质性的变更。逆向工程技术成为完成这种任务的不二选择。逆向技术用于鼠标外形二次设计如图 7-8 所示。

图7-5 逆向技术获得的汽车车身数据模型

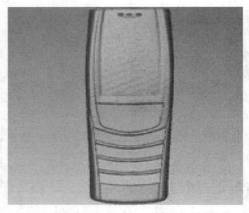

图7-6 逆向技术用于手机模具开发

（a） （b）

图7-7 逆向技术用于实物还原

4. 数字化模型检测

在一些零件的设计工程中,可能需要对零件的数字化模型进行多次修改,而逆向工程可以实现对零件数字模型的快速建立,为数字模型的检测提供技术支持。

5. 生物医学领域

在人体骨骼、关节等部位复制和假肢制造时,需要建立人体相关部位的表面数据信息。此时可以应用逆向工程技术快速获得相关部位的数据信息进而得到产品的几何模型,这同时也为医学上依据个人制作人工关节、人工骨骼和假牙及定制宇航服、头盔等提供了技术支持。逆向技术获得的面部油泥模型如图7-9所示。

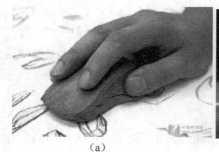 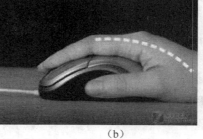 

（a） （b）

图7-8 逆向技术用于鼠标外形二次设计

图7-9 逆向技术获得的
面部油泥模型

逆向工程在汽车工业领域的实际应用中,主要包括以下几个内容:①汽车新零件的设计,主要用于产品的改型或仿型设计。②已有零件的复制,再现原产品的设计意图。③损坏或磨损零件的还原。④汽车车身特征断面设计。⑤数字化模型的检测,例如检验产品的变形分析,焊接质量及进行模型的比较。

从逆向工程的应用领域可以看出,逆向工程技术在复杂外形产品的建模和开发中有着不可替代的重要作用。而汽车车身是集流体力学和艺术美学等学科于一身的设计产品,具有十分优美的流线型和极其复杂的外形。所以逆向工程在汽车车身的设计领域有着极其普遍的应用,这一技术已成为各国汽车公司重要的车身设计方式。

7.1.3 逆向工程软件简介

逆向工程软件的主要作用是接收来自测量设备的产品数据,通过一系列的编辑操作,得到品质优良的曲线或曲面模型,并通过标准数据格式将这些曲线曲面数据输送到现有 CAD/CAM 系统中,在这些系统中完成最终的产品造型。由于无法完全满足用户对产品造型的需求,因此逆向工程 CAD 软件很难与现有主流 CAD/CAM 系统,如 CATIA、UG、Pro/ENGINEER 和 SolidWorks 等抗衡。很多逆向工程软件成为这些 CAD/CAM 系统的第三方软件。如 UG 采用 ImageWare 作为 UG 系列产品中完成逆向工程造型的软件,Pro/ENGINEER 采用 ICEM Surf 作为逆向工程模块的支撑软件。此外还有一些独立的逆向工程软件,如 GeoMagic 等,这些软件一般具有多元化的功能。例如,GeoMagic 除了处理几何曲面造型以外,还可以处理以 CT、MRI 数据为代表的断层界面数据造型,从而使软件在医疗成像领域具有相当的竞争力。另外一些逆向工程软件作为整体系列软件产品中的一部分,无论数据模型还是几何引擎均与系列产品中的其他组件保持一致,这样做的好处是逆向工程软件产生的模型可以直接进入 CAD 或 CAM 模块中,实现了数据的无缝集成,这类软件的代表是 DELCAM 公司的 CopyCAD。下面介绍逆向工程中软件的具体应用。

▶ **1. Imageware 软件介绍**

Imageware 由美国 EDS 公司出品,是著名的逆向工程软件,广泛应用于汽车、航空航天、家电、模具、计算机零部件领域。该软件是对产品开发过程前后阶段的补充,提供了逆向工程、Class1 曲面设计和曲面评估方面最好的功能。Imageware 逆向工程软件的主要产品有 Surfacer——逆向工程工具和 Class1 曲面生成工具;Verdict——对测量数据和 CAD 数据进行对比评估;Build it——提供实时测量能力,验证产品的制造性;RPM——生成快速成型数据;View——功能与 Verdict 相似,主要用于提供三维报告。

该软件拥有广大的用户群,国外有 BMW、Boeing、GM、Chrysler、Ford、Raytheon、Toyota 等著名国际大公司,国内则有上海大众、上海交大、上海 Delphi、成都飞机制造公司等大企业和院校。以前该软件主要被应用于航空航天和汽车工业,因为这两个领域对空气动力学性能要求很高,在产品开发的开始阶段就要认真考虑空气动力性。常规的设计流程首先根据工业造型需要设计出结构,制作出油泥模型之后将其送到风洞实验室去测量空气动力学性能,然后再根据试验结果对模型进行反复修改直到获得满意结果为止,如此所得到的最终油泥模型才是符合需要的模型。如何将油泥模型的外形精确地输入计算机成为电子模型,这就需要采用逆向工程软件。首先利用三坐标测量仪器测出模型表面点阵数据,然后利用逆向工程软件(例如 Imageware Surfacer)进行处理即可获得 Class A 曲面。

Imageware 在计算机辅助曲面检查、曲面造型及快速样件等方面具有其他软件无可匹敌的强大功能,使他当之无愧的成为逆向工程领域的领导者。

▶ **2. 软件功能分块**

Imageware 产品提供独特、综合的自由曲面构造及检测工具,这样的三维工具从早期的概念开发直到产品及制造的检测都有应用。Imageware 软件包括以下几个模块:

(1)基础模块,包含诸如文件存取、显示控制及数据结构。

(2)点处理模块,主要包括读取点云数据、点云数据抽样、点云剖面、增加点云、切割修剪点云。

(3)曲线曲面模块,包括扫略、放样及局部操作用到的圆角、翻边及偏置等曲面建立命令。

(4)多变形造型模块,提供完美的三角形数据的处理,提供处理任何大小的多变形模型的能力,能处理 STL 数据、有限元数据和 VRML 数据。

(5)检验模块,提供大量工具以输入 CAD 数据及点云数据并将这些数据进行对其用于比较零件和扫描数据之间定性及数量上的差别。

(6)评估模块,包括定性和定量的评价模型总体质量的工具。定量评估关于事物与模型精确的数据反馈。定性评估强调评价模型的美学质量。

7.1.4 汽车逆向工程中的数据采集技术

随着计算机和 CAD 技术的迅速发展,以测量技术为基础、曲面重构技术为支撑的逆向工程在汽车工业的产品开发中得到了广泛的应用。逆向工程主要包含两项内容:一是实物模型的数据采集;二是数字模型的建立。数据采集是逆向工程的首要环节,是反求建模的理论依据。采集数据的精度和速度直接影响产品的质量和研发效率。准确、快速、完备地获得产品的三维几何数据,是逆向工程的一项关键技术。数据采集技术随着逆向工程的广泛应用而不断发展。从最初的接触式测量,发展到光学、磁学等非接触式测量,直到新近开发的组合测量等。如今用于数据采集的测量机种类繁多、测量精度、测量速度各不相同。因此,对于不同类型的实体及数据采集的不同阶段选用测量机都应做到有的放矢,合理利用资源,以利用最低成本实现最优目标点采集。

数据采集作为逆向工程的首要环节,显而易见,数据采集技术直接关系到数据采集的精度与速度,并对后续的数据处理和模型建立、实物产品的制造结果有着直接影响。因此,数据采集技术在逆向工程有着十分重要的地位。本书的后续章节将对汽车领域数据采集技术做详细的介绍。

目前在汽车设计领域中,用于车身表面数据采集的测量设备和方法多种多样,其原理也不尽相同。车身表面数据采集是车身设计中的重要环节,因为不同的测试方法,不但测试精度、速度和费用不同,而且还造成后续测量数据的处理方式不同。通常根据测量探头是否与车身表面接触将车身表面数据采集方法分为接触式(Contact)和非接触式(Non - Contact)两类。各种数据采集方法分类如图 7 - 10 所示。

下面对这两类测量方法进行介绍和说明。

▶ **1. 接触式测量**

接触式测量是指通过测量设备的测头直接接触待测物品测量元素上的点(测点),获得待测物品表面几何参数信息的测量方式。接触式测量包括三坐标测量机(Coordinate Measure Machine,CMM)和关节臂测量机,其中 CMM 是接触式测量中应用最为广泛地一种测量设备,本书 7.2 节将会对三坐标测量机作详细介绍。与非接触式测量相比,接触式测量精度高、通用性好,对于表面外形很复杂的物体也可以进行测量,主要缺点是效率低。

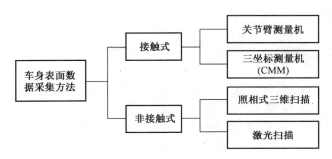

图7-10 车身表面数据采集方法分类

接触式测量过程中测头与模型表面接触进行扫描测量,其测量精度高,缺点是测量速度慢,摩擦力和弹性变形的存在易引起模型变形产生测量误差。对微细部分的测量受到限制,不适于软质材料或薄形物件的扫描。

▶ **2. 非接触式测量**

非接触式测量是指测量仪器不接触被测物体的前提下进行精准测量。其测量精度可以达到微米级别。非接触式测量仪一般利用CCD采集变焦镜下样品的影像,再配合XYZ轴移动平台及自动变焦镜,运用影像分析原理,通过计算机处理影像信号,对零件、产品进行精密的几何数据的测量,并可进行CPK数值的分析。

非接触式测量速度快、精度高,排除了由测量摩擦力和接触压力造成的测量误差,精密测量获得的密集点云信息量大,精度高,最大限度地反映被测表面的真实形状,适用于各种软硬材料的各种复杂曲面模型的三维高速测量。本书7.3节将会对汽车行业中常用的照相式三维扫描和激光扫描方法进行介绍说明。

要注意的是,两种测量方式各有优劣,都有各自的特点和适用范围,具体选用何种数据采集方法要根据待测工件的外形特征和应用条件来决定。目前,还没有一种完全适用于车身表面数据采集的方法。表7-1是对非接触式和接触式两种测量方法的具体对比。

表7-1 接触式与非接触式测量对比

	接触式测量	非接触式测量	
比较项	三坐标测量机	激光扫描仪	照相式扫描
系统体积	大	一般	小
系统质量	重,不可移动	较重	轻,便携
点云密度	低	高,不均匀	超高
测量精度	高	较低	高
测量范围	大	一般	大
测量时间	数小时	数十秒	0.01~0.4s
色彩信息	无	无	有
安装装置	需要调试	一般	简单
操作过程	难,严格	需要掌握技巧	简单
工作环境	严格	一般	一般
适用范围	硬质物体	较广泛	非常广泛

7.2 三坐标测量机

7.2.1 三坐标测量机简介

三坐标测量机(Coordinate Measure Machine,CMM)是 20 世纪 60 年代后期发展起来的一种高效的新型精密测量仪器。它广泛应用于机械制造、电子、汽车和航空航天等领域。它既可以对工件和零部件的尺寸、外形进行检测，还可用于划线、定中心孔等，并可以对复杂的连续曲面进行扫描。

汽车车身主要由薄板件构成，具有形状复杂、刚性差、高精度等特点，对于部分精度要求很高的车身表面数据采集，非接触式测量无法满足要求，此时，三坐标测量机是获取车身表面数据信息的重要工具。三坐标测量机是用于车身表面非接触式数据采集最重要的仪器。三坐标测量机在汽车测量中有着广泛的应用。图 7-11 为三坐标测量机的工作状态示意图。

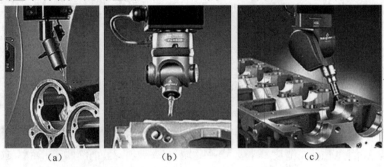

| （a） | （b） | （c） |

图 7-11　三坐标测量机的工作状态示意图

通俗地讲，三坐标测量机是指在三维直角坐标系(笛卡儿坐标系)下对工件的几何元素进行测量的仪器，又称为三坐标测量仪或三次元。三坐标测量机的工作原理是，利用测量传感器(侧头)触碰待测工件几何元素的测量点，获得测量点(点群)在三维直角坐标下的坐标值，然后运用测量软件对这些坐标值进行数据处理、拟合，得到测量元素(如圆、球、圆柱、圆锥、曲面等)的几何参数，即可获得工件的尺寸、形位等误差数值。如图 7-12 所示，以测量工件上的一个圆柱孔的直径为例。

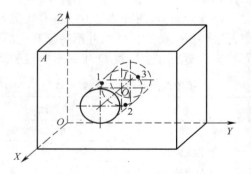

图 7-12　测量工件上的圆标孔直径

利用测头触碰垂直于孔轴线的任一截面内孔壁上的三点，得到这三个测量点的空间坐标值，通过测量软件的数据运算就可以算出该截面的直径值及圆心坐标。若测头测量该截面更多点的坐标值，就可以计算出该截面圆的圆度误差。

7.2.2 三坐标测量机的构成要素及分类

▶ 1. 三坐标测量机的构成

三坐标测量机由机械系统、控制系统和软件系统三大系统组成。其中机械系统包括基础平台、机架、导轨、动力驱动、测量系统和测头系统等零部件。

（1）机械系统。

① 基础平台。在测量过程中承载工件、支撑桥架。对基础平台有刚度高、支承精度高、热稳定性好、便于工件安装等要求。目前一般采用花岗石作原材料，因为花岗岩变形小、稳定性好、耐磨损、抗腐蚀性好，且价格低廉、易于加工。

② 机架。机架是连接各机械总成和机构，使之成为一个协调的机械系统。对机架有刚度高、质量轻、热稳定性好等要求。图 7-13 所示为三角形机架。

③ 导轨。导轨是滑块运动的导向装置，与测量机的精确度密切相关，因此要求导轨有高刚度、高直线度等性能。导轨分为滑动导轨、滚动导轨和气浮导轨，较常用的是滑动导轨和气浮导轨。目前，大部分三坐标测量机已采用空气静压导轨（又称为气浮导轨、气垫导轨），它具有制造简单、精度高、摩擦力小、稳定性好等优点。气浮导轨的结构如图 7-14 所示，其结构中有 6 个气垫（水平面 4 个，侧面两个），使整个桥架浮起。滚轮受压缩弹簧的压力作用而与导向块紧贴，由弹簧力保证侧向气垫在工作状态下与导轨导向面之间的间隙（纵向由重力保证）。当桥架移动时，若产生扭动，则使气垫与导轨面之间的间隙量发生变化，其压力也随之变化，从而造成瞬时的不平衡状态，但在弹簧力的作用下会重新达到平衡，使之稳定在 $10\mu m$ 的间隙量，以保证桥架的运动精度。气浮导轨的进气压力一般为 0.3MPa～0.6MPa，要求有稳压装置。

图 7-13 三角形机架

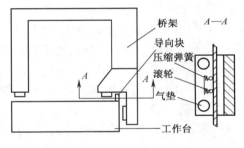

图 7-14 气浮导轨

④ 动力驱动。动力驱动由直流电机和传动装置构成。为运动机构提供动力，要求动力平稳。

⑤ 测量系统。测量系统由标尺系统和测头系统构成。测量系统是三坐标测量机的关键组成部分，是决定测量机测量精度高低的重要因素。

⑥ 标尺系统。用来度量各轴向的坐标值及轴向位移，对测量结果的影响很大。目前在三坐标测量机上使用的标尺系统种类很多，一般可以分为机械式测量系统、电气式测量系统、光学式测量系统 3 类。

机械式测量系统又分为精密丝杠加微分鼓轮式、精密齿条及齿轮式、滚轮直尺式 3 种。电气式测量系统又分为感应同步器式、磁栅式、编码器等 3 种。光学式测量系统分为光学读数刻度尺式、光电显微镜和金属刻尺式、光栅测量系统、光学编码式、激光干涉式等多种类型。

目前采用比较广泛的是光栅、感应同步器、光学编码器等标尺系统，其中光栅标尺系统最为普及。一些高精度的测量机甚至采用了激光干涉仪作为标尺系统。

⑦ 测头系统。由测量传感器、探针系统、探针标定组成。三坐标测量机是用测头来拾取信号的，因而测头的性能直接影响测量精度和测量效率，没有先进的测头就无法充分发挥测量机的功能。在三坐标测量机上使用的测头，按结构原理可分为机械式、光学式和电气式等；而

按测量方法又可分为接触式和非接触式两类。

为了扩大测头功能、提高测量效率及探测各种零件的不同部位,为测头配置了测端、探针、插接器、测头回转附件等各种附件。

电气接触式测头目前已为绝大部分坐标测量机所采用,按其工作原理可分为动态测头和静态测头。对于接触式测头,测端是与被测工件表面直接接触的部分。对于不同形状的表面需要采用不同的测端,常见测端分类如图 7-15 所示。

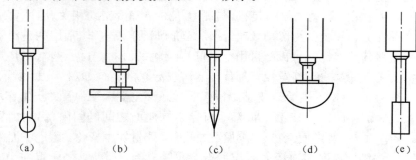

图 7-15　常见测端分类

图 7-15(a)为球形测端,是最常用的测端。它具有制造简单、便于从各个方向触测工件表面、接触变形小等优点。

图 7-15(b)为盘形测端,用于测量狭槽的深度和直径。

图 7-15(c)为尖锥形测端,用于测量凹槽、凹坑、螺纹底部和其他一些细微部位。

图 7-15(d)为半球形测端,其直径较大,用于测量粗糙表面。

图 7-15(e)为圆柱形测端,用于测量螺纹外径和薄板。

(2) 控制系统。

控制系统是三坐标测量机的关键组成部分之一。其主要功能是读取测点空间坐标值、对测头信号进行实时处理、控制机械系统测量所必需的运动、实时监测 CMM 的状态以保证整个系统的安全性和可靠性,有的还需要对三坐标测量机进行几何误差与温度误差补偿以提高测量机的测量精度。

从控制系统的角度划分,三坐标测量机可分为手动型、机动型和 CNC(Computer Numerical Control)数控型 3 种模式。随着计算机技术及数控技术的发展,CNC 型控制系统变得日益普及,高精度、高速度、智能化成为三坐标测量机控制系统发展的重要方向。随着计算机技术及数控技术的不断发展,CNC 型控制系统变得日益普及,它是通过特定编程程序来控制三坐标测量机的自动进给和进行数据采样,同时在计算机中完成数据处理。

CNC 型控制系统的运动进给是计算机控制的。它通过程序实现对测量机各轴的运动进行控制及对测量机运行状态进行实时监测,从而实现自动测量。另外,它也可以通过操纵杆进行手工测量。CNC 型控制系统又可分为集中式控制与分布式控制两类。

集中控制是指由一个主 CPU 实现监测与坐标值的采样等诸多功能,完成主计算机命令的接收、解释与执行、状态信息及数据的回送与实时显示、控制命令的键盘输入及安全监测等任务。

分布式控制是指系统中使用多个 CPU,每个 CPU 实现特定的控制功能,这些 CPU 需要协调工作,共同完成测量任务。由于采用了 CPU 的专一功能控制,因而测量速度高,实现了测量机的高速性能。另外,分布式控制采用的是多 CPU 并行处理,由于它是单元式的,故便于维修和功能扩充。

三坐标测量机的运动控制包括单轴伺服控制和多轴联动控制。控制系统的通信包括内通信和外通信。内通信是指主计算机与控制系统两者之间的信息交流与共享,这是通过通信总线实现的。外通信则是指当 CMM 作为 FMS 系统或 CIMS 系统中的组成部分时,控制系统与其他设备间的通信。目前用于三坐标测量机通信的主要有串行 RS—232 标准与并行 IEEE—488 标准。

(3) 软件系统。

现代三坐标测量机都配备有计算机,由计算机来采集数据,通过运算输出所需的测量结果,其软件系统功能的强弱直接影响到测量机的功能。因此各坐标测量机生产厂家都非常重视软件系统的研究与开发,在这方面投入的人力和财力的比例在不断增加。现在的三坐标测量机都已采用计算机作为数据采集和处理的工具。而相应的测量软件则是计算机实现对测量机控制和数据处理的唯一媒介。三坐标测量机是按照测量程序的命令实现对工件的测量的。

测量机本体(包括测头)只是提取零件表面空间坐标点的工具。过去,人们一直认为精度高低、速度快慢,完全取决于测量机的硬件。然而,由于误差补偿技术的发展、算法及控制软件的改进,测量机的测量精度在很大程度上取决于软件。软件系统已成为测量机性能的主要指标,这一点已成为人们的共识。

测量软件形式很多,从功能上可以分为以下几类:

① 基本测量软件。基本测量软件完成整个测量系统的管理,包括探针校正、坐标系建立与转换、几何元素测量、形位公差评价、输出文本检测报告等。

② 专用测量评价软件。专用测量软件是指在基本测量软件平台上开发的针对某种特定工件的测量与评价的软件,如 QUINDOS 软件提供齿轮、翼片、螺纹、凸轮、压缩机转子、自由曲线等特殊测量评价模块,用它替代一些专用的计量仪器,拓展了三坐标测量机的应用范围。PC-DMIS 软件提供齿轮、翼片、CAD 直读接口等模块,满足了特定用户的检测要求。

③ 统计分析软件。统计分析在生产过程及工艺设备的状况与能力分析研究中有着重要作用,常用的统计分析指标有平均值、标准偏差、变化趋势、分散范围、概率分布等,还可以对各种因素进行相关分析等。此类软件还可以通过测量数据,对加工设备能力和性能进行统计分析。

④ 各类驱动、补偿功能软件。为了增强测量机的功能,利用软件补偿的方法提高测量精度。测量机生产厂还提供一些附加功能软件。如误差检测软件、误差补偿软件、激光测头驱动软件,以及驱动其他厂家测量机的驱动软件等功能软件。

▶ 2. 三坐标测量机的分类

三坐标测量机有多种分类方式,常见的有以下 4 种分类:按技术水平分类、按测量范围分类、按测量精度分类、按结构形式分类。

(1) 按 CMM 的技术水平分类。

① 数字显示及打印型。这类 CMM 主要用于几何尺寸测量,可显示并打印出已测点的坐标数据,但要获得所需的几何尺寸形位误差,还需进行人工运算,其技术水平较低,目前已基本被陶汰。

② 带有计算机进行数据处理型。这类 CMM 技术水平略高,目前应用较多。其测量仍为手动或机动,但用计算机处理测量数据,可完成诸如工件安装倾斜的自动校正计算、坐标变换、孔心距计算、偏差值计算等数据处理工作。

③ 计算机数字控制型。这类 CMM 技术水平较高,可像数控机床一样,按照编制好的程序对工件进行自动测量。

(2) 按 CMM 的测量范围分类。

① 小型三坐标测量机。这类 CMM 在其最长一个坐标轴方向(一般为 X 轴方向)上的测量范围小于 500mm,主要用于小型精密模具、工具和刀具等的测量。

② 中型三坐标测量机。这类 CMM 在其最长一个坐标轴方向上的测量范围为 500~2000mm,是应用最多的机型,主要用于箱体、模具类零件的测量。

③ 大型三坐标测量机。这类 CMM 在其最长一个坐标轴方向上的测量范围大于 2000mm,主要用于汽车与发动机外壳、航空发动机翼片等大型零件的测量。

(3) 按 CMM 的测量精度分类。

① 精密型 CMM。其单轴最大测量不确定度小于 $1 \times 10-6L$(L 为最大量程,单位为 mm),空间最大测量不确定度小于 $(2\sim3) \times 10-6L$,一般放在具有恒温条件的计量室内,用于精密测量。

② 中、低精度 CMM。低精度 CMM 的单轴最大测量不确定度大体在 $1 \times 10-4L$ 左右,空间最大测量不确定度为 $(2\sim3) \times 10-4L$,中等精度 CMM 的单轴最大测量不确定度约为 $1 \times 10-5L$,空间最大测量不确定度为 $(2\sim3) \times 10-5L$。这类 CMM 一般放在生产车间内,用于生产过程检测。

(4) 按 CMM 的结构形式分类。

按照结构形式,CMM 可分为移动桥式、固定桥式、龙门式、悬臂式、立柱式、镗床式等。下面对其结构分类和应用范围作简要介绍。三坐标测量机的主要结构形式如图 7-16 所示。

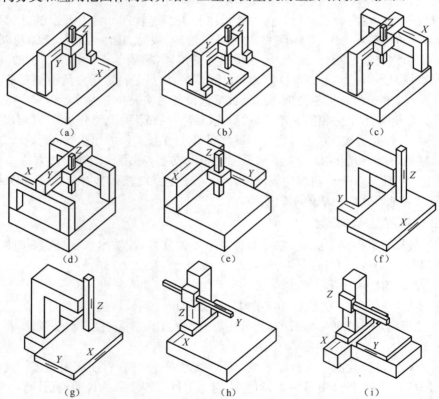

图 7-16 三坐标测量机的结构形式

(a)移动桥式;(b)固定桥式;(c)中心门移动式;(d)龙门式;(e)悬臂式;(f)单柱移动式;(g)单柱固定式;

(h)横臂立柱式;(i)横臂工作台移动式。

图 7-16(a)为移动桥式结构,它是目前应用最广泛的一种 CMM 结构形式,其结构简单,敞开性好,工件安装在固定工作台上,承载能力强。但这种结构的 X 轴驱动位于桥框一侧,桥框移动时易产生绕 Z 轴偏摆,而该结构的 X 轴标尺也位于桥框一侧,在 Y 轴存在较大的阿贝臂,这种偏摆会引起较大的阿贝误差,因而该结构主要用于中等精度的中小机型。

图 7-16(b)为固定桥式结构,其桥框固定不动,X 轴标尺和驱动机构可安装在工作台下方中部,阿贝臂及工作台绕 Z 轴偏摆小,其主要部件的运动稳定性好,运动误差小,适用于高精度测量,但工作台负载能力小,结构敞开性不好,主要用于高精度的中小机型。

图 7-16(c)为中心门移动式结构,结构比较复杂,敞开性一般,兼具移动桥式结构承载能力强和固定桥式结构精度高的优点,适用于高精度、中型尺寸以下机型。

图 7-16(d)为龙门式结构,它与移动桥式结构的主要区别是它的移动部分只是横梁,移动部分质量小,整个结构刚性好,三个坐标测量范围较大时也可保证测量精度,适用于大机型,缺点是立柱限制了工件装卸,单侧驱动时仍会带来较大的阿贝误差,而双侧驱动方式在技术上较为复杂,只有 Y 轴跨距很大、对精度要求较高的大型测量机才采用。

图 7-16(e)为悬臂式结构,结构简单,具有很好的敞开性,但当滑架在悬臂上作 Y 轴运动时,会使悬臂的变形发生变化,故测量精度不高,一般用于测量精度要求不太高的小型测量机。

图 7-16(f)为单柱移动式结构,也称为仪器台式结构,它是在工具显微镜的结构基础上发展起来的。其优点是操作方便、测量精度高,但结构复杂,测量范围小,适用于高精度的小型数控机型。

图 7-16(g)为单柱固定式结构,它是在坐标镗的基础上发展起来的。其结构牢靠、敞开性较好,但工件的重量对工作台运动有影响,同时二维平动工作台行程不可能太大,因此仅用于测量精度中等的中小型测量机。

图 7-16(h)为横臂立柱式结构,也称为水平臂式结构,在汽车工业中有广泛应用。其结构简单、敞开性好,尺寸也可以较大,但因横臂前后伸出时会产生较大变形,故测量精度不高,用于中、大型机型。

图 7-16(i)为横臂工作台移动式结构,其敞开性较好,横臂部件质量较小,但工作台承载有限,在两个方向上运动范围较小,适用于中等精度的中小机型。

7.2.3　三坐标测量机的主要作用及使用效果

▶ 1. 三坐标的主要作用

(1) 对大量生产产品的周期性工序检查。

(2) 对完成品的最终检查。

(3) 与相对产品的互换性与否的检查。

(4) 多样的 GD&T 公差解释。

(5) 输出产品开发中需要的信息(逆向工程)。

▶ 2. 三坐标的使用效果

(1) 可以大幅度提高测量效率(节约工件安装/更换的时间,不需要尺工具,依靠计算机的自动演算,符合自动判定等)。

（2）可以简单的解决用以往方法（整板测量方式）不能测量的项目的测量问题。

（3）可以提高复杂测量物的测量精度及可信度。

（4）可以得到稳定的测量值。

（5）可以利用程序自动测量，减少测量者的疲劳。

（6）可以自动整理测量数据。

7.2.4 三坐标测量机的发展背景

1960 年，英国 Ferranti 公司研制成功世界上第一台三坐标测量机，如图 7-17 所示。到 20 世纪 60 年代末，已有近 10 个国家的 30 多家公司在生产 CMM，不过这一时期的 CMM 尚处于初级阶段。进入 20 世纪 80 年代后，以 ZEISS、LEITZ、DEA、LK、三丰、SIP、FERRANTI、MOORE 等为代表的众多公司不断推出新产品，使得 CMM 的发展速度加快。现代 CMM 不仅能在计算机控制下完成各种复杂测量，而且可以通过与数控机床交换信息，

图 7-17　世界上第一台三坐标测量机
（英国 Ferranti 公司 1956）

实现对加工的控制，并且还可以根据测量数据，实现反求工程。目前，CMM 已广泛用于机械制造业、汽车工业、电子工业、航空航天工业和国防工业等各部门，成为现代工业检测和质量控制不可缺少的万能测量设备。

三坐标测量机的发展和其他技术的发展一样，与工业的发展有着密切的关系。随着技术发展，生产的产品渐渐地变得更加复杂、多样化，且随着生活水平的提高，对提高产品性能和质量的要求也增加了。从加工制造方面看，随着加工机械的发展，原来手动加工的产品变成用 CNC 机械加工。所以用已有的测量方式再难以进行瞬时间质量管理了，自然地测量上也需要精度更高、速度更快的测量仪器来提高生产效率。上述所言，即能够解决用老方法不能再测量的这些困难问题的唯一方案就是现在的三坐标测量机。

这些问题可以说是三坐标测量机发展的主要背景。另外，最近利用三维 CAD（Computer Aided Design）模型的脱机程序也与 CAD 的发展一样正在高速的传播着。所谓的脱机程序是指在假想的空间内安装三坐标测量机，安装能代替实际产品的和产品一样的 CAD 模型来编写、验证测量程序的一种程序，可以节约编写测量程序时所需时间及对所编写的程序运行时产生的撞击情况进行事先检查（模拟功能）。

虽然不能准确的知道三坐标测量机的开发出来的时期，但大体上可以推定在 1950 年到 1960 年间登场的。起初使用的形态是在工具显微镜之类的二维测量机上附上 Z 轴装置或者改造龙门式机器。与现在形态一样的三坐标测量机可以说是在英国的 F 公司和意大利的 D 公司开始制造的。在这以后三坐标测量机，随着百分表一样的数码位置检测机和计算机及精密加工技术发展，在精度及测量速度等方面实现了飞速的发展。三坐标测量机的发展阶段虽然难以明确区分，但大体可以如表 7-2 分类所列。

现在我们使用的三坐标测量机可以看为已达到第三或者第四阶段。另外，超精密非接触测量机和多关节式测量机器人，以及圆度仪或表面粗糙仪等特殊专用测量的三坐标测量机也在登场，这些可以作为第五时代。

表7-2 三坐标测量机发展阶段分类

区分	光栅尺	驱动方式	精度	计算机	测头	其他
第1时代	刻度盘式测量仪(Dial Gauge)	手动	0.1mm	无	机械式	龙门式机器改造
第2时代	感应式传感器(Inductosyn)	操纵杆	0.01mm	无	接触信号式	光栅尺发达 精度提高
第3时代	莫尔条纹(Moire Fringe)	CNC	0.001mm	有	扫描式	软件发达
第4时代	激光干涉器 (Laser Interferometer)	CNC	0.0001mm	有	非接触式	测头交换 误差保证 CAD数据

7.2.5 三坐标测量机在工业中的应用

三坐标测量机主要用于机械、汽车、航空、军工、家具、工具原型、机器等中小型配件、模具等行业中的箱体、机架、齿轮、凸轮、蜗轮、蜗杆、翼片、曲线、曲面等具有复杂曲线和表面且精密的测量,还用于电子、五金、塑胶等行业中,可以对工件的尺寸、形状和形位公差进行精密检测,从而完成零件检测、外形测量、过程控制等任务。

制造业中的质量目标在于将零件的生产与设计要求保持一致。但是,保持生产过程的一致性要求对制造流程进行控制。建立和保持制造流程一致性最为有效的方法是准确地测量工件尺寸,获得尺寸信息后,分析和反馈数据到生产过程中,使之成为持续提高产品质量的有效工具。

三坐标测量机是测量和获得尺寸数据的最有效的方法之一,因为它可以代替多种表面测量工具及昂贵的组合量规,并把复杂的测量任务所需时间从小时减到分钟,并快速准确地评价尺寸数据,为制造者提供关于生产过程状况的相关信息。

▶ 1. 产品检验

通过对产品的尺寸测量得到的数据,与设计参数进行比较,确定产品是否满足设计要求即产品是否合格,并将检测到的数据实时反馈到制造加工环节,便于对加工过程进行管理和控制。图7-18所示三坐标测量机用于车架外形检测。

▶ 2. 三坐标测量机在模具行业中的应用

三坐标测量机在模具行业中的应用相当广泛,它是一种设计开发、检测、统计分析的现代化的智能工具,更是模具产品无与伦比的质量技术保障的有效工具。当今主要使用的三坐标测量机有桥式测量机、龙门式测量机、水平臂式测量机和便携式测量机。测量方式大致可分为接触式与非接触式两种,目前Metris LK的测量机在两项技术上位居世界前列。图7-19所示三坐标测量机用于模具制作。

模具的型芯型腔与导柱导套的匹配如果出现偏差,可以通过三坐标测量机找出偏差值以便纠正。在模具的型芯型腔轮廓加工成型后,很多镶件和局部的曲面要通过电极在电脉冲上加工成形,从而电极加工的质量和非标准的曲面质量成为模具质量的关键。因此,用三坐标测量机测量电极的形状必不可少。三坐标测量机可以应用三维数模的输入,将成品模具与数模上的定位、尺寸、相关的形位公差、曲线、曲面进行测量比较,输出图形化报告,直观清晰的反映模具质量,从而形成完整的模具成品检测报告。在某些模具使用了一段时间出现磨损要进行修正,但又无原始设计数据(即数模)的情况下,可以用截面法采集点云,用规定格式输出,探针半径补偿后造型,从而达到完好如初的修复效果。

图 7-18   三坐标测量机用于车架外形检测

图 7-19   三坐标测量机用于模具制造

当一些曲面轮廓既非圆弧,又非抛物线,而是一些不规则的曲面时,可用油泥或石膏手工做出曲面作为底胚。然后用三坐标测量机测出各个截面上的截线、特征线和分型线,用规定格式输出,探针半径补偿后造型,在造型过程中圆滑曲线,从而设计制造出全新的模具。

三坐标测量机以其高精度高柔性及优异的数字化能力,成为现代制造业尤其是模具工业设计、开发、加工制造和质量保证的重要手段。侧重谈一下测量机对于模具工业的两个重要作用。

(1) 测量机能够为模具工业提供质量保证,是模具制造企业测量和检测的最好选择。测量机在处理不同工作方面的灵活性及自身的高精度,使其成为一个仲裁者。为过程控制提供尺寸数据的同时,测量机可提供入厂产品检验、机床的校验、客户质量认证、量规检验、加工试验及优化机床设置等附加性能。高度柔性的三坐标测量机可以配置在车间环境,并直接参与到模具加工、装配、试模、修模的各个阶段,提供必要的检测反馈,减少返工的次数并缩短模具开发周期,从而最终降低模具的制造成本并将生产纳入控制。

(2) 测量机具备强大的逆向工程能力,是一个理想的数字化工具。通过不同类型测头和不同结构形式测量机的组合,能够快速、精确的获取工件表面的三维数据和几何特征,这对于模具的设计、样品的复制、损坏模具的修复特别有用。此外,测量机还可以配备接触式和非接触式扫描测头,并利用 PC—DMIS 测量软件提供的强大的扫描功能,完成具备自由曲面形状特征的复杂工件 CAD 模型的复制。无需经过任何转换,可以被各种 CAD 软件直接识别和编程,从而大大提高了模具设计的效率。

具体来说,在模具制造企业中应用测量机完成设计和检测任务时,要密切关注测量基准的选择、测头的标定和选择、测点数及测量位置的规划、坐标系的建立、环境的影响、局部几何特征的影响、CNC 控制参数等多方面的因素。这当中的每一个因素,都足以影响测量结果的精确和效率。

▶ **3. 三坐标测量机在汽车行业的应用**

三坐标测量机是通过测头系统与工件的相对移动,探测工件表面点三维坐标的测量系统。通过将被测物体置于三坐标测量机的测量空间,利用接触或非接触探测系统获得被测物体上各测点的坐标位置,根据这些点的空间坐标值,由软件进行数学运算,求出待测的几何尺寸和形状、位置。因此,坐标测量机具备高精度、高效率和万能性的特点,是完成各种汽车零部件几何量测量与品质控制的理想解决方案。三坐标测量机在汽车工业应用实例如图 7-20、图 7-21、图 7-22 所示。

图 7-20　龙门式三坐标测量发动机

图 7-21　三坐标测量车内零部件

图 7-22　三坐标测量车门

　　汽车零部件具有品质要求高、批量大、形状各异的特点。根据不同的零部件测量类型,主要分为箱体、复杂形状和曲线曲面三类,每一类相对测量系统的配置是不尽相同的,需要从测量系统的主机、探测系统和软件方面进行相互的配套与选择。

　　在汽车行业中,三坐标测量机不仅可以实现汽车生产线上的自动在线检测、关键零部件的质量控制,还可应用于汽车开发、研制、生产的全过程,缩短汽车的研发周期,避免原型设计、节约设计成本,三坐标的应用是汽车领域研发制造的里程碑。

　　下面介绍三坐标测量机在汽车研发、制造的具体运用。产品的质量是通过高质量的制造工艺来保证的,而不是依靠最终检验去保证的。现代制造业的质量目标是尽可能地保证产品与设计要求一致。要保证生产过程和设计的一致性就必须对制造流程进行控制。控制制造流程最为有效的方法是实时检测产品的尺寸并分析、反馈到生产过程中,从而保证产品的制造质量。对于汽车这类大批量生产企业尤其应强调和注重制造过程的控制。

　　过程控制的核心是实时准确地检测工件的尺寸。三坐标测量机是准确获得测量和评价尺寸数据的最有效方法之一,并可由一台设备代替多种表面测量工具、平面测量工具、昂贵的固定或定制组合量规,以及精密的手工测量工具,从而大大减少了完成复杂的汽车检测所需时间。

　　测量机在为过程控制提供尺寸数据等生产过程状况的有用信息的同时,还可提供入厂产品检验、机床校验、客户质量认证、量规检验、加工试验及优化机床设置等附加性能。针对在汽车制造业中应用较多的冲压件、白车身、分总成及座椅和内饰件检测,三坐标测量机的制造商又相应开发了有关输送、装夹等辅助环节和钣金件检测程序,从而保证了组件的安装和零件的互换性好及车身的外形美观。三坐标测量机在汽车生产的不同领域广泛应用,贯穿汽车研发、生产整个流程的始终,不同类型的三坐标测量机在其中每一个环节,都发挥着重要作用。现以汽车生产中两大类主要部件:箱体类工件和薄壁类工件为例,论述测量机在主要应用。

(1)薄壁类工件。薄壁件是汽车行业中使用较多,同时质量要求较高,用传统测量方法又难以进行测量的一类部件。主要包括白车身、分总成、冲压件、仪表板、内饰件、塑料件等部件。三坐标测量车身薄壁件如图7-23所示。

(2)箱体类工件。轿车的动力总成部分许多零部件结构复杂,对刚性,强度有一定要求。诸如轴类,连杆活塞,发动机缸体,减速器等。轿车工业中的箱体类零件检测具有鲜明特点:①多参数综合检测;②大量数据分析和统计分析,需要最终检测;③零件相对复杂体积变化大,柔性程度高。基于以上特点,用测量机作为其检测工具就可以很好的解决这类问题。如图7-24所示为三坐标测量汽缸盖。

图7-23 三坐标测量车身薄壁件

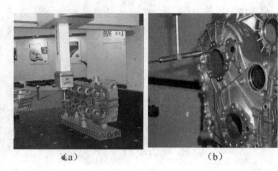

(a)　　　　　　　　(b)

图7-24 三坐标测量汽缸盖

下面以上海大众汽车集团的PASSAT轿车的生产为例进行说明。PASSAT轿车车身由36个总成、分总成,以及多种辅助饰件所组成。在大批量生产时,每天都会对每种产品抽取3件样品进行常规测量,及时获得产品的空间数据,并把数据反馈给生产部门作为调整制造过程的参考。其中车身骨架总成最重要,也是最复杂,测量点最多的部件。车身骨架总成的测量被放置在一个专用测量支架上,把坐标建在支架上。车身骨架总成共有测量点200多个,分布在车身周围各个部位,测量的范围广,难度大。这样的检测要求只有通过高性能的大型测量机才能完成,通过借助使用来自Brown&Sharpe集团测量机器人BRAVO NT,上海大众成功地完成了PASSAT车型的开发。随着汽车制造业的不断发展,三坐标测量机在其中的应用领域将会不断扩大,并将成为汽车工业乃至整个制造业不可缺少的重要组成部分。

▶ 4. 三坐标测量机在发动机制造中的应用

在现代制造业中,高精度的综合测量机越来越多的应用于生产过程中,使产品质量的目标和关键渐渐由最终检验转化为对制造流程进行控制,通过信息反馈对加工设备的参数进行及时的调整,从而保证产品质量和稳定生产过程,提高生产效率。

发动机是由许多各种形状的零部件组成,这些零部件的制造质量直接关系到发动机的性能和寿命。因此,需要在这些零部件生产中进行非常精密的检测,以保证产品的精度及公差配合。在现代制造业中,高精度的综合测量机越来越多的应用于生产过程中,使产品质量的目标和关键渐渐由最终检验转化为对制造流程进行控制,通过信息反馈对加工设备的参数进行及时的调整,从而保证产品质量和稳定生产过程,提高生产效率。图7-25所示是三坐标测量发动机。

在传统测量方法选择上,人们主要依靠两种测量手段完成对箱体类工件和复杂几何形状工件的测量,即通过三坐标测量机执行箱体类工件的检测,通过专用测量设备,例如专用齿轮检测仪、专用凸轮检测设备等完成具有复杂几何形状工件的测量。因此对于从事生产复杂几何形状工件的企业来说,完成上述产品的质量控制企业不仅需要配置通用测量设备,例如三坐标测量机,通用标准量具、量仪,同时还需要配置专用检测设备,例如各种尺寸类型的齿轮专用检测仪器,凸轮检测仪器等。这样往往导致企业的计量部门需要配置多类型的计量设备和从事计量操作的专业检测人员,计量设备

图 7-25 三坐标测量发动机

使用率较低,同时企业负担较高的计量人员的培训费用和计量设备使用和维护费用,企业无法实现柔性、通用计量检测。因此,降低企业的测量成本,计量人员的培训费用,测量设备的使用和维修费用,达到提高测量检测效率的目的,使企业具备生产过程的实时质量控制能力,这将关系到企业在市场活动中的应变能力,对帮助企业建立并维护良好的市场信誉,具有重要的决定作用。

7.2.6 三坐标测量机的发展方向

数字化制造是当今制造业的重要发展趋势,而数字化测量技术是数字化制造的关键技术之一。开发亚微米、纳米级高精度测量仪器,提高环境适应能力,增强通用性,使精密测量装备从计量室进入生产现场,集成、融入加工机床和制造系统,形成先进的数字化闭环制造系统,是当今精密测量仪器的发展趋势。

与此同时,先进制造技术、各种工程项目与科学实验的需要也对三坐标测量机不断提出新的、更高的要求。从目前国内外三坐标测量机发展情况和科技、生产对三坐标提出的要求看,今后一段时期内,它的发展趋势可以概括为以下几方面。

▶ 1. 提高测量精度

三坐标测量机是一种精密测量仪器。精密级的三坐标测量机测量空间任何一点的坐标精度可以达到微米级。但是现代的超精加工、科学研究中往往提出纳米级的精度要求。在生产中一般要求测量不确定度小于制造公差的 1/3 到 1/5,有的甚至达到 1/10 及更高的要求。但目前情况远非如此,商品三坐标测量机的精度远低于钻石切削或其他类型的超精加工机床。只能在超精加工后,在原机床上将刀具换成测头,进行检测。这种方法从原理上说是不合理的,因为有许多共同的因素影响,而使许多误差不能被发现。应该对提高三坐标的精度提出进一步的要求,以适应超精加工与科学技术发展的需要。

▶ 2. 提高测量效率

质量和效率一直是衡量各种机器性能、生产过程优劣的重要指标。传统的概念是为了保证测量精度,测量速度不宜过高。现代的生产节奏不断加快,要求测量机在保证必要测量精度的同时,还要有较高的效率。测量效率以在单位时间内测量的零件数来表示。被测零件复杂程度不同,在单位时间内测量的零件数或测量一个零件所需要的时间会有很大的不同。在实

践中常以测量机部件运动速度和探测速度评定。为了提高测量机的效率,常需从以下各个方面采取措施。

(1) 改进测量机的结构设计,减轻运动部件的质量,包括采用密度与杨氏模数之比低的材料、薄壁空心结构等。铝、陶瓷、人工合成材料在测量机中获得了越来越多的应用。轻量化的结构有利于快速测量的实现。

(2) 提高控制系统性能,使测量机能以较高速度运动,同时运动平稳,定位准确,不产生振荡、过冲等现象。

(3) 采用飞测与扫描测量方式。在触侧情况下,由于工件与测头的接触速度不能太大,这就给探测速度带来很大限制。扫描测量方式虽然比点位测量方式效率高得多,但任受触测的限制。采用非接触测头,特别是在测量机连续运动过程中实现"飞测",即在运动过程中采样测量,可避免频繁加速、减速、碰撞等,可大大提高效率。

(4) 深入研究测量机的动态误差,对动态误差进行补偿。

(5) 提高软件的运行速度。在一般情况下,软件运行速度不是限制测量机效率的主要因素。但对高速运动的三坐标测量机,必须同时提高软件运行速度,使它不影响测量机效率。

▶ **3. 发展探测技术,完善测量机配置**

探测技术在三坐标测量机中占有重要地位。有人提出这样的观点,只要测端能伸进去,三坐标测量机就能测量。这种观点有一定道理。三坐标测量机的测量效率也首先取决于探测速度。为了完善测量机功能,还必须发展各种附件。

Hexagon(海克斯康)测量技术集团是目前世界上最大的几何量测量技术集团,海克斯康包括 Hexagon 计量集团和 Leica 工业测量系统公司。Hexagon 计量集团拥有一系列世界知名的几何计量产品品牌,其全系列的产品可以满足工业计量的各种计量需求。

Haxagon 集团的行政总部位于英国伦敦,制造厂遍布全球,在中国、巴西、德国、法国、意大利、美国、瑞士和瑞典都设有制造厂。其已在全球安装了超过 55000 台测量机、超过 8500 套便携式测量系统、数以百万计量仪器和超过 25000 套 PC – DMIS 通用测量软件。目前,Hexagon 在青岛、上海、北京、香港、武汉等地拥有产业基地,年收入超过 10 亿元。

"全球品牌、本地服务"是 Hexagon 的宗旨,随着中国成为世界制造出口大国,Hexagon 中国公司在为中国企业提供最好的产品、最优的服务。为客户提供完备的计量方案是海克斯康的核心竞争力。

7.3 点云数据采集及处理

7.3.1 点云数据的采集

前面已经说过,获得产品实物的数据信息一般有接触式和非接触式两种方法。三坐标测量机是接触式测量的重要仪器,并且其采集的数据点是小批量、离散、无序的测点。三坐标测量机显然无法满足现代制造业中快速测量、高效率的要求,为了满足快速测量、高效率生产的现代制造要求,以计算机进行数据处理的非接触式测量技术得以飞速发展。与接触式测量相比,非接触式测量速度快、精度高,排除了由测量摩擦力和接触压力造成的测量误差。更重要的是非接触式精密测量获得的密集点云信息量大,精度高,能最大限度地反映被测表面的真实形状,适用于各种软硬材料的各种复杂曲面模型的三维高速测量。因此,随着汽车制造业对精度和效率更高的要求,非接触式测量将会得到越来越广泛的应用。

非接触式测量的仪器一般是基于光学、声波学、电磁学等学科的原理,将特定的物理模拟量转换为工件表面测点的坐标数据信息。即通过模拟信号反馈出工件表面数据信息。目前在汽车行业使用的非接触式测量仪都是基于光学的测量,这样的非接触式测量分为主动视觉法和被动视觉法。顾名思义,主动视觉法与被动视觉法两者之间的区别就在于是否有人为的控制光源对待测物件进行照明并获得物件的数据信息。目前在汽车行业中较为常用的点云数据采集是光学三维扫描仪(照相式扫描仪)和激光扫描仪。这两种仪器都是主动视觉测量方式。下面分别对这两种仪器进行介绍,并列举行业中比较成熟产品的实际应用进行说明。

▶ 1. 光学三维扫描仪

光学三维扫描仪一般是结构光(光栅照相式)三维扫描仪,其原理如图 7-26 所示,先向实物模型表面投射光栅,然后用摄像机拍摄光栅图像,通过分析光栅的变化情况,利用编码光和相移法获得拍摄图像上每一点的相位,利用相位和外极线实现图像上点的匹配,由此便可利用定标了的摄像机系统,计算测点的三维空间坐标值,进而实现实物表面数据信息的采集。

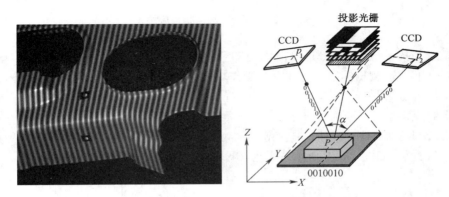

图 7-26　光学三维扫描仪的原理

光学三维扫描仪可用于逆向工程、质量控制、仿型加工、快速成型、动画设计等众多领域。下面以 GOM(德国)和天远(中国)两个公司的仪器进行介绍。ATOS,是由德国 GOM 公司生产的三维扫描仪,如图 7-27 所示。

图 7-27　ATOS 扫描仪

ATOS 光学扫描仪具有灵活、易用、快速、精度高等优点。ATOS 车身扫描应用如图 7-28 所示。

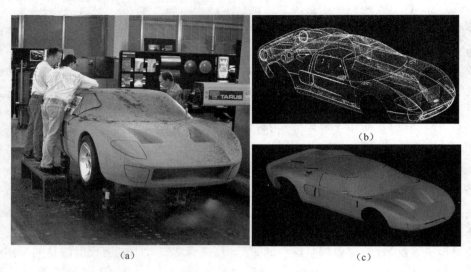

（a）

（b）

（c）

图 7-28 ATOS 车身扫描应用

天远三维扫描系统（OKIO）是目前国内知名的三维扫描系统。由高性能测量头、支架系统、计算机控制系统、测量标定系统和系统操作软件包 3Dscan 组成。具有面扫描、标志点全自动拼接、GREC 全局误差控制模块、操作软件界面友好、对环境条件不敏感和测量输出数据接口广泛等特点。

天远 OKIO 三维扫描仪，具有非接触扫描物体、扫描速度极快、精度高、高密度采样点及便携式设计等特点，如图 7-29 所示。天远 OKIO 用于车身扫描如图 7-30 所示。

（a）   （b）

图 7-29 天远 OKIO 三维扫描仪

（a）   （b）

图 7-30 天远 OKIO 用于车身扫描

▶ 2. 激光扫描仪

激光扫描主要有线激光和点激光两种。产品包括台式激光三维扫描仪、手持式三维扫描仪和附加式激光测量头。激光扫描方法包括三角形法、距离法、结构光法、干涉测量法和图像分析法。其中三角形法是应用最为广泛的方法。

激光三角形法测量的原理是用一束激光以某一固定角度在被测物体表面聚焦,然后从另一角度对物体表面上的激光光斑进行成像,由于激光照在物体表面的位置不同,所接收散射或反射光线的角度也会随之发生变化,用CCD光电探测器探测出光斑像的位置,就可以计算出主光线的角度,从而计算出激光在物体表面的照射点的数据信息。激光三角测量法是逆向工程中曲面数据采集运用最广泛的方法,它具有数据采集速度快、能对松软材料表面进行数据采集、能很好完成对复杂轮廓的测量等特点。优点是相对于上一代产品速度和便携性上占有优势。缺点是精度差,只适合测量中小型物体,属于过度类产品。激光扫描法要保证被扫描物件不动,通过移动镜头在物件上匀速扫过来完成扫描过程。大约每0.01s扫出一条扫描线,若干扫描线连成一体形成点云。

激光扫描对操作者的操作水平要求非常高,需要注意镜头与样件保持恒定的距离,扫描速度恒定,尽量避免重复扫描等方面。激光扫描的最大缺点是扫描精度低。图7-31为手持式三维激光扫描仪,该手持式激光扫描仪是Creaform公司的REVscan扫描仪。这是新一代的手持式激光扫描仪。该激光扫描仪只需数据线和计算机相连接后就能以任意角度对物体进行扫描。

图7-31 REVscan
手持式激光扫描仪

其特点如下:①无需其他外围设备;②利用反射式自黏贴材料进行自定位;③产品体积小和质量小,手携测量十分方便;④可以实现全方位扫描,避免扫描盲区;⑤直接以三角网格面的形式录入数据,避免对数据增噪;⑥生成STL格式文件,可以兼容很多逆向软件;⑦高精度、高分辨率。

激光扫描仪扫描车身如图7-32所示。激光扫描获得的车身点云如图7-33所示。

图7-32 激光扫描仪扫描车身

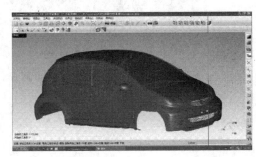

图7-33 激光扫描获得的车身点云

如图7-34所示为法如(Faro)公司的节臂式激光扫描仪,其具有以下特点:①采用先进的碳纤维臂身,十字关节采用镁合金,刚度好、质量小;②内嵌温度传感器,具有自动补偿温度误差功能,提高测量精度和稳定性;③采用高精度角度编码器,保证测量的高精度;④独特的误差补偿技术、自标定技术,确保仪器精度和可靠性;⑤USB接口,可和计算机直接相连无须任

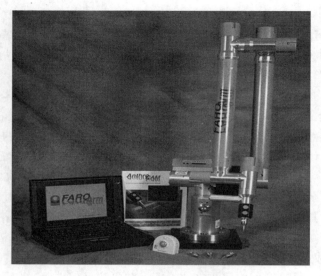

图 7 - 34 节臂式激光扫描仪

何接口电路;⑥ 多种安装方式:三脚架、磁性表座、U 形夹等,实现现场快速测量。

激光扫描仪广泛应用于汽车整车、零部件、模具、航空航天、各类塑料制品、木制品、雕塑品、乐器、钣金件及其他机械加工行业。如汽车车身测量、夹具检具测量、装配位置调整、产品几何特征检测、逆向工程设计、叶轮、螺旋桨的复杂曲面测量等领域。节臂式激光扫描仪用于汽车扫描如图 7 - 35 所示。激光扫描仪获取的车身点云数据如图 7 - 36 所示。

图 7 - 35 节臂式激光扫描仪用于汽车扫描

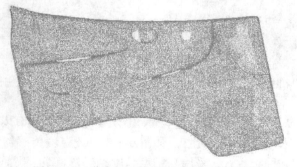

图 7 - 36 激光扫描仪获取的车身点云数据

7.3.2 点云数据的处理

通过扫描仪获得产品的点云数据,必须经过必要的处理后才能运用到数据模型的建立中。一般的点云数据处理包括点云的拼合、点云的降噪、匀化、点云数据的压缩及点云数据的网格化。常用的点云数据处理软件有 Geomagic 和 Cloudform。

▶ **1. 点云数据的拼合**

在零件表面形状的三维测量系统中,无论是接触式还是非接触式测量方法,许多因素决定了无法通过一次定位测量获取待测物体所有表面的数据点信息,其主要原因包括①复杂型面往往存在投影编码盲点或视觉盲区,导致无法一次完成全部型面的扫描,需要从不同角度进行补测;②对于大型零件,受测量系统测量范围的限制,必须实行分块测量;③当被测物体有定位和夹紧要求时,一次测量无法同时获得定位面及夹紧面的测量数据,需要实行二次测量。

目前基于非接触式扫描的点云数据的获取,通常是基于待测物件与扫描仪的相对运动来获得的。因此,物件上同一点会在不同的坐标系下得到反映,点云数据的拼合就是将物件上同一点在不同坐标下的映射进行坐标转换,对测得的各个视图进行重新定位和数据融合,生成一个统一坐标系下的三维数据点集,最后通过模型重建方法生成物体的三位几何模型。

点云数据的拼合方法包括 ICP(Iterative Closed Point)算法、旋转式拼合法、321 拼合法、标定球法和基于曲率的拼合法。

(1) ICP 算法是目前解决多视图定位的一种基本算法,用于实现两个不同坐标系的视图拼合。运用该方法时,需要首先人工在两个视图上选取不在同一直线上的三对点对,进行粗略拼合,然后软件通过多次迭代求解计算,实现两个视图的最优重合(拼合)。

(2) 旋转式拼合法是指保持待测工件不动,扫描仪器固定在旋转台上,扫描仪器一边旋转一边扫描工件,然后对视图进行拼合的方法。由于扫描仪器运动轨迹简单,所以易于进行测量点的坐标转换,视图拼合的工作也比较简单。但该方法只适用于型面简单且面积较大的工件的测量。

(3) 321 拼合法是通过逐步限制两个视图的自由度实现视图拼合的。首先在两个视图中选取同一平面(不在同一直线上的三点)并使其重合(此时两视图有两个相对自由度),然后在该平面上选取同一直线进行重合(此时两视图有一个相对自由度),然后在该直线上选取一对点对拼合实现两个视图的完全拼合。该方法常用于机械零件的视图拼合。

(4) 标定球法是在待测工件上安放标定球,扫描结束后,直接通过整合多视图中同一标定球实现视图的拼合。

(5) 基于曲率的拼合法是软件通过智能分析两视图中表面数据不同位置的曲率,根据曲率的大小,自动整合(拼合)视图的方法。

一汽红塔车身前围点云数据扫描和拼合过程如图 7 - 37 所示。

▶ **2. 点云的降噪、匀化**

噪声去除:在数据采集的过程中,有许多因素可能会对扫描仪造成干扰,这些干扰在点云数据中称为数据噪声。数据噪声主要由振动、镜面反射或零件粗糙的表面等因素引起,是测量中无法避免的。噪声不仅会增加曲率或法矢的估算误差,影响数据分块,而且会破坏曲面模型的光顺性,这是一个不容忽视的问题。为了尽可能真实地反映实物的表面数据信息,便要去除点云数据中的噪声。对不同的扫描方法有不同的方法进行噪声去除。

对于线扫描的激光扫描仪器,通常采用能量法去除数据中的噪声,使曲线光顺。

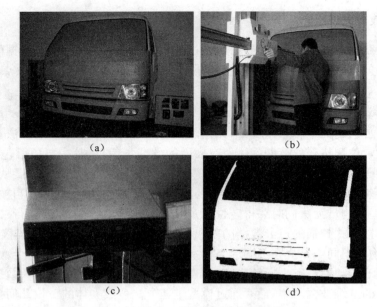

图 7-37　点云数据扫描和拼合过程

对于照相式扫描的图像数据,则采用平滑滤波法,包括空间域方法(低通空间滤波、中值滤波、取多幅图象平均值)和频率域方法(低通滤波)。

数据匀化:样件本身复杂的拓扑结构和固定样件所用的夹具都会引起测量数据的局部缺失,这可能会给特征提取和曲面重构带来很大困难。在进行特征提取前,应通过一定的方法恢复丢失的测量信息,这就是数据匀化或数据补全技术。如图 7-38 所示,点云数据匀化过程。

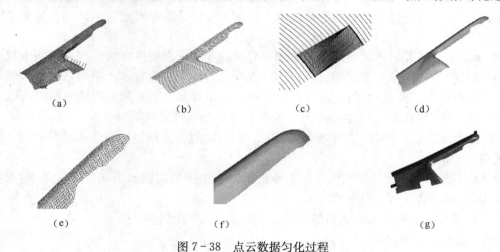

图 7-38　点云数据匀化过程

▶ 3. 点云数据的压缩

随着激光测量技术的广泛应用,获得的点云数据结果往往是大规模的,因此会存在大量的冗余数据,在不对曲面重构结果造成影响的前提下,并保持一定精度对海量点云数据进行精简,即进行数据压缩。不同类型的数据其压缩方法也不同。图 7-39 是点云数据压缩效果的示意图。

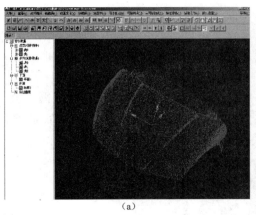 

(a) (b)

图7-39 点云数据压缩效果示意图

(a)压缩前数据;(b)压缩后数据。

常用的数据压缩方法包括均匀法、弦差分法、空间法和包围盒法。

(1)均匀法:均匀压缩法就是把原始点云数据每 n 个点中保留1个,即相当于均匀的去除点云数据中的冗余数据。

(2)弦差分法:为了更直观地反映所要表达物体的外观,要根据物体表面曲率的变化适当去除原始点云数据的部分数据。曲率高的地方应保留更多的数据点以反映物体曲面的变化。

(3)空间法:保证空间任意两测点的距离,即将原始点云数据某些点删除后,剩下的点云数据中点与点之间的距离都大于设定的空间距离值。

(4)包围盒法:软件按指令去除指定框内的所有点云数据。

图7-40是对原始点云数据采用各种压缩方法进行压缩后的示意图。

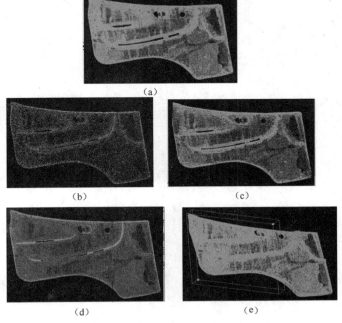

(a)

(b) (c)

(d) (e)

图7-40 点云数据的压缩

(a)原始点云;(b)均匀法压缩处理后的点云;(c)弦差分法压理后的点云;
(d)空间法处理后的点云;(e)包围盒法处理后的点云。

▶ 4. 点云数据的网格化

点云处理的最后一步是生成网格化点云,这是为了让视图更直观地反映所要表达物体的外观特点,这也是数据处理的关键一步。网格化点云质量的好坏直接影响到下一步的点云数据分块,而对最终生成的曲面也有一定的影响。

常见的网格化模型是三角模型,即将距离较近的 3 个点连成三角片,三角化后得到由点云重建的网格模型。另外在曲面较平坦的范围内要合理减少三角平面片数量,在曲面曲率比较大的范围内合理增加三角平面片的密度。图 7 - 41 是点云数据网格化的效果图。

图 7 - 41　点云数据网格化

第 8 章

汽车振动测试

　　车辆行驶时产生的振动与噪声严重影响乘员的舒适性,同时也关系到行驶安全、环境污染等问题。由于道路的不平度及各总成的振动等而引起的车辆振动,影响汽车的平顺性,也造成汽车某些部件的早期疲劳失效和其他性能指标(如操纵稳定性等)下降。引起噪声的原因也十分复杂,诸如发动机的燃烧噪声、机械噪声、进排气系统和风扇引起的空气动力噪声、传动系噪声、轮胎噪声等。

　　早期的汽车发动机功率很低,而且只是在城市道路上低速行驶,噪声与振动的问题并不突出。随着高速公路的发展,车速不断提高,噪声与振动问题日渐突现出来。到了 20 世纪 90 年代,一部中型轿车的发动机功率可以达到 200hp　(1hp＝745.7W),噪声与振动就开始成为汽车开发工程中最主要的问题之一。

　　多数顾客驾驶汽车时,期望得到安静和平稳,能够充分享用车内话音通信和音像娱乐系统,因此在购买汽车时非常在意汽车的振动与噪声性能。统计分析表明,汽车的振动与噪声性能和顾客对汽车总体印象和评价直接相关。汽车的舒适性能如振动和噪声已经成为区分汽车品牌好坏的重要因素之一。而对汽车的振动、噪声进行测试,是对振动、噪声进行定位、特征分析及进一步振动、噪声控制的基础。

　　汽车的振动试验和测试包括的内容很多。例如,汽车动力部分,动力总成的整体振动测试以得到其固有特性,便于其悬置设计;汽车的悬架特性研究;汽车乘坐舒适性研究与评价;汽车结构件振动特性和模态分析等。尽管试验内容很多,但进行振动测试使用的仪器基本一致,所不同的是测试对象和对振动信号的处理方法。本书中只介绍振动测试的常用仪器和方法,并主要对悬架系统特性参数测定、平顺性测试评价方法进行介绍。

8.1　振动的分类及振动的测量方法

　　振动是机械系统围绕其平衡位置的往复运动。按振动的运动规律来划分,振动可分为简谐振动、周期振动、瞬态振动及冲击和随机振动。描述振动的物理量有位移、速度、加速度及激振力。

　　(1)简谐振动。简谐振动是一种特殊的振动,可以表示成时间的正弦函数和余弦函数。

　　(2)周期振动。周期振动是一种振动状态,它是周期性重复的振动,一般是多种谐振的递加。

（3）瞬态振动与冲击。瞬态振动是指系统在外部瞬态振力作用下的非稳态振动,冲击是指系统在很短时间内受到很大外力作用产生的运动。对这类振动通常要测激励力与响应时间历程,并进行谱分析与其他分析。

（4）随机振动。随机振动是一种不能用确定的函数关系表示的运动,它只能用统计方法描述。振动测量、分析的方法是对振动统计量进行估计。通常分析振动的时间历程、均方值、功率谱密度、自相关函数和互相关函数及幅值分布概率等。

振动的测量方法主要有以下几种。

（1）机械法。机械法主要是利用机械式测振仪直接对机械量进行测量的方法。共振式频率计、手持式机械测振仪及惯性式测振仪均属机械式测振仪,测量扭转振动的盖格尔扭振仪也属此类。这类测振仪的优点是使用简单,缺点是体积大、灵敏度差、测量频率范围窄等。

（2）光测法。光测法是先将振动信号转变为光信号,然后用精密的光学仪器进行测量,如测振标尺、读数显微镜、激光干涉仪等。光测法的特点是测量精度高,利用激光干涉仪可以测量微米级的振幅。光测法主要用于对测振仪和传感器的标定,它要求的测量条件高、技术复杂。过去很少用于一般振动测量,随着技术的发展,目前已较多地应用于工程测量。

（3）电测法。电测法是先将振动量转变为电量,然后对电量进行测量。电测法的优点是具有较宽的频率范围、较高的灵敏度和分辨率、较好的线性度。测量传感器可以做得很小,从而可以减少其对被测物体振动特性的影响。电测法还便于进行远距离测量和实时测量,以及对信号的存储和进行分析处理,因而在汽车振动测试中使用最为广泛。

8.2 振动测试仪器

常用振动测试仪器包括振动测试传感器、电荷或电压放大器、信号采集仪、微机信号处理系统。图8-1是DSAP振动测试采集系统。

图8-1 振动测试采集系统

8.2.1 振动测试传感器

振动测试的传感器有位移传感器、速度传感器、加速度传感器。在汽车振动测量中,压电式加速度传感器是最常用的传感器之一,压电式传感器是利用压电效应制成的。

当晶体受到某固定方向外力的作用时,内部就产生电极化现象,同时在某两个表面上产生符号相反的电荷;当外力撤去后,晶体又恢复到不带电的状态;当外力作用方向改变时,电荷的极性也随之改变;晶体受力所产生的电荷量与外力成正比。具有这种压电效应的物体称为压电材料或压电元件。压电式传感器正是运用这一原理进行工作的。常见的压电材料有压电晶体(如石英晶体等)和压电陶瓷(如钛酸钡、钛酸铅等)两类。

在压电传感器中,压电材料一般不用一片,而常常采用两片粘结在一起,以提高输出灵敏度。由于压电材料的电荷是有极性,常用压电传感器中压电材料接法,如图8-2所示。两片压电材料的负电荷都集中在中间电极上,这种接法叫并联,是最常见的一种形式。

压电传感器的结构原理如图8-3所示,在压电晶体上固定一质量 M,当受到振动加速度时,质量产生的惯性力作用在压电晶体上,使表面产生电荷。所输出电荷量与振动加速度成正比。

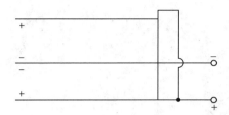

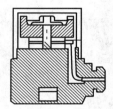

图8-2 压电传感器压电材料接法　　　图8-3 压电传感器的结构原理图

压电传感器灵敏度高,测量频率范围宽,结构尺寸和质量小,工作可靠。它主要用于动态测量和冲击测量。在动态测量时,为了消除边界电场的影响,传感器、连接导线和电路的各部分均应屏蔽。压电传感器受温度噪声等影响大,故需要高阻抗前置放大器与其配套使用。常用配套仪器为前置放大器,包括电荷放大器及电压放大器。该传感器与前置电压放大器配套,频率范围为 2Hz～10kHz。与电荷放大器配套,频率范围为 0.3Hz～20kHz,其测量范围为 $10^{-4}g$～10^4g。

在汽车振动测量中,压电晶体式加速度传感器是最常用的传感器之一,如图8-4和图8-5所示。在使用该传感器之前,应注意压电晶体式加速度传感器的灵敏度问题。压电晶体加速度传感器的灵敏度有两种表示法,一种是电荷灵敏度 S_q,另一种是电压灵敏度 S_c。电荷灵敏度是指传感器产生的电荷 q 与传感器的加速度 X'' 之比,电荷灵敏度的单位是 $C \cdot s^2/m$,或 C/g,C 代表电荷量的单位库仑。压电晶体本身构成一个电容 C_a,当它的两端产生电荷时,它的两端具有电压 U_a。电压灵敏度是指产生的电压与传感器加速度之比,电压灵敏度的单位是 $V \cdot s^2/m$ 或 V/g,V 代表电压的单位伏特。

$$S_q = q/X'' \tag{8.1}$$
$$S_c = U_a/X'' = q/(C_a X'') = S_q/C_a \tag{8.2}$$

压电晶体式加速度传感器在出厂时,厂家给出其电荷灵敏度和电压灵敏度,还给出幅频特性曲线。传感器工作频率上限受到传感器固有频率的限制,下限受到传感器后续测量系统(如电荷放大器或电压放大器)的限制。压电晶体式加速度传感器的另一指标是横向灵敏度,优良的压电晶体式加速度传感器,在工作频率范围内,横向灵敏度应小于5%。

对于一个具体的测振问题,选择合适的振动加速度传感器主要考虑以下技术指标:电荷灵敏度、横向灵敏度、频率特性等。首先要考虑工作频率范围、灵敏度。对低振级,应选择灵敏度较高的传感器,但高灵敏度传感器固有频率较低,工作频率上限也低,对冲击或大的加速度的振动,要求加速度传感器的最大可测振级高于所测加速度峰值;对质量和刚度较小的物体的振动,应选择小型轻质传感器。横向灵敏度是加速度作用在垂直于加速度传感器主轴线平面的灵敏度。由于加速度传感器具有横向灵敏度,其输出不仅反映主轴线方向的加速度,也包括横向加速度,为提高测量精度,希望其横向灵敏度越小越好。压电晶体式加速度传感器的使用环境对其性能有很大影响,较高的温度会导致电压灵敏度的降低;当环境温度超过一定温度时,会导致压电元件的破坏,应注意厂家对传感器使用环境的规定。在使用压电晶体式加速度传感器时,有时还会遇到零漂问题。如测量汽车某些部件振动或在室外进行振动测量,零漂有时很突出。除了选择优质传感器外,在传感器外壳上采用隔热措施也是减少零漂的方法。

图 8-4 YJ94 型压电晶体式加速度传感器,测试
频率范围为 1Hz~10kHz

图 8-5 SD1410 型三向座垫,测试频率
范围为 0.1Hz~4kHz

压电晶体式加速度传感器的安装问题也很重要,目前的几种安装方法中螺钉固紧是最好的安装方法,其安装共振频率高,能传递大的加速度。在要求加速度计与被测物体电绝缘时,可以在加速度计与被测物体之间放置一层薄云母片,然后用绝缘螺钉固紧或用永久磁铁吸盘固定。当测试要求频繁地改变测点位置时,使用此法最为方便,但使用此法不能测量过大的加速度。此外,还可用环氧树脂、502 胶水及其他的黏合剂粘接,这些方法只适于低加速度的测量。常用的 6 种安装方法如图 8-6 所示。汽车测试常用永久磁铁吸住,其上限频率约为 3000Hz。

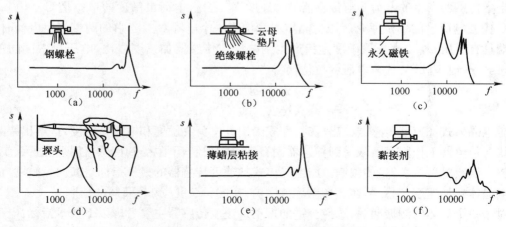

图 8-6 6 种加速度计安装方法

124

8.2.2 振动测试仪器的校准

振动加速度传感器在汽车测试技术中扮演着十分重要的角色。在汽车平顺性测试、汽车结构固有特性测试中都要用到大量的加速度传感器。其主要参数——灵敏度的准确与否直接关系到最终测试结果的准确性,因此对加速度计灵敏度的准确校准是保证结果可信度的最主要手段。

由于振动传感器使用一段时间后灵敏度等主要参数会有所改变,例如压电材料的老化会使灵敏度每年降低 $2\% \sim 5\%$。因此,需要定期对振动传感器进行校准,这是保证测试结果可信度的最主要手段。根据《中华人民共和国国家计量检定规程》JJG2332008 对于加速度传感器需要校准的项目有很多,其中最重要的也是使用者最关心的是加速度传感器灵敏度幅值、频率响应特性和灵敏度幅值线性度。这里所说的校准经常是指灵敏度的校准,但在进行任何一次校准前,建议测量加速度计的频率响应,因为如果加速度计的频率响应变得无规律性,或者加速度计的频率范围明显变窄了,说明加速度计已经损坏,没有必要进行校准了。

加速度计灵敏度的校准方法主要有比较校准法、绝对校准法。绝对校准法是指用测量物理量的基本单位和导出单位的方法来确定加速度计灵敏度。将被校准传感器固定自校准振动台上,用激光干涉测振仪直接测量振动台的振幅,再和被校准传感器的输出比较,以确定被校准传感器的灵敏度,这就是用激光干涉仪的绝对校准法,其校准误差是 $0.5\% \sim 1\%$。绝对校准法也可用于测量传感器的频率响应。这种方法的操作和环境要求较高,对设备要求也较高,一般用户都不可能使用这种方法自己进行校准。比较校准法也称为背靠背方法,即将被测加速度计和标准加速度计(已知灵敏度)背靠背安装在一起,它们再一起被安装在校准振动台的台面中心,在参考频率(160Hz 或 80Hz)和参考加速度($100m/s^2$ 或 $10m/s^2$)下进行校准,标准加速度计的电输出与所承受的加速度值之比即为参考灵敏度。由于被测加速度计与标准加速度计背靠背安装,受到相同的正弦激励幅度,其电输出之比即为其灵敏度之比。与绝对校准法相比,这种方法操作简便,要求复杂贵重的仪器量少,也较为准确,因此是普通用户常用的校准方法。

8.2.3 电荷放大器和电压放大器

从压电效应来说,压电传感器可以看做是一个能产生电荷的高内阻发电元件,此电荷很小($150pC/ms^{-2}$),不能用一般仪表来进行测量,需要首先用前置放大器进行放大。由于压电材料在传感器中的连接方式不同,其输出有电荷和电压两种,故前置放大器也包括电荷放大器和电压放大器两种类型。

电压放大器可用以放大压电式传感器微弱的电压输出信号,其结构简单、元件少、价格低。但由于其电路特征,这类放大器易产生较大的低频误差,且输出电压、电压灵敏度均受电缆种类及长度的影响较大。为了保证足够的灵敏度,电缆线不能太长,且必须使用低噪声电缆,给实际测试带来很多不便,故目前振动测试多采用电荷放大器。

电荷放大器由电荷变换级、适调级、低通滤波器、高通滤波器、末级功放、电源几部分组成。与电压放大器相比,其结构复杂、成本高、易损坏。首先将振动加速度转换成与其成正比的微弱电荷 Q,再由电荷变换级将电荷变换为与其成正比的电压信号。

电荷放大器的低频性能好,一般电荷放大器的下限频率都可低到 0.3Hz;电荷放大器一般都具有上限频率可调的低通滤波器,可用以消除高频噪声信号对所测信号的干扰;电荷放大器的适调开关可对不同灵敏度的输出进行规一化处理,使测量分析更加方便;此外,使用电荷放大器时具有允许使用长电缆、测试线性度及信噪比均优预电压放大器。因此,汽车振动测试中多使用电荷放大器,如图8-7所示。

目前已经有不使用电荷放大器的内置集成电路放大器的压电晶体式加速度传感器——ICP加速度传感器,如图8-8所示,美国PCB公司的产品具有代表性。采用ICP加速度传感器可使测试系统大为简化。设计原理是把加速度变化转换为传感器的电容变化,制作上以硅—玻璃键合技术、玻璃和质量块的腐蚀工艺及等离子刻蚀技术(Inductively Coupled Plasma,ICP)为主要的工艺过程。

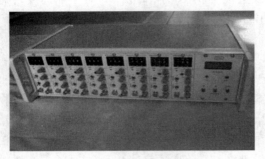

图8-7 DLF—8型四合一抗混滤波放大器 图8-8 ICP加速度传感器

8.2.4 信号采集仪及微机信号处理系统

信号处理系统是在通用计算机或便携式计算机上安装专用的模/数(A/D)板,将输入的模拟信号转换成数字量,进行信号的采集,并配置相应数据处理软件对所采集的信号进行各种处理。图8-9、图8-10分别为DASP公司的INV306G(H)型32通道信号采集仪:最高采样频率1.25MHz及2003版振动与噪声信号采集处理软件。

图8-9 INV306G(H)型32通道信号采集仪 图8-10 DASP2003版振动与
12位,32路并行,最高采样频率1.25MHz 噪声信号采集处理软件

该系统可同时采集32通道信号,实现32通道信号的显示、读数、存储,并可实现任意数段的滚动图形、随时固定图面、随意放大图形,并可对所采集数据进行各项时域分析。

该系统可实现的主要功能包括

(1)信号自动采集:定点触发、瞬态捕捉,大容量长时间采集分析和记录。

(2)数字示波器和16通道磁带记录器功能可随时开、关、存储数据和分析波形。

（3）各种时域、幅域、频域的波谱分析功能：概率分析、相关分析、功率谱分析、传递函数计算、相干谱分析等。

（4）模态分析和结构动力学修改，结构灵敏分析。

（5）故障诊断和状态监测。

（6）噪声分析。

（7）应力应变分析等。

为了方便用户进行数据二次开发，信号处理系统中包含数据格式转换功能，用户可以根据需要，将测试数据输出为文本格式、Excel 电子表格、Access 数据库及 MATLAB 数据文件等多种形式。用户可根据需要对所测数据进行进一步的处理，如汽车操纵稳定性、平顺行试验数据处理。其中汽车平顺性方面可以进行随机输入行驶试验和脉冲输入行驶试验所测振动信号的处理。

目前用于振动测试的较先进的系统为非接触式振动测试系统，如德国 polytec 激光测振仪，是专门用于结构振动精确测量的仪器，如图 8-11 所示。激光束射向待测结构表面，基于多普勒频移现象，待测面的振动使得激光束产生了频率偏移并被反射，频率偏移量等比例于待测面的振动速度。对多普勒频率进行处理就能实时地得到扫描点处的表面速度。由于不需要在被测物体上安装传感器，只需针对测量点，对发射激光及接受激光进行特殊技术处理，测量被测物体的振动数据，故几乎不受其他干扰振动影响，也不受传感器质量的影响，特别适合薄壁零件或微小结构的测振，如车身振动的测试。该仪器的测振频率范围：$0.001\text{Hz} \sim 1.5\text{MHz}$。测振动幅值范围：最小可测到 0.1nm。振动场空间分辨率：$5\mu\text{m}$（点与点间距离）。图 8-11 为德国 polytec 激光测振仪。

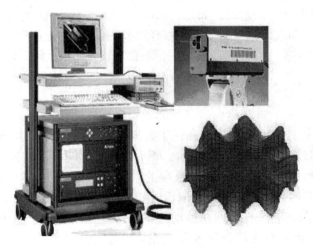

图 8-11 德国 polytec 激光测振仪

8.3 振动量的测量

根据振动参量运动的不同形式，将振动信号划分为周期振动、瞬态振动和随机振动 3 种类型。

（1）周期振动的测量：振动幅值、频率及相位差是主要的特征量。振动幅值常用峰值、有效值和平均绝对值等进行描述,常用振动测量仪、电压表或光学法进行测量。周期振动的频率常用频谱分析仪、频率计等进行测量。周期信号的相位可用相位计、双线示波器等仪器进行测量。

(2) 瞬态振动的测量:瞬态振动的测试量主要是瞬态振动过程的时间历程、冲击峰值、瞬态振动的频谱等。汽车平顺性分析中脉冲输入行驶试验所测振动信号即为瞬态的振动信号。

(3) 随机振动的测量:对于随机振动,主要是测量器有效值、功率谱、相关函数、频响函数、相干函数、概率密度函数等。随机振动测试时需要注意正确设定测试仪器的工作频率,因为不同汽车零部件所产生的随机振动的频率范围不相同,如发动机、变速器等在 5KHz 以内,整车振动要求测量的频率范围为 0~200Hz。因此,振动测试过程中测试仪器的工作频率应根据测试对象的振动情况进行设定。汽车平顺性分析中随机输入行驶试验所测振动信号即为典型的随机振动信号。

8.4 振动量的评价

人在乘坐汽车或操作各种机械时,会受到结构振动的作用。这种振动直接影响人的舒适程度、工作效率及健康与安全。

为了保证人体舒适、工作效率、健康与安全,分别用"降低舒适界限"、"疲劳—降低工效界限"及"暴露极限"对振动量进行评价。如重点考虑驾驶员工作效率时,"疲劳—降低工效界限"应为主要衡量尺度,而在设计旅客座位时,则着重考虑"降低舒适界限"。其极限值是当人体处于正常状况下,按振动频率、加速度的大小和方向及持续时间 4 种物理量来衡量的,并考虑垂直、俯仰、横摆振动 3 个方向。这些振动是通过刚体表面传递给人体的,其测量方法是将测点放在靠近人体上传递振动点的附近。如当人站在刚性基础上时,就在这个基础上测量;当人坐在坐垫上时,可在垫子和人体之间插入一个假臀,振动测量就在此假臀上进行。振动量标用加速度均方根 σ 表示,单位是 m/s² (或 g)。当测量随机振动或宽带振动时用 1/3 倍频程滤波器来评定。

由于每个人的健康状况、工作性质和环境差别很大,有些场合不能生硬搬用这些极限数值,在实际使用时,要考虑这些因素而作必要的适当修正。

(1) 疲劳—降低工效界限。疲劳—降低工效界限:它是指人们在振动环境里因持续振动造成疲劳而导致工作效率下降的振动界限,是频率与受振时间的函数关系。如图 8-12、图8-13 分别为 ISO2631 所规定的人体对振动反应的垂直方向及水平方向的"疲劳—降低工效界限"图。当驾驶员承受的振动强度在此界限内时,能准确灵敏地做出反应,保持正常驾驶。

(2) 降低舒适界限。它是指人们在振动环境因持续振动导致舒适程度降低,而不能令人满意的振动界限。不舒适感的允许值可取为相应的疲劳—降低工效界限允许值的 1/3.15。亦可将相应的疲劳—降低工效界限的许可值减去 10dB 而得到。当乘员承受的振动强度在此界限内时,其主观感觉良好,能顺利完成吃、读、写等动作。

(3) 暴露极限。它是指人们在振动环境里可以承受的振动量上限,当人们承受的振动强度在这个极限之内,将保持健康或安全。暴露极限与疲劳—降低工效界限的变化规律基本相同,只需将相应的数值增加一倍(高 6dB)。即对在任何频率、持续时间及方向条件的振动,只需由疲劳—降低工效界限所允许的数值增加一倍即可得到暴露极限。

(4) 其他。如果振动同时出现在几个方向上(多轴和多面振动),则相应的标准分别适用于每个向量在三个轴上的分量。ISO 2631—1978《人体承受全身振动的评价指南》发布后,为

128

定量地研究汽车平顺性提供了依据,它用振动加速度均方根值(rms)将振动强度和频率(1/3 oct)与人体承受力有机地联系起来。目前对汽车平顺性分析时对振动量的修正、评价的依据为 ISO 2631—1997。

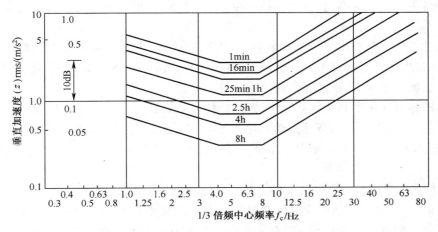

图 8-12 ISO2631 人体对振动反应的"疲劳—降低工效界限"垂直方向

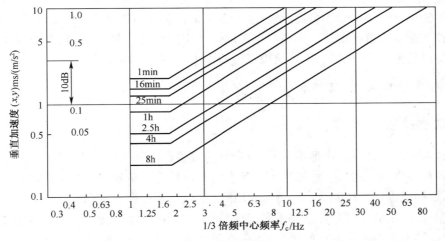

图 8-13 ISO2631 人体对振动反应的"疲劳—降低工效界限"水平方向

8.5 汽车振动系统振动特性参数的测定方法

汽车动力学系统振动特性试验的主要目的就在于辨识结构参数(固有特性参数)、确定结构的动力学响应特征。对于复杂的力学系统,其全部的动力学特性包括固有频率、阻尼比及振型。

(1)固有频率的测定。结构固有频率的测定可以采用频域法或时域法。常用的频域法包括直接测量法、频谱分析法和传递函数拟合法等;时域测定固有频率的常用方法为自由衰减曲线法。

直接测量法即通过稳态正弦扫描进行试验。用激励设备对结构进行恒力幅的频率扫描激励,测出结构频率响应最大时(共振峰)所对应的频率,即共振频率(有阻尼)。试验中频率扫描的速度不能快,要待结构建立起稳态振动之后才能进行测量。

频谱分析法测定结构固有频率是汽车振动试验中的常用方法,即通过对结构的随机激励、瞬态激励等各种激励测得结构的振动信号,经 FFT 分析,由频谱图中的峰值分量来确定结构的固有频率。

传递函数拟合法是利用结构试验的输入、输出数据,获得传递函数并识别系统的固有频率、阻尼比和振型等固有特性参数。这种方法得到的固有频率比较准确,并且还可以识别出频率值十分接近的密集模态,排除虚假峰值频率等。

自由衰减曲线法识别结构固有频率是通过瞬态激励的方法,使试件产生能够测量的自由衰减信号,利用记录下的自由衰减振动的时间历程,算出该试件的固有频率。这种方法所需设备简单、试验方便、迅速,但识别精度较差,而且仅能识别出结构明显的极少数低阶的固有频率。

(2)阻尼比的测定。测定阻尼比的方法也可分为频域法和时域法两类。常用的频域法是对耦合较弱的系统,利用结构响应的机械导纳曲线计算阻尼比 ξ,它是半功率带宽除以两倍共振频率。时域法的常用方法是利用结构衰减振动的响应时间历程曲线的图解测定法,测试简单、直观,但精确度差。

(3)振型的测定。当结构尺寸不大时,可采用激光全息摄影法,也可以采用位移直接测量法。这些方法由于受到测量手段、振动模态耦合及结构振动的"非纯"振型等因素的影响,所测定的振型往往是较为近似的。目前在汽车零部件结构振型测定中,最为快速、方便和适用范围广的方法是试验模态分析法,利用试验模态分析法可识别振型参数。

8.6 汽车道路及台架试验

8.6.1 道路试验

无论是新型汽车的设计定型,还是现有产品的改进设计及其质量的定期考核等,都需要进行大量的各种各样的试验。有些试验项目要求汽车保持持续的高速行驶,如果这种试验在公路上进行,则很难保证行车安全。此外,由于道路条件难于控制,而行车又受交通情况和其他条件的限制,所以试验的质量和效率不高,且时间长,人力物力消耗也大。不仅如此,而且有些专门的试验,如果没有相应的试验设备,则根本无法进行。故众多汽车试验都需要专门汽车试验场。

汽车试验场是由各种试验道路、试验场地、实验室及各种辅助建筑等组成的综合性试验设施,用来确定汽车的结构参数及其基本使用性能,包括可靠性、耐久性、动力性、制动性、通过性、操纵稳定性、行驶平顺性、安全性和燃料经济性等。

试验场内有些试验路段是模拟车辆的实际使用工况,使车辆的零部件所产生的典型损坏与实际使用时的情况基本相同,而且试验场可设置比实际道路更恶劣的行驶条件和各种典型道路与环境,在这种条件下进行可靠性、疲劳等的强化试验可以大大缩短试验周期,同时由于试验场的试验跑道和设施是稳定的和专用的,而且试验时不受外界交通条件影响或干扰,所以能保证试验条件的一致性和行车安全。

目前我国有多家可以进行认证的试验场,例如通州区交通部汽车试验场、海南岛汽车试验场、襄樊汽车试验场、定远汽车试验场等。它们提供了各种形式的标准路面,以供试验。各汽车企业每年都有大量汽车进行试验。试验成本高,周期较长。

本节仅介绍与汽车振动噪声测试相关试验条件。

(1)汽车平顺性随机输入试验道路要求。根据试验内容的要求,汽车平顺性随机输入道路行驶试验需在相当于二级公路的水泥或沥青路和相当于三级公路的砂石路的两种道路上进行,路面应平直、干燥,纵坡不大于1%,长度不小于3km,两端应有30~50m的稳速段,风速不大于5m/s。

(2)悬架试验跑道。悬架试验跑道可用来进行悬架和行走机构的可靠性行驶试验,以及汽车行驶平顺性的试验与研究。常用的试验跑道包括搓板路、长波状路及连续凸起路。

搓板路呈波浪式高低不平形状,波距多为760mm±5mm,波峰高约在25mm左右,左右突起相互对应或相互交错地排列。长波状路试验道路多成正弦曲线形,其波长一般为10m,波峰高为±50mm,左右两侧波形可相互对应或相互交错地排列,如图8-14所示。通过汽车行驶速度的变化来改变输入频率,能够模拟汽车悬架部分和非悬架部分不产生共振的行驶工况、汽车悬架部分产生共振的工况、汽车悬架部分只作上下垂直振动无纵向角

图8-14 汽车试验场部分照片

振动的工况、汽车悬架部分产生综合性共振(即包括纵向角振动)的工况。其中搓板路也可用于舒适性的简单测试。

连续凸起路凸起部分有圆拱形、棱锥体形、平行六面体或枕木形,其高度和形状也各不相同,这种凸起部分有的是固定的,也有的是可移动的,也有的试验场采用单凸起或单坑洼路段。这种试验道造价较低,场地设置较灵活,可用来进行汽车的平顺性试验及评价减振器的作用。

(3)噪声试验路段。噪声试验路段用来进行汽车的车内噪声试验和车外噪声试验,它一般包括超静路段和噪声发生路段。超静路段,亦称无声路段,是由水泥或沥青铺设的,其路段极为平坦,像平板一样。噪声发生路段由混凝土、石块或沥青与石砖铺设,或用龟甲状的石块排列而成,其路面呈有规律的凹凸不平状。有时为了使试验车辆的车外噪声反射回来,通常沿着噪声测量路段还修有一定高度、表面平整的墙壁。

8.6.2 台架试验

道路试验检测汽车振动具有很多优点。但在有些情况下,如在需要查明振源和振动传递路线等方面,道路试验并不理想。同时道路行驶试验需消耗大量的人力、物力,且试验周期长,试验条件的控制也很困难,试验的重复性差。

采用目前台架试验能够在室内再现汽车实际行驶中所遇到的各种复杂工况,以研究汽车在随机振动环境中的振动状态和疲劳损坏的原因,同时还可对组成复杂工况的简单工况进行试验。此外,使用台架试验可不受自然条件的影响,而且还能有效地控制工作台面的位移、速度和加速度,精确地测定和观察汽车各部分的振动状态,这些都是汽车道路试验时难以做到的,因此室内台架试验已日益受到人们的关注。

台架试验与道路试验的主要区别在于激振。在道路试验时,振源是真实的路面,而进行台架试验的振源是激振器或振动台。对于汽车小零部件振动的研究,使用激振器进行激振,如图8-15所示,使用前述的系统进行测试分析。对于较大部件,使用振动台激振,振动台与激振

器的区别在于承载力、推力大且使用固定台架支承。激振器、振动台的成本较低。

目前用于汽车振动的最真实台架试验是道路模拟试验机。将采集的路面谱输入道路模拟试验机的测控系统，试验台可产生基本与路面一致的位移激励，从而再现道路试验情况。在道路模拟试验机上进行试验的优点是容易保证试验条件的恒定，并可实现复杂的振动测试。道路模拟试验机的示意图和实物图分别如图 8-16～图 8-18 所示。

图 8-15　用于汽车小零部件振动研究的激振器

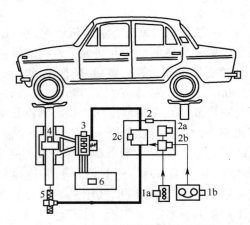

图 8-16　道路模拟试验机示意图

图 8-17　道路模拟试验机实物图

图 8-18　道路模拟试验机实物图

8.7　汽车悬架系统特性参数测定

测定悬架系统的特性参数包括固有频率和阻尼比。

双轴汽车悬架系统的簧载质量固有频率、阻尼比及非簧载质量的固有频率是分析悬架系统振动特性和对汽车平顺性进行研究和评价的基本数据。所以在此介绍这 3 个参数的测定方法。分析时常用的模型为车身与车轮的 4 个自由度振动系统模型及两个自由度振动系统模型，如图 8-19 和图 8-20 所示。

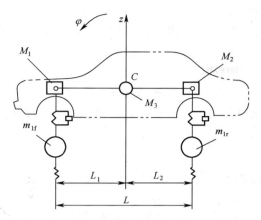

图 8-19 车身与车轮4个自由度振动系统

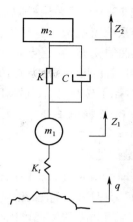

图 8-20 车身与车轮两个自由度振动系统

▶ 1. 试验条件

试验在汽车满载时进行,根据需要也可补做空载时的试验。悬架弹性元件、减振器和缓冲块应符合技术条件规定。根据需要可补充拆下减振器和拆下缓冲块的试验。轮胎花纹完好,轮胎气压符合技术条件所规定的数值。

振动传感器装在前、后轴和其上方车身或车架相应的位置上。测量仪器的频率范围应能满足 0.3~100Hz 的要求。

簧载质量的固有频率一般为 1~5Hz;

非簧载质量的固有频率一般为 10~20Hz;

固有频率对应的是自由振动的频率。

▶ 2. 试验方法

试验时可用以下 3 种方法使汽车悬架系统产生自由衰减振动——滚下法、抛下法、拉下法。

(1) 滚下法。将汽车测试端的车轮,沿斜坡驶上凸块(凸块断面如图 8-21 所示,其高度根据汽车类型与悬架结构可选取 60mm、90mm、120mm,横向宽度要保证车轮全部置于凸块上),在停车挂空挡发动机熄火后,再将汽车车轮从凸块上推下,滚下时应尽量保证左、右轮同时落地。

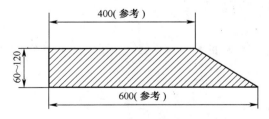

图 8-21 滚下法用凸块断面示意图

(2) 抛下法。用跌落机构将汽车测试端车轴中部由平衡位置升起 60mm 或 90mm,然后跌落机构释放,汽车测试端突然抛下。

(3) 拉下法。用绳索和滑轮装置将汽车测试端车轴附近的车身或车架中部由平衡位置拉下 60mm 或 90mm,然后用松脱器使绳索突然松脱。

用测振系统仪记录车身和车轴上自由衰减振动的时间历程,每次记录时间不少于 3s,保证衰减振动曲线完整,共记录 3~5 次。在汽车前、后端振动相互联系较强时,非测试端悬架要卡死,在报告中注明 ;一般情况下,非测试端悬架不用卡死。

试验时,拉下位移量、支起高度或凸块高度的选择,要保证悬架在压缩行程时不碰撞限位块,又要保证振动幅值足够大,与实际使用情况比较接近。对于特殊的汽车类型与悬架结构可以选取 60mm、90mm、120mm 以外的值。

▶ **3. 数据处理**

数据处理可在时域和频域内分别进行,具体处理方法如下。

(1)时间历程法。由记录得到的车身及车轴上自由衰减振动曲线如图 8-22 所示。与时标比较读出时间间隔的值都可以得到车身部分振动周期 T 和车轮部分振动周期 T_t,然后按式 (8.3) 和式 (8.4) 算出各部分的固有频率,即

$$f_0 = 1/T \tag{8.3}$$

$$f_t = 1/T_t \tag{8.4}$$

式中:f_0 为车身部分固有频率(Hz);T 为车身部分振动周期(s);f_t 为非簧载质量部分固有频率(Hz);T_t 为非簧载质量部分振动周期(s)。

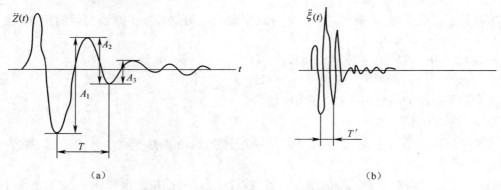

(a)   (b)

图 8-22　车身及车轮自由衰减振动曲线

(a)车身部分(可选用截止频率 5Hz 进行低通滤波);(b)车轮部分(可选用截止频率 20Hz 进行低通滤波)。

解释自由衰减振动方程和机理,假设一个周期内振幅为常数——(波峰+波谷)/2。

车身部分振动的半周期衰减率为

$$\tau = A_1/A_2 \tag{8.5}$$

式中:A_1 为第二个峰至第三个峰的峰~峰值;A_2 为第三个峰至第四个峰的峰~峰值。

于是阻尼比为

$$\zeta = \cfrac{1}{\sqrt{1 + \cfrac{\pi^2}{\ln^2 \tau}}} \tag{8.6}$$

当阻尼较小时,A_3 为第四个峰至第五个峰的峰~峰值,没有突然减小,可用整周期衰减率,即

$$\tau' = A_1/A_3 \tag{8.7}$$

按式(8.8)求出阻尼比,即

$$\zeta = \frac{1}{\sqrt{1+\dfrac{4\pi^2}{\ln^2\tau'}}} \tag{8.8}$$

(2)频率分析法。记录车身与车轴上自由衰减振动的加速度信号,如图 8-23、图 8-24 所示,然后对信号进行频谱分析,处理出车身部分与车轮部分的加速度自功率谱密度函数。采样时可用截止频率 20Hz 进行低通滤波,采样时间间隔取 20ms,频率分辨率 0.05Hz(采样时间 20s)。其中,车身部分加速度自谱的峰值频率即为车身固有频率,车轮部分加速度自谱的峰值频率为轮胎固有频率。

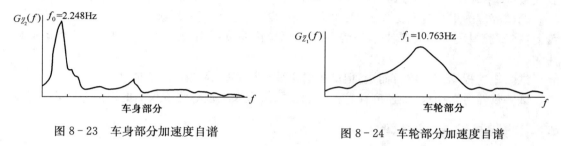

图 8-23 车身部分加速度自谱   图 8-24 车轮部分加速度自谱

以车轴上加速度信号作为输入,车身上加速度信号作为输出,进行频率响应函数处理得到幅频特性,幅频曲线如图 8-25 所示。

$$|H_{z_1 \to z_2}| = \sqrt{\frac{G\ddot{z}_2(f)}{G\ddot{z}_1(f)}} = \sqrt{\frac{1+\left(2\zeta\dfrac{f}{f_0}\right)^2}{\left(1-\left(\dfrac{f}{f_0}\right)^2\right)^2 + \left(2\zeta\dfrac{f}{f_0}\right)^2}} \tag{8.9}$$

幅频特性的峰值频率为车轮部分不运动时的车身的固有频率,它比车身部分的固有频率略高一些。由幅频特性的峰值 A_p,可以近似地按式(8.10)计算出阻尼比,即

$$\zeta = \frac{1}{2\sqrt{A_p^2 - 1}} \tag{8.10}$$

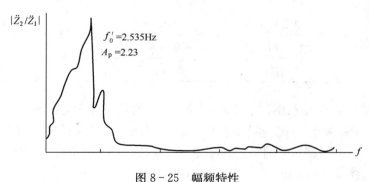

图 8-25 幅频特性

8.8 汽车平顺性道路行驶试验

根据试验要求,汽车平顺性道路行驶试验可在相当于二级公路的水泥或沥青路及相当于三级公路的砂石路的两种道路上进行(越野车、矿用车优选三级公路;其他车优选二级公路),

路面应平直、干燥,纵坡不大于 1%,长度不小于 3km,两端应有 30～50m 的稳速段(用于稳定车速的区域),风速不大于 5m/s。

汽车各总成、部件、附件及附属装置(包括随车工具与备胎)必须按规定装备齐全,并装在规定的位置上。调整状况应符合该车技术条件的规定,轮胎气压应符合汽车技术条件的规定,误差不超过±0.102Bar。

试验在额定满载的条件下进行,根据需要可增做半载或空载条件下的试验。测试部位的载荷应为身高 1.70+0.05m、体重为 65±5kg 的真人,非测试部位的载质量可以用 65kg 的砂袋代替,汽车载荷应均匀分布,并安放牢固。

测试部位的乘员应全身放松,两手自由地放在大腿上,其中驾驶员的两手自然地置于转向盘上,在试验过程中应保持乘坐姿势不变,一般地,乘员不靠在靠背上,否则在试验报告中应注明。

试验车速根据试验项目而定,但试验时车速允许偏差为试验车速的±4%。

试验仪器有车速仪、加速度传感器、放大器、信号采集仪等测试仪器的性能应稳定可靠。

8.8.1　随机输入行驶试验

本方法通过测定汽车在随机不平的路面上行驶时振动对乘员及货物产生的影响,来评价轿车、客车和货车的平顺性。

可在沥青路和砂石路上进行额定满载条件下的试验。根据需要,轿车可增做半载条件下的试验,客车及货车可增做半载或空载条件下的试验。

测人—椅系统仪器的频响范围应为 0.1～100Hz,测货厢的应为 0.3～500Hz。试验车速如表 8-1 所列,至少应进行包括常用车速在内的 3 个车速下的试验(包括大于、小于和常用车速 3 种车速)。

表 8-1　试验车速表

车型	道路	常用车速	试验车速(km/h)
轿车	沥青路	60km/h	30,40,50,60,70(可选作 80)
	砂石路	50km/h	30,40,50,60
客车 货车	沥青路	50km/h	30,40,50,60
	砂石路	40km/h	30,40,50

试验时,根据车型不同传感器安装方式不同。对于轿车:分别将加速度传感器安装在轿车的左侧前排和后排座椅上。对于客车:分别将加速度传感器安装在驾驶员座椅、后轴上方座椅和最后排座椅上。对于货车:分别将加速度传感器安装在驾驶员座椅上,车厢底板中心及距车厢边板、车厢后板各 300mm 处。

其中,安装在座椅上的加速度传感器除测垂直方向的加速度外,还能测纵向和横向(前后方向和左右方向)两个方向的加速度时间历程。传感器应与人体紧密接触,一般在人体与座椅间放入一结构型式如图 8-26 的安装传感器的垫盘。

试验时,汽车在稳速段内以规定的车速稳定行驶,然后以该稳定车速匀速地驶过试验路段,并用记录仪记录各测量点的加速度时间历程,样本记录长度不小于 3min。通过测量试验路段的时间以计算出平均行驶车速。

处理试验数据时,对人—椅系统推荐采用下列参数:截断频率100Hz,采样时间间隔0.005s,每个样本1024个点;频率分辨率带宽0.1953Hz,独立样本至少25个;使用窗函数。对车厢,建议截断频率500Hz,其他参数亦可作相应改变。

对于人体振动的评价,规定用人体承受振动能力的评价指标:"疲劳——降低工效界限(评价驾驶员位置)"和"疲劳——降低舒适界限(评价乘客位置)";加权加速度均方根值。

对于货车车厢振动,用加速度均方根值和功率谱密度函数(或功率谱函数)评价。

对记录的加速度时间历程 $a(t)$ 进行频谱分析得到功率谱密度函数 $G_a(f)$,按照国标中各频程的加权系数进行频率加权后进行积分获得加权加速度均方根值为

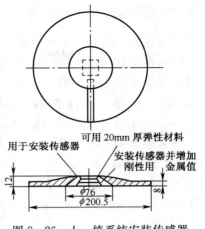

可用 20mm 厚弹性材料
用于安装传感器
安装传感器并增加
刚性用 金属值

图 8-26 人—椅系统安装传感器
用的垫盘结构图

$$a_w = \left[\int_{0.5}^{80} w^2(f)G_a(f)\,\mathrm{d}f\right]^{\frac{1}{2}} \tag{8.11}$$

式中: $G_a(f)$ 是至少 25 个样本的功率谱密度函数的平均值,则

$$a_{wo} = \left[(1.4a_{wx})^2 + (1.4a_{wy})^2 + (a_{wz})^2\right]^{\frac{1}{2}} \tag{8.12}$$

图 8-27 为某货车驾驶员座椅处测得的疲劳——降低工效界限图。

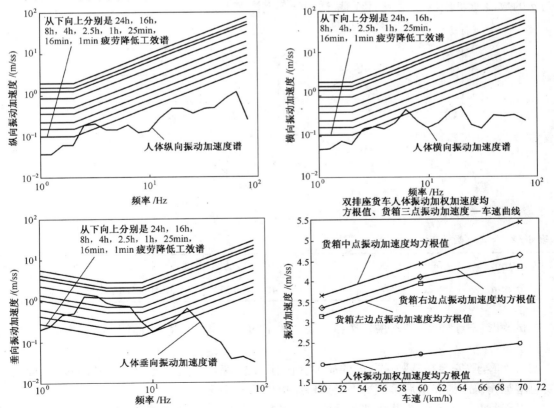

图 8-27 某货车车驾驶员座椅处测得的疲劳降低工效界限图

8.8.2 脉冲输入行驶试验

本方法通过研究汽车驶过单凸块时的冲击对乘员及货物的影响来评价汽车的平顺性。

试验在平直的水泥路面或沥青路面上进行。各类汽车均应在满载条件下试验,根据需要也可增做半载、空载试验。试验车速分别为 10km/h、20km/h、30km/h、40km/h、50km/h、60km/h。由试验用仪器构成的测试系统应适宜于冲击测量,其性能应稳定、可靠,频响范围为 0.3~1000Hz,其中加速度传感器的量程不得小于 $10g$,其他条件同基本试验条件。

通常推荐采用木质材料,外包铁皮的两种形状的单凸块作为脉冲输入:

(1) 三角形凸块,如图 8-28 所示。其中凸块宽 B 必须大于轮宽,凸块高 h 按车型而定,具体为:轿车、旅行客车及总质量小于或等于 4t 的货车 $h=60mm$;越野车及总质量大于 4t 但小于或等于 20t 的货车 $h=80mm$;总质量大于 20t 的货车 $h=120mm$。

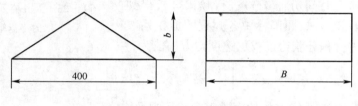

图 8-28 三角形凸块

(2) 长坡形凸块如图 8-29 所示,其中凸块宽 B 必须大于轮宽,凸块高 q 按下式确定,x 与 q 的数值表如表 8-2 表列,该凸块适用于各型汽车。

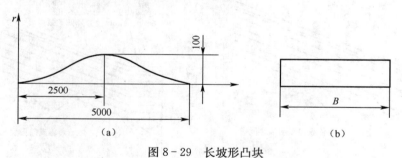

图 8-29 长坡形凸块

$$q=50\left(1-\cos\frac{2\pi x}{5000}\right),\quad 0\leqslant x\leqslant 5000$$

表 8-2 x 与 q 数值表

r/mm	500	1000	1500	2000	2500	3000	4500	4000	4500
q/mm	9.55	34.55	65.45	90.45	100	90.45	65.45	34.55	9.55

试验时,对于轿车:加速度传感器安装在轿车的左侧前排、后排座椅上及这些座椅底部的地板上。

对于客车:安装在驾驶员同侧的前轴、后轴正上方座椅及这些座椅底部的地板上,根据需要可增加司机座椅和最后排座椅上及这些座椅底部的地板上。

对于货车、越野车:安装在驾驶员座椅上及其底部地板上、车厢底板中心处及距车厢边板、车厢后板各 300mm 处的货厢底板上。

安装在座椅上的传感器保持与人体紧密接触，通常在人体与座椅间放一安装传感器用的垫盘，其结构形式如图 8-26 所示。

将凸块放置在试验道路中间，并按汽车轮距调整好两个凸块间的距离。为保证汽车左、右车轮同时驶过凸块，应将两凸块放在与汽车行驶方向垂直的一条线上。

试验时，汽车以规定的车速匀速驶过凸块，在汽车通过凸块前 50m 应稳住车速，并测量车速。当汽车前轮接近凸块时开始记录，待汽车驶过凸块后，停止记录。

试验时，用三角形凸块作为脉冲输入，根据需要可作长坡形凸块试验，每种车速的试验次数不得少于 8 次。

汽车驶过三角形凸块的平顺性，用最大的（绝对值）加速度响应 Z_{max} 与车速 v 的关系曲线，即车速特性量 Z_{max-v} 评价。

座椅底部地板、车厢的平顺性，分别用该处的 Z_{max-v} 来评价。

当采集信号时，要求采样时间间隔小于等于 0.005s，推荐 0.005s。

最大的（绝对值）加速度响应 Z_{max}，按式（8.13）计算

$$\ddot{Z}_{max} = \frac{1}{8}\sum_{j=1}^{8} \ddot{Z}_{maxj} \tag{8.13}$$

式中：Z_{max} 为最大的（绝对值）加速度响应（m/s²）；Z_{maxj} 为第 j 次试验结果的最大的（绝对值）加速度响应（m/s²）。

第9章

汽车噪声测试

　　随着汽车发动机功率不断提高,噪声也随之增加,政府法规对车辆通过噪声的要求也越来越严格。目前我国机动车噪声控制的标准体系仍在不断完善之中,修订后的 GB 7258—2004 也对机动车噪声做出了严格的规定。鉴于政府法规对汽车噪声的要求不断提高,各汽车厂商均非常重视提高噪声性能,并以此展现新车型的特点。近 20 多年来,汽车上的吸声和隔声材料用得越来越多,阻尼材料也广泛应用,吸声和隔声效果越来越好。为了抑制辐射噪声,双层板结构已经用在一些部件上,如排气多支管和消声器外壳。本章将介绍车外加速噪声、车内噪声的测试分析方法以及材料吸声、隔声系数的测量方法。

9.1　噪声基础知识

　　在现代城市环境噪声中,交通运输产生的噪声最大,约占城市噪声的 70%,而其中机动车辆产生的噪声占交通运输的 80% 左右,因此,可以认为机动车辆是城市环境噪声的主要噪声源。而且由于交通运输噪声的影响范围广,干扰时间长,随着机动车辆的数量日益增多,其影响程度日益严重,成为公害之一,所以机动车的噪声问题,已引起有关部门的密切关注。

　　噪声是有危害的,它的不利影响表现在心理和生理。在心理方面:当人们在高噪声的环境下时,会感到心情烦躁注意力分散、反应迟钝、容易疲劳。从而造成工作和学习效率降低,引发工作中的差错,严重的会造成事故。在生理方面:长期暴露在高噪声的环境易于导致耳聋,另外还易于引发肠胃功能紊乱、心脏组织缺氧导致肠胃疾病和心血管疾病。例如装甲车辆车内噪声强度远远超过 GJB50《军事作业噪声的允许限值》的规定,其对成员的听力、战斗力有明显的影响。科研人员曾调查 127 名装甲车驾驶员,入伍 4 年以上者听力损伤高达 50%。目前,采取的噪声控制方法有工程控制手段、听力保护装置、听力测定及时休养等。

　　声音是在我们日常生活中经常遇到的一种自然现象。所谓声音是指某物体在弹性介质中振动产生的波,以介质为媒介向周围传播后引起人体耳膜的振动,使人在生理上产生的感觉。因此,从物理学的观点看声波是一种机械波,是机械振动在弹性介质的传播,传播声波的弹性介质可以是气体、液体或固体,声波在这些介质中传播,相应地称为空气声、液体声和固体声。声音形成应有 3 个条件,一是声源的机械振动,二是声源周围存在弹性介质,三是人耳有无感觉。能否感觉到声音及声音如何,取决人的感觉。

9.1.1　声音的物理参数

1. 声波的频率、波长、声速

弹性介质中的介质元在单位时间内所完成振动的次数称为声波的频率,单位为 Hz,振动一次所需要的时间称为周期,单位为 s,显然频率 f 和周期 T 互为倒数,即

$$f = 1/T(\text{Hz}) \tag{9.1}$$

式中,T 为一个波的周期(s)。

频率 f 处在 $20 \sim 20000\text{Hz}$ 时人能感觉到,$20 \sim 20000\text{Hz}$ 称为可听阈。低于 20Hz 的声波称为次声,高于 20000Hz 的声波称为超声。由于神经系统已不敏感,人耳听不到了。

声波频率的高低影响声调,频率越高,声调亦高;频率低,则声调低。即人们所说的高音和低音。单频率的声音称为纯音。

两个相邻的同相位点之间的距离称为波长,单位为 m,声波在弹性介质中传播的速度称为声速,单位为 m/s。

声速 c 和频率 f(或周期 T)及波长 A 的关系如下,即

$$\lambda = cT = \frac{c}{f} \tag{9.2}$$

声波的频率由声源的振动频率决定,与介质的性质无关;声速由介质的性质决定,与声源的振动状况无关。

2. 声压 p

当声波在弹性介质中运动时,使介质中的压力在稳定压力附近增加或者减小,这个压力的变化量,称为声压 p,它表示某一声波作用在单位面积上的压力大小。国际单位制中,声压的单位是 N/m^2,也称为 Pa。在标准大气压中,稳定大气压力为 10^5Pa。声压要比大气压小得多,一般在 $2 \times 10^{-5} \sim 20\text{Pa}$ 范围之内。

正常人的耳朵在声波频率为 1000Hz 时(纯音时)能感觉到的最弱声压为 $2 \times 10^{-5}\text{Pa}$,此声压称为基准声压 p_0,或称听阈声压。当声压达到 20Pa 时,人耳将产生疼痛,故称痛阈声压。

声压大小可用以度量声音强弱。声压越大,则声音越强(越响),声压越小,则声音听起来越弱(低)。介质中任何一点的声压都是随时间变化的,每一时刻的声压 p 称为瞬时声压,它总是以静压强为平衡点正负反复变化着。某段时间 T 内瞬时声压的均方根称为有效声压 p_e,即

$$p_e = \sqrt{\frac{1}{T} \int_0^T p^2(t)\,\mathrm{d}t} \tag{9.3}$$

当未加特别说明时,我们所说的声压都是指有效声压,有效声压的数值都是正值。声音的大小也可用声功率和声强来表示。

3. 声功率 W

声源在单位时间内辐射的声能量称为声功率,单位为 W。一台机器在运转时,其总功率只有极少的部分转化为声功率,一台百万千瓦的大型发电机,其辐射的声功率可能只有数十瓦,一只声功率为 0.1W 的扬声器发出的语言广播声在安静的教室内就可以被清晰地听到。

当声波在介质中传播的时候,声源辐射的声能量将沿着声波传播的方向传播,单位时间内通过垂直于声波传播方向的面积 S 的平均声能量称为平均声能量流或平均声功率 $\overline{W}$,单位为 W。因为声能量是以声速 c 传播的,因此平均声能量流或平均声功率应等于声场中以 S 为底面,高度为 c 的柱体内所包含的平均声能量,即

$$\overline{W} = \overline{u}cS \tag{9.4}$$

式中:c 为声速;S 为声波的作用面积(m^2);$\overline{w}$ 为自由声场中的声能密度。$\overline{w}$ 为

$$W=\frac{p_e^2}{\rho_0 c^2} \tag{9.5}$$

式中:p_e 为有效声压。ρ_0 为静态时的空气密度。

(4)声强 I。

声场中某点处,与质点速度方向垂直的单位面积上在单位时间内通过的声能量称为瞬时声强,它是一个矢量。对于稳态声场,声强是指瞬时声强在一定时间 T 内的平均值,即单位时间内通过垂直于声波传播方向上单位面积的平均声能量,它的单位是(W/m^2),可表示为:

$$I=\frac{\overline{W}}{S}=\overline{w}x=\frac{p_e^2}{\rho_0 c} \tag{9.6}$$

9.1.2 声音的评价指标

对于 $1000Hz$ 的声音,人耳刚能感觉到的声强为 10^{-12}(W/m^2),声压是 $2\times10^{-5}Pa$,人耳能够承受的最大声强为 1(W/m^2),声压是 $20Pa$,即人耳能够感觉到的声音的强弱范围非常大,因此直接用声强或声压来表示不同声音的大小非常不方便。此外,大量试验证明,人们对声音强弱变化的感觉,并不是与声压绝对值变化有关,而与声压相对值的对数有直接关系,因此我们常用声强或声压的对数值来表示声音的大小,分别称为声强级和声压级。所谓级是指实际量与基准量比值的对数,是一种只作相对比较的无量纲单位。在声学中常使用声压级、声强级、声功率级和响度级,常用的单位为 dB。

▶ 1. 声压级 L_p(dB)

$$L_p=20\lg\frac{p_e}{P_{ref}} \tag{9.7}$$

参考声压为 $P_0=2\times10^{-5}Pa$

声压的变化范围为 $p=2\times10^{-5}Pa\sim 2\times10Pa$

其对应的声压级的变化范围为 $L_p=0dB\sim120dB$

▶ 2. 声功率级 L_W

定义为

$$L_W=10\lg\frac{W}{W_0}(dB) \tag{9.8}$$

式中:W_0 为参考声功率,在空气中为 $10^{-12}W$。

必须指出,声功率级与声压级不同,声压级是表示声场中某点的声学性质,而声功率级则表示声源向周围空间辐射的功率的大小。

▶ 3. 声强级 L_I

声音的声强级 L_I 定义为其声强 I 与参考声强 I_0 之比的常用对数,即

$$L_I=10\lg\frac{I}{I_0}(dB) \tag{9.9}$$

式中:I_0 为参考声强,为 $10^{-12}W/m^2$。

参考声强取 $10^{-12}W/m^2$,与其相对应的参考声压为 $2\times10^{-5}Pa$ 得出这些值的条件是

取空气的特性阻抗 $\rho_0 c$ 为 400Pa·s/m。由此可得出声压级和声强级近似相等的结论,可表达为

$$L_I = 10\lg \frac{I}{I_0} = 10\lg\left(\frac{p^2}{\rho_0 c} / \frac{p_0^2}{400}\right) = 10\lg\frac{p^2}{p_0^2} + 10\lg\frac{400}{\rho_0 c}$$

$$= 20\lg\frac{p}{p_0} + 10\lg\frac{400}{\rho_0 c} = L_p + 10\lg\frac{400}{\rho_0 c} \text{(dB)} \tag{9.10}$$

如果对噪声进行测量时,满足条件 $\rho_0 c = 400\text{Pa·s/m}$,则有 $L_I = L_p$,即声强级和声压级相等。通常条件下,$\rho_0 c$ 并不正好等于 400Pa·s/m,则声强级和声压级之间有一个修正量 $10\lg\frac{400}{\rho_0 c}$,与所在地的海拔高度有关,当海拔高度小于 500m 时,修正量小于 0.2dB,可以忽略不计;但在高原地区,如海拔高度大于 2000m 时,修正量将大于 1dB,此时则必须考虑声强级与声压级之间的修正量。

▶ 4. 响度级

当外界声振动传入人耳时,人们在主观感觉上会形成听觉上的"声音强弱"的概念。人们简单地用"响"与"不响"来描述声音的强度,但这一描述与声波的强度又不完全等同。人耳对声音响度的感觉还与声波的频率有关,即使相同声压级但频率不同的声音,人耳听起来也会不一样响。例如,同样是 60dB 的两种声音,一个声音的频率为 100Hz,而另一个声音为 1000Hz,人耳听起来 1000Hz 的声音要比 100Hz 的声音响。要使频率为 100Hz 的声音听起来和频率为 1000Hz、声压级为 60dB 的声音同样响,则其声压级要达到 67dB。响度级的符号为 L_N,单位为 phon。

为了定量地描述声音的轻或响的程度,通常采用响度级这一参量。当某一频率的纯音和 1000Hz 的纯音听起来同样响时,这时 1000Hz 纯音的声压级就定义为该待定纯音的响度级。使用等响试验方法,可以得到一组不同频率、不同声压级的等响度曲线。试验时用 1000Hz 的某一强度(例如 40dB)的声音为基准,用人耳试听的办法与其他频率(例如 100Hz)声音进行比较,调节此声音的声压级,使它与 1000Hz 声音听起来响度相同,记下此频率的声压级(例如 50dB)。再用其他频率试验,并记下它们与 1000Hz 声音响度相等的声压级,将这些数据画在坐标上,就得到一条与 1000Hz、40dB 声压级等响的曲线。这条曲线用 1000Hz 时的声压级数值来表示它们的响度级值,单位为 phon,这里就是 40phon。同样以 1000Hz 其他声压级的声音为基准,进行不同频率的响度比较,可以得出其他的等响度曲线。经过大量试验得到的并由国际标准化组织(ISO)推荐为标准的等响度曲线,如图 9-1 所示。

从等响度曲线可以看出:

(1)当响度级比较低时,低频段等响度曲线弯曲较大,也就是不同频率的响度级(方值)与频率相关很大,例如同样 40phon 响度级,对 1000Hz 声音来说声压级是 40dB,对 100Hz 声音是 50dB,对 40Hz 声音是 70dB,对 20Hz 声音是 90dB。

(2)当响度级高于 100phon 时,等响度曲线变得比较平坦,也就是声音的响度级主要决定于声压级,与频率关系不大。

(3)人耳对高频声音,特别是 3000~4000Hz 的声音最敏感,而对低频声音则频率越低越不敏感。

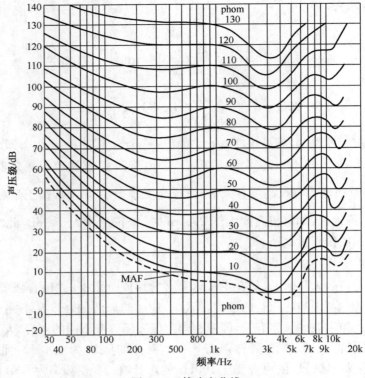

图 9-1 等响度曲线

9.1.3 声级计权

由于人们对不同声频的灵敏度不同,在用仪器测量声音的响度时,必须使测量仪器具有和听觉一样的频率响应特性,称之为计权。在声学测量仪器中,通常根据等响度曲线,设置一定的频率计权电网络,使接收的声音按不同程度进行频率滤波,以模拟人耳的响度感觉特性。当然我们不可能做无穷多个电网络来模拟无穷多根等响度曲线,一般设置 A、B 和 C 三种计权网络,其中 A 计权网络是模拟人耳对 40phon 纯音的响度,当信号通过时,其低、中频段(1000Hz以下)有较大的衰减。B 计权网络是模拟人耳对 70phon 纯音的响度,它对信号的低频段有一定衰减。而 C 计权网络是模拟人耳对 100phon 纯音的响度,在整个频率范围内有近乎平直的响度。因此 A、B、C 声级分别模仿人们对低声级、中等、高声级的感觉。A、B、C 计权的频率响应曲线(计权曲线)已由国际电工委员会(IEC)定为标准,如图 9-2 所示。

A 计权声级能较好地模仿了人耳对低频段(500Hz 以下)不敏感、对 1000~5000Hz 敏感的特点。在噪声测量中,使用最为广泛,国际上已把 A 声级作为评价噪声的主要指标。

利用具有一定频率计权网络的声学测量仪器对声音进行声压级测量,所得到的读数称为计权声压级,简称声级,单位为 dB。使用什么计权网络应在测量值后面注明,如 70dB(A)。

9.1.4 影响声压级变化的因素

▶ **1. 声源距离**

离声源距离越远,则声压级衰减越大。

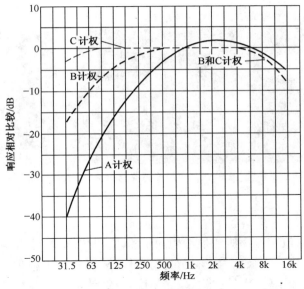

图 9 - 2　计权曲线

2. 空气的吸收

声波在大气中传播时,由于空气的吸收,也要损失一定的能量。空气对声能的吸收主要由于空气具有黏滞性和热传导,以及空气中的分子运动所造成的。空气吸收的声能量与声波频率、大气温度及其湿度等有关。当大气温度一定时,声波频率越高,衰减越快,次声波衰减很小。

3. 周围环境声压

人们听到的声音,一般是周围环境各声源的综合声音。因此,周围环境各声源声压的大小,必然会影响到某一研究对象的声压级的测定。因此,存在一个如何计算和确定某一声源的声压级,以及综合声音的声压级的问题。可按照公式(9.11)~式(9.13)来计算不同声源叠加后产生的总的声压级,即

$$p_{ie} = \sqrt{\frac{1}{T} \int_0^T p_i{}^2 \mathrm{d}t} \tag{9.11}$$

$$p_e = \sqrt{p_{1e}^2 + p_{2e}^2 + p_{3e}^2 + \cdots + p_{ne}^2} = \sqrt{\sum_i^n p_{ie}^2} \tag{9.12}$$

$$L_p = 20 \lg \frac{p_e}{p_0} (\mathrm{dB}) \tag{9.13}$$

9.2　噪声测试仪器和测试方法

描述声波特性最基本的物理量是声压,它是测量声强、声功率等物理量的基础。另外,测量声压比测量质点振动速度和位移更简单和直接。因此,声压测量是声学测量的基础,其测量的准确度关系到整个测量任务的成败。在空气介质中最常用的接收声波的传感器称为传声器(Microphone,俗称麦克风)。传声器的振膜在声场中由于受到声波产生的力的作用而振动,然后通过某种力电换能方式将此振动转换为输出电信号。

常用于噪声测试仪器包括传声器、电压放大器、信号采集仪、微机信号处理系统、声级计、

145

声强计等,如图9-3～图9-5所示。

 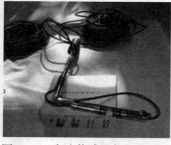 

图9-3 噪声信号采集处理分析系统　图9-4 声腔传感器与极化电源　图9-5 BSWA801声级计

9.2.1　声压测量

声级计是用于测量汽车噪声级的最常用的仪器,它由传声器、话筒、听觉修正线路(网络)、放大器、指示仪表等组成。声级计内设有听觉修正线路,测量时可根据工作需要(被测声音的频率范围)选用适当的修正(计权)网络。按其精度,声级计可分为四类:0型声级计,即实验室标准声级计(固有误差±0.4dB);1型声级计,即作为实验室用的精密声级计(固有误差±0.7dB);2型声级计,即一般用途的普通声级计(固有误差±1.0dB);3型声级计,即监测、普查型声级计(固有误差±1.5dB)。

按声级计大小划分为:台式、便携式、袖珍式。

按声级计指示方式划分为:模拟指示(电表、声级灯)、数字指示、屏幕指示。

在此介绍声级计中的主要组成部分。

▶ 1. 传声器

声级计中的传声器,用来把声信号转换成交流电信号的换能器,在声级计中一般均用电容式测试传声器,它具有性能稳定、动态范围宽、频响平直、体积小等特点。电容传声器由相互紧靠着的后极板和绷紧的金属膜片所组成,后极板和膜片互相绝缘,构成以空气为介质的电容器的两个电极。两电极上加有电压(极化电压200V或28V),电容器充电,并存有电荷。当声波作用在膜片上时,膜片发生振动,使膜片与后极板之间距离变化,电容也变化,于是就产生一个与声波成比例的交变电压信号,送到后面的前置放大器。现在,预先驻有电荷的预极化测试电容传声器已得到广泛应用,它不需要另加极化电压,使设备更加简单,而且防潮性能好。电容传声器的结构如图9-6所示。

电容传声器的灵敏度有3种:自由场灵敏度、声压灵敏度和扩散场灵敏度。自由场是指声场中只有直达声而没有反射声的声场。扩散场是由声波在一封闭空间内多次漫反射而引起的,它满足下列条件:①空间各点声能密度均匀;②从各个方向到达某一点的声能流的概率相同;③各方向到某点的声波相位是无规的。

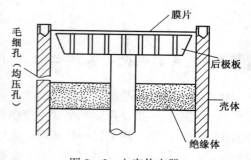

图9-6　电容传声器

传声器自由场灵敏度是传声器输出端的开路电压与传声器放入前该点自由场声压之比值。传声器声压灵敏度是传声器输出端的开路电压与作用在传声器膜片上的声压之比值。传声器扩散场灵敏度是传声器输出端的开路电压与传声器放入前该点扩散场声压之比值。

与3种灵敏度相对应,自由场灵敏度平直的传声器叫自由场型(或声场型)传声器,主要用于消声室等自由场测试,能比较真实地测量出传声器放入前该点原来的自由场声压,声级计中就是使用这种传声器。声压灵敏度平直的传声器叫声压型传声器,主要用于仿真耳等腔室内使用。扩散场灵敏度平直的传声器叫扩散场型传声器,用于扩散场测量,有的国家规定声级计用扩散场型传声器。

传声器灵敏度单位为 V/Pa(或 mV/Pa)。例如 1 英寸电容传声器标称灵敏度为 50mV/Pa,传声器的外形尺寸有 1 英寸($\Phi23.77$mm)、1/2 英寸($\Phi12.7$mm)、1/4 英寸($\Phi6.35$mm)、1/8 英寸等。外径小,频率范围宽,能测高声级,方向性好,但灵敏度低,现在用得较多的是 1/2 英寸,它的保护罩外径为 $\Phi13.2$mm。

▶ 2. 前置放大器

放大器是将传声器输出的微弱电压信号放大,以满足指示仪器的需要。由于电容传声器电容量很小,内阻很高,而计权放大器阻抗不可能很高,因此需要加前置放大器进行阻抗变换。使其输入电阻达到几百兆欧以上,输入电容小于 3pF,甚至 0.5pF。输入电阻低影响低频响应,输入电容大则降低传声器灵敏度。

▶ 3. 衰减器

声级计的量程范围较大,一般为 25~130dB。但检波器和指示器不可能有这么宽的量程范围,这就需要设置衰减器,其功能是将接到的强信号给予衰减,以免放大器过载。衰减器分为输入衰减器和输出衰减器。声级计中,前者位于输入放大器之前,后者接在输入放大器和输出放大器之间。为了提高信噪比,一般测量时应尽量将输出衰减器调至最大衰减档,在输入放大器不过载的前提下,而将输入衰减器调至最小衰减挡,使输入信号与输入放大器的电噪声有尽可能大的差值。

▶ 4. 计权网络

声级计中的计权网络是用来将微弱信号放大,按要求进行频率计权(频率滤波),A、B、C频率计权响应如图 9-2 所示。由于 A 计权比较接近人耳对常听声音的感觉,所以常用 A 挡声级(L_A)。

▶ 5. 有效值检波器

将交流信号检波整流成直流信号,直流信号大小与交流信号的有效值成比例。检波器要有一定的时间计权特性,在指数时间计权声级测量中,"F"特性时间常数为 0.125s,"S"特性时间常数为 1s。在时间平均声级中,进行线性时间平均。为了测量不连续的脉冲声和冲击声,有的声级计设置有"I"特性,它是一种快上升、慢下降特性,上升时间常数为 35ms,下限时间常数为 1s。但是,I 特性并不反应脉冲声对人耳的影响。在新的声级计标准中,还规定可以有测量峰值 C 声级的功能,它测量 C 声级的峰值。

除了上述声级计的主要组成成分,声级计还包含以下主要附件:

(1)防风罩:在室外测量时为避免风噪声对测量结果的影响,在传声器上罩一个防风罩,通常可降低风噪声 10~12dB。但防风罩的作用是有限的,如果风速超过 20km/h,即使采用防风罩,它对不太高的声压级的测量结果仍有影响。显然,所测噪声声压级越高,风速的影响越小。

(2)鼻形锥:若要在稳定的高速气流中测量噪声,应在传声器上装配鼻形锥,使锥的尖端朝向来流,从而降低气流扰动产生的影响。

　　为保证测量的准确性,声级计、传声器使用时要进行标定。声校准器是一种能在一个或几个频率点上产生一个或几个恒定声压的声源。它用来校准测试传声器、声级计及其他声学测量仪器的绝对声压灵敏度,有时候还将它作为声测量装置的一部分,来保证声测量的精度。作为一种校准器,对声校准器的准确度和稳定度都比一般仪器有更高的要求。声级校准器应定期送计量部门鉴定。

　　通常使用活塞发声器、声级校准器或其他声压校准仪器对声级计进行校准。

　　(1)活塞发声器:图9-7为活塞式声压校准器,它是一种较准确的校准器,它在传声器的膜片上产生一个恒定的声压级(如124dB)。活塞发声器的工作频率一般为250Hz,所以活塞发声器只能校准声压级,在校准时,频率计权必须放在"线性"挡或"C"档,不能在"A"挡校准。应用活塞发声器校准时,要注意环境大气压对它的修正,特别在海拔较高地区进行校准时不能忽略此影响。

图9-7　活塞式声压校准器

　　(2)声级校准器:这是一种简易校准器。使用它进行校准时,其信号频率是1000Hz,是标准计权网络的参考频率,故声级校准器可校准声级计声压级和A、B、C、D计权声压级。校准时声级计可设置任意计权开关位置。但从整体精度上看,活塞发声器校准精度比声级校准器要高些。

　　标准声源的声压级多为94dB或124dB。采用94dB标准声压级更接近于一般噪声测量场合,有利于提高校准后声压级计的测量准确度;采用124dB校准声压级时,由于声压级较高,即使在强噪声的环境中也能正确校准。在常用的两种声级校准设备中,活塞发声器适合于精密声级计和其他声级测量仪器的声级校准,而声级校准则适合于普通声级计和其他要求不高的声级测量仪器的校准。

9.2.2　声源频率特性的测量

　　在噪声测量中,只测量噪声的声压大小是不够的,因为它是各种频率声音的平均结果。为了更好地了解噪声的特性,常常需要知道声压级与颇率之间的关系,即需要将声压的时间波形转变为反映频率特性的数据,这一过程需要用到频谱分析仪。应用傅里叶变换,由信号的时域波形获得其频率特性。频谱分析仪的核心是滤波器。在声学信号分析中,常用的滤波器是1/1和1/3倍频程滤波器。

　　1/1和1/3倍频程滤波器是一种等比带宽的通带滤波器。它与声级计、测量放大器等仪器配合使用,可以进行声和振动的频谱分析。1/1和1/3倍频程滤波器一般分有源滤波器和无源滤波器两类,由于有源滤波器体积小,目前已被广泛采用。

　　若中心频率为f_m,下限频率为f_1,上限频率为f_2,带宽为Δf,则有

$$\Delta f = f_2 - f_1 \tag{9.14}$$

$$f_m = \sqrt{f_2 f_1} \tag{9.15}$$

$$f_2 / f_1 = 2^{1/n} \tag{9.16}$$

9.2.3　声强测量

　　声压是常用来定量描述噪声的参量,但要描述声场的分布特性和声源的辐射特性,有时显得不充分,为此要进行声强测量和声功率的测量。

在声场带某点处,与质点速度方向垂直的单位面积上单位时间内通过的声能称为瞬时声强,即某处声强等于该处声压与质点振速之积,方向与振速相同。它是一个矢量 $\boldsymbol{I}=pu$。实际应用中,常用的是瞬时声强的时间平均值

$$\boldsymbol{I}_r=\frac{1}{T}\int_0^T p(t)u_r(T)\,\mathrm{d}t \qquad (9.17)$$

式中:$u_r(t)$ 为某点的瞬时指点速度在声传播 r 方向的分量;$p(t)$ 为该点 t 时刻的瞬时声压;T 为声波周期的整数倍。

声压的测量比较容易,质点速度的测量相对困难,目前普遍采用的方法是选取两个性能一致的声压传声器,如图 9-8 所示,相距 Δr,当 $\Delta r \ll \lambda$(λ 为测试声波的波长)时,将两个声压传声器测得的声压 p_A 和 p_B 的平均值视为传声即连线中点的声压值,即

$$\overline{p(t)}\cong(p_A+p_B)/2 \qquad (9.18)$$

将 p_A 和 p_B 的差分值近似为声压在 r 方向的梯度,即

$$\frac{\partial p}{\partial r}\cong(p_B-p_A)/\Delta r \qquad (9.19)$$

再根据声波方程中质点速度与声压间的关系式推得

$$u_r\cong-\frac{p_B-p_A}{\rho_0\Delta r} \qquad (9.20)$$

图 9-8 声强计

于是可根据公式(9.17)求出声强的平均值。

声强的测量不需要特殊声学环境,适宜现场测量,因此在汽车噪声分析中得到广泛应用。可用来鉴别声源和判定它的方位,可以画出声源附近声能流动路线,可以测定吸声材料的吸声系数和结构的隔声量,甚至在现场强背景噪声条件下,通过测量包围声源的封闭包络面上各面元的声强矢量求出声源的声功率。

9.2.4 声功率测量

噪声源声压级的测量受很多因素制约。但以能量为基础,用噪声源的声功率级来描述声源辐射噪声的强度,则在本质上与测量距离及声学环境无关,便于同类产品或不同类产品之间相互比较及声源在任意声场内噪声分布的预估。目前不少的汽车或机械产品都把声功率级作为质量考核的指标之一。

噪声源的声功率级,一般是由规定环境内所测得的声压级计算得到。不同声学环境,声功率的测量方法和计算公式也不相同。声强测量的应用,使声功率级的测量走出了环境的限制,测量方法和数据处理都有所简化。

常规的声功率测量方法只能在一定的声学环境中进行,而采用声强法测量声功率则可以在有稳定本底噪声及机器近场内进行,测量工作简便易行。如图 9-9 所示,声强和声功率关系为 $W=\sum_{i}^{n} S_i I_i$(S_i 为各测量表面面积元)。当声源用一定的测量表面包围时,声源的声功率 W 就等于包围声源的测量面积元 S_i 与此面积元上声强 I_i 通量面积之和。当声源位于测量表面外侧时,通过此封闭面的净声强通量为零(高斯定理)。即凡处于封闭测量表面以外的声源,对测量封闭表面内声源的声功率没有影响,但此封闭面内不应存在吸声物质。

在采用声强测量仪测量声强前,应先确定测量表面。表面与声源的距离可以是任意的,只要保证测量面内无其他声源或吸声物质即可。测量表面上测点的分布视各点声强均匀程度而

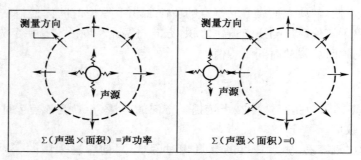

图 9-9　声强法测量声功率原理

定,如各测点声强差别较大,应适当增加测点数。在声强测量与声功率计算时,可把测量表面分为若干个面积元,并分别测取各面积元上测点的声强,并求出它近似的平均值,则声功率可由下式求出,即

$$W = \sum_{i}^{n} S_i I_i \cos\varphi_i \tag{9.21}$$

式中:I_i 为第 i 个面积元的平均声强;S_i 为第 i 个面积元;φ_i 为第 i 个测量面积元法线与该点声强方向的夹角。

如测量面取半球面,所取各测量面积元面积都相同,声源中心与半球中心重合,并且使用声强探头进行法向测量,式(9.21)简化为 $W = SI$。式中:S 是测量面积;I 是测量表面上的平均声强,$I = \sum_{i=1}^{n} I_i/n$,n 是测量面积元数。取得各分测量面或总测量表面平均声强,可以采用上述测取各离散点声强而后平均的方法,也可采用适当调长分析仪平均处理时间,而后用探头扫描整个表面,从而直接测量平均声强的方法。但在后种方法中,探头移动速度应均匀。

9.3　汽车噪声及试验测试

对于汽车的整车来说目前有关的国家标准包括汽车加速行驶车外噪声限值及测量方法、匀速行驶车外噪声的测量、市区行驶条件下轿车噪声的测量、匀速行驶时车内噪声测试等。在此只介绍汽车加速行驶车外噪声限值及测量方法、匀速行驶时车内噪声测试。

9.3.1　汽车加速行驶车外噪声的测量方法 (GB 1495—2002)

▶ **1. 测量条件**

测量场地图如图 9-10 所示。

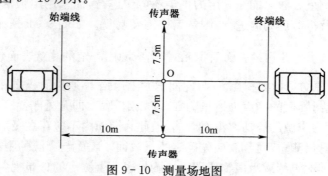

图 9-10　测量场地图

（1）测量场地应平坦而空旷，在测试中心以 50m 为半径的范围内，不应有大的建筑物、围墙等的反射物。

（2）测试场地跑道应有 20m 以上的平直、干燥的沥青路面或混凝土路面，路面坡度不超过 0.5%。

（3）在测量时本底噪声应比所测车辆噪声至少低 10dB，并保证测量不被偶然的其他声源干扰。本底噪声是指测量对象噪声不存在时，周围环境的噪声。

（4）为避免风噪声干扰，可采用防风罩，但应注意防风罩对声级计灵敏度的影响。

（5）声级计附近除测量者之外，不应有其他人员，如确系必不可少的人员，则应站在测量者的背后。

（6）被测车辆不载重。测量时发动机应处于正常使用温度，车辆带有的其他辅助设备都是噪声源，测量时是否开动，应按正常使用情况而定。

（7）图 9-10 中的测试传声器应位于 20m 跑道中心 O 点两侧，各距中心线 7.5m，距地面高度 1.2m，并用三角架固定，传声器平行于路面，其轴线垂直于车辆行驶方向。

▶ **2. 汽车加速行驶车外噪声的测量方法**

（1）车辆应按下列规定条件稳定地到达始端线：

①行驶挡位：前进挡位为 4 挡以上的车辆分别用第 2、3 挡，前进挡位为 4 挡或 4 挡以下的用第 2 挡。

②发动机转速为发动机标定转速的 3/4，如果此时车速超过了 50km/h，则车辆应以 50km/h 的车速稳定地到达始端线。

（2）从车辆前端到达始端线开始，立即将加速踏板踏到底或节流阀全开，直线加速行驶，当车辆后端到终端线时，立即停止加速。

测量加速行驶噪声时，要求被测车辆在后半区域发动机转速达到其标定转速。如果达不到这个要求，车辆使用挡位要降低一挡。如果车辆在后半区域超过标定转速，可适当降低车辆前端到达始端线时的发动机转速。

（3）声级计用"A"计权网络"快"挡进行测量，读取车辆驶过时的声级计表头最大读数。

（4）汽车的每侧至少有 4 次测试。车辆同侧两次测量结果之差不应大于 2dB。

将左右两侧 4 次测量结果的平均值进行比较，较大值作为被测车辆的噪声级。

▶ **3. 匀速行驶车外噪声的测量方法**

（1）车辆用常用挡位，油门保持稳定，以 50km/h 的车速匀速通过测量区域。

（2）声级计用"A"计权网络"快"挡进行测量，读取车辆驶过时声级计表头的最大读数。

（3）同样的测量往返各进行一次，车辆同侧两次测量结果之差不应大于 2dB。

4 次测量值的平均值即为该车的匀速车外噪声。

9.3.2　车内噪声的测量方法

▶ **1. 车内噪声测量条件**

（1）测量跑道应有足够试验需要的长度，应是平直、干燥的沥青路面或混凝土路面。

（2）测量时风速（指相对于地面）应不大于 3m/s。

（3）测量时车辆门窗应关闭。车内带有的其他辅助设备是噪声源，测量时是否开动，应按正常使用情况而定。

（4）车内本底噪声比所测车内噪声至少低 10dB(A)，并保证车辆在测量过程中不被其他声源所干扰。

（5）车内除驾驶员和测量人员外，不应有其他人员。

▶ 2. 车内噪声测点位置

（1）车内噪声测量通常在人耳附近布置测点，传声器朝车辆前进方向。

（2）驾驶室车内噪声测点位置如图 9 - 11 所示。

（3）乘客室内噪声测点可选在车厢中部及最后排座的中间位置，话筒高度参考图 9 - 11。

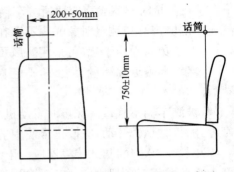

▶ 3. 测量方法

（1）车辆以常用挡位 50km/h 以上不同车速匀速行驶，分别进行测量。

（2）用声级计"慢"挡测量 A 计权声级，分别读取表头指针最大读数平均值。

图 9 - 11　车内噪声测点位置示意图

（3）进行车内噪声频谱分析时，应按中心频率为 31.5Hz、63Hz、125Hz、250Hz、500Hz、1000Hz、2000Hz、4000Hz、8000Hz 的倍频带，依次测量各中心频率下的噪声级。

9.4　声学材料的测量

在汽车的噪声控制中要使用大量的声学材料和声学结构，其声学性能的测试是声学测量的重要内容。本节将介绍材料吸声系数的测量。吸声系数为被吸声材料吸收的声能与入射声能之比。在我国国家标准中，与吸声系数测量有关的标准包括 GB/T 18696—2004《声学 阻抗管中吸声系数和声阻抗的测量 第 1 部分：驻波比法》、GB/T 18696.2—2004《声学 阻抗管中吸声系数和声阻抗的测量 第 2 部分：传递函数法》及 GBJ47—1983《混响室法吸声系数测量规范》。下面分别对上述测试方法进行简介。

9.4.1　驻波比法

用驻波比法只能测定吸声系数的垂直吸声系数，该方法简单经济，根据测量结果可推算到均匀无规入射条件下的吸声系数，在一定意义上可以代替既费时又不经济的混响室法。

▶ 1. 测量装置

参见声波导管的知识可知，如果在管中声波传播的频率低于管道截至频率，则管道中只传播平面波。吸声系数的测量即利用平面波在有限长管道中的驻波分布特点。用有限长管道构成的驻波管，其结构如图 9 - 12 所示，其主要部分是一根内壁坚硬光滑、截面均匀的管道，管道的末端安装被测材料样品。限制驻波管中声源频率在管道截止频率以下，使得由传声器向管道下游辐射的声波在管中以平面波形式传播。驻波比法测量吸声系数的频率上限是管道的截止频率，对于不同截面形状的管道，其截止频率分别是

$$f = \frac{1.84c_0}{\pi D} \quad （圆管）\tag{9.22}$$

$$f = \frac{c_0}{2L} \quad （方管）\tag{9.23}$$

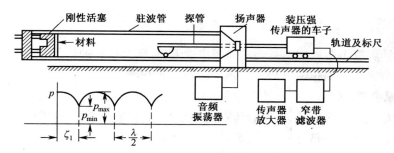

图 9 - 12 驻波管结构及测量装置

式中：D 为圆管直径，L 方管长度，c_0 为空气中的声速。

平面波在材料表面被反射回来，其结果是在管中建立起驻波声场。从材料表面算起，管中将出现声压极大值和极小值的交替分布。利用可移动的探管传声器，可测出声压极大值与极小值的比值，由此可确定垂直入射的吸声系数。虽然信号源输给扬声器的是单频电信号，但扬声器发出的并不一定是纯音，所以在接收端必须进行滤波才能除去不必要的高次谐波分量。由于要满足在管中传播的声波为平面波和必要的声压极大值、极小值的数目，常设计有低、中、高频 3 种尺寸和长度的驻波管，分别适用于不同频率范围吸声系数的测量。

▶ **2. 测量原理**

用试件的反射系数 r 来表示声压极大值与极小值，可写成

$$p_{max} = p_0(1 + |r|) \qquad (9.24)$$
$$p_{min} = p_0(1 - |r|) \qquad (9.25)$$

式中：r 为反射系数，吸声系数与反射系数的关系如公式（9-26），即

$$\alpha = 1 - |r|^2 \qquad (9.26)$$

定义驻波比 S 为

$$S = \frac{p_{min}}{p_{max}} = \frac{1 - |r|}{1 + |r|} = \frac{1 - \sqrt{1 - \alpha}}{1 + \sqrt{1 + \alpha}} \qquad (9.27)$$

将吸声系数用驻波比表示为

$$\alpha = \frac{4S}{(1 + S)^2} \qquad (9.28)$$

只要确定声压极大值和极小值的比值，即可计算出吸声系数。

▶ **3. 测量方法**

利用驻波管测试材料垂直入射吸声系数的步骤：

①调整单频信号发生器的频率到指定的数值，并调节信号发生器的输出以得到适宜的音量。

②移动传声器小车到除极小值以外的任一位置，改变接收滤波器通带的中心频率，使测试仪器得到最大读数。这时接收滤波器通带的中心频率与管中实际声波频率准确一致。

③将探管端部移至试件表面处，然后慢慢离开，找到一个声压极大值。并改变测量放大器的增益，使测试仪器表头的指针正好处在满刻度的位置，小心地找出相邻的第一个极小值，于是可得到驻波比 S，根据式（9.28）可计算出该频率下的吸声系数。

④调整单频信号发生器到其他频率，重复上述步骤，就可得到各测试频率下吸声材料的垂直入射吸声系数。

9.4.2 声波导中的双传声器法

采用单传声器驻波管其缺点是当测试频率较低时,需要很长的管子,同时只能用纯音进行测量。而声波导管中的双传声器法可以弥补这两方面的缺陷。

▶ **1. 测量装置**

测量装置如图 9-13 所示,所谓双传声器法就是在管道中用两个相距一定距离的相同特性的传声器来进行声压测量,经过处理后,有效分离入射波和反射波,即可算出材料法向入射的声学特性。

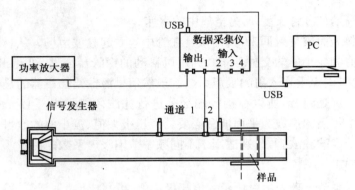

图 9-13 双传声器阻抗管结构及测试装置

▶ **2. 测量原理**

当声波的频率满足关系式时,圆管中只能传播平面声波。设 p_i 为入射波,于是可写成

$$p_i = p_0 e^{j(\omega t - kx)} \tag{9.29}$$

式中:k 是平面波的波数。设材料的反射系数为 r,则反射声波的声压为

$$p_r = p_r e^{ji(\omega t + kx)} = r p_0 e^{j(\omega x + kx)} \tag{9.30}$$

则两传声器处的声压分别为

$$p_1 = p_{1i} + p_{1r} = p_0(e^{j(\omega t - kx_1)} + r e^{j(\omega t + kx_1)}) \tag{9.31}$$

$$p_2 = p_{2i} + p_{2r} = p_0(e^{j(\omega t - kx_2)} + r e^{j(\omega t + kx_2)}) \tag{9.32}$$

两传声器间入射波、反射波的传递函数为

$$H_i(\omega) = \frac{p_{2i}}{p_{1i}} = \frac{p_0 e^{j(\omega t - kx_2)}}{p_0 e^{j(\omega t - kx_1)}} = e^{jk(x_1 - x_2)} = e^{-jkd} \tag{9.33}$$

$$H_R(\omega) = \frac{p_{2r}}{p_{1r}} = \frac{p_0 r e^{j(\omega t + kx_2)}}{p_0 r e^{j(\omega t + kx_1)}} = e^{jk(x_2 - x_1)} = e^{jkd} \tag{9.34}$$

两传声器间所测总的声波信号传递函数为

$$H_{12}(\omega) = \frac{p_2}{p_1} = \frac{e^{j(\omega t - kx_2)} + r e^{j(\omega t + kx_2)}}{e^{j(\omega t - kx_1)} + r e^{j(\omega t + kx_1)}} = \frac{e^{-jkx_2} + r e^{jkx_2}}{e^{-jkx_1} + r e^{jkx_1}} \tag{9.35}$$

$$r(\omega) = \frac{H_{12} - H_i}{H_R - H_{12}} e^{-2jkx_1} \tag{9.36}$$

于是

$$\alpha = 1 - |r(\omega)|^2 = 1 - \frac{|H_{12} - H_i|^2}{|H_R + H_{12}|} \tag{9.37}$$

考虑到两传声器并不是完全同相,有相位误差,因此可以通过测试过程中交换两传声器位

置进行测试,之后进行平均而获得

$$H_{12}=(H_{12}\cdot H_{12})^{\frac{1}{2}}\tag{9.38}$$

与单传声器驻波管相比,双传声器法所用的管子较短,相应的下限测试频率可以降低、测试时声源可采用噪声信号或脉冲信号,并可通过计算机作信号处理,实现自动化测量。

9.4.3 混响室法

驻波管法测得的吸声系数仅反映了声波垂直入射到材料表面的声吸收,但实际使用中声波入射到材料表面的方向是随机的。因此,在实际工程应用中,常采用混响室法来测量材料的无规入射的声系数。混响室法吸声系数测量按国家标准 GB J47—1983(混响室法吸声系数测量规范)进行。

声源在封闭空间开始发声后,在空间中将产生混响声,在声源停止发声后,室内空间的混响声逐渐衰减,声压级衰减 60dB 的时间定义为混响时间。当房间的体积确定后,混响时间的长短与房间内的吸声能力有关。根据这一关系,吸声材料或物体的无规入射吸声系数就可以通过在混响室内的混响时间的测量来进行。

根据赛宾公式,在混响室中未安装吸声材料前,即空室时总的吸声量 A_1 可表示为

$$A_1=\frac{55.3V}{c_1T_1}+4m_1V\tag{9.39}$$

式中:A_1 为空室时的吸声量(m^2);T_1 为混响室的空室混响时间(s);V 为混响室体积(m^3);c_1 为空室混响时间测量时的声速(m/s);m_1 为空室时室内空气吸收衰减系数。

在安装了面积为 S 的吸声材料后,总的吸声量 A_2 表示为

$$A_2=\frac{55.3V}{c_2T_2}+4m_2V\tag{9.40}$$

式中:A_2 为安装材料后室内的总吸声量(m^2);T_2 为安装材料后的混响时间(s);V 为混响室体积(m^3);c_2 为安装材料后混响时间测量时的声速(m/s);m_2 为安装材料后室内空气吸收衰减系数。

如果两次测量的时间间隔比较短或室内温度、湿度相差很小,可近似认为 $c_2=c_1=c$,$m_2=m_1=m$,安装材料前后吸声量的变化可表示为

$$\Delta A=\frac{55.3V}{c}\left(\frac{1}{T_2}-\frac{1}{T_1}\right)\tag{9.41}$$

如果被测材料的面积与混响室内表面的面积相比很小,被试件覆盖的那部分地面的吸声系数很小,则有

$$\alpha_s=\frac{\Delta A}{S}=\frac{55.3V}{cS}\left(\frac{1}{T_2}-\frac{1}{T_1}\right)\tag{9.42}$$

式中:S 为被测试件面积(m^2);α_s 为被测试件的无规入射吸声系数。

▶ **1. 测试装置**

测试混响时间的装置如图 9-14 所示,其中包括噪声发声器、功率放大器、扬声器、传声器、滤波器、分析记录仪等测量仪器。混响室应具有光滑坚硬的内壁,其无规入射吸声系数应尽量小,其壁面常用瓷砖、水磨石、大理石等材料。混响室要求具有良好的隔声和隔振性能。按标准要求,混响室体积应大于 200 m^3。对体积小于 200 m^3 的混响室,其有效可测量的下限频率按公式(9.43)确定,即

$$f = 125 \left(\frac{200}{V} \right)^{1/3} \qquad (9.43)$$

式中：f 为混响室的下限频率（Hz）；V 为混响室体积（m^3）。

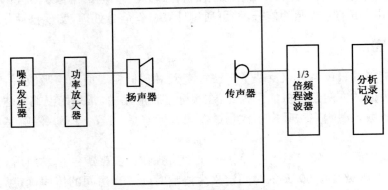

图 9-14　混响时间测试装置

混响室内的声场由扬声器产生，为使扬声器尽可能多的激发室内简正振动方式，一般使用两个直接辐射式扬声器分别置于两角隅并朝向主对角线方向，测试信号应当采用白噪声或粉红噪声。

可以采用一个或几个无指向性的传声器接受，各个传声器简的距离至少间隔 2m，摒弃离任何墙壁或地板的距离要大于半个波长，离角隅距离要小于 1/10 波长。滤波器一般采用 1/3 倍频程滤波器。

大量测量发现，在吸声材料面积不大时，α_s 的值会随着吸声材料面积的增加而减少，当面积达到一极限值后，α_s 的值将不再发生变化。此现象是由于吸声材料的边缘效应导致的。因此国际标准 ISO—R354 对待测材料做了如下规定：待测材料的单块面积应在 $10 \sim 12 \mathrm{m}^2$ 之间；试件面积应为矩形，其宽长比应为 $0.7 \sim 1$，试件边缘应当用宽度不超过 1cm，厚度与试件厚度相等的反射面包裹；因为同一材料在交界处的吸声效果比在室内中心处大，所以对定试件应安置在使其离房间截面的任何边棱不小于 1m 处。

▶ **2. 测试方法**

（1）安装好测试系统，首先测试空室混响时间。

（2）将传声器放置在第一个测点，接通信号源并调整到所需测量的频率范围，调整功率放大器使得在室内获得足够声级。

（3）噪声发声器产生的噪声信号通过功率放大器放大后输出给混响室内的扬声器，扬声器在混响室内建立混响声场并使其尽量接近于扩散声场。很快切断信号源，同时记录室内声压级衰减过程，得到衰减曲线并由此确定混响时间。

（4）多次测量传声器置于某一测点时特定频率下的混响时间。

（5）改变信号源的频率，获得其他频率的混响时间（如接受设备为实时频率分析仪，则各频带的混响时间可同时进行）。

（6）调整测点位置，将各测点各次测得的混响时间进行算术平均，获得各频带空室的平均混响时间 T_1。

（7）将被测试件安装到混响室中，重复 2～6 步操作，得到安装吸声材料后的各频带的平均混响时间。

（8）根据混响室的体积。测得被测试件的面积后，根据式（9.42）计算无规入射吸声系数。

第 10 章

汽车结构应变、应力测试

　　凡是运动着的机械系统,包括汽车、机车、飞机等交通运输工具,都有可能在某一时刻发生疲劳失效问题。根据国外统计,在现代工业的各个领域中,约有 80% 以上的机械零件的破坏为疲劳破坏,很多汽车零部件和结构件的主要破坏方式也都是疲劳破坏。由于汽车行业竞争加剧,汽车关键零部件的疲劳寿命由于关系到安全性与经济性,越来越受到广大汽车制造商和用户的关注和重视。

　　汽车关键零部件的疲劳寿命定量设计要求汽车设计师要在指定的整车寿命或关键零部件疲劳寿命下进行设计,并且预测出汽车关键零部件的疲劳寿命的具体时间或具体里程,图 10 - 1 为对汽车各类零部件的安全性要求。

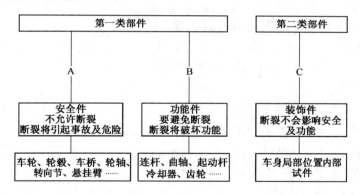

图 10 - 1　对各类部件的安全性要求

　　汽车在使用过程中行驶在凹凸不平的路面上,汽车所承受的外部载荷将是随时间而变化的动态随机载荷。在这种载荷作用下,汽车的许多构件上都承受着动态(交变)应力,毫无疑问将会引起疲劳损伤,可能引发疲劳断裂。但是汽车作为一种交通运输工具,要求有高度的可靠性和安全性,需避免疲劳损坏;结构轻量化是汽车设计的趋势,而这又与避免疲劳损坏常常是矛盾的,结构的轻量化设计要保证同时具有足够的可靠性和绝对的安全性。可见,应力的测定十分重要。

　　静应力与动应力测试的理论基础相同,动态应力测试所用的仪器相对复杂些,所获得的是应变的时间历程。

10.1 **结构应变、应力测试方法**

应变测试有多种方法,在此主要介绍常用的电阻应变式测试方法,其应用范围广泛:可用于位移、加速度、力、压力、力矩等各种参数测量。电阻应变式传感器是基于测量物体受力变形所产生应变的一种传感器,最常用的传感元件为电阻应变片。

测量电测法的基本原理是:将电阻应变片(简称应变片)粘贴在被测构件的表面,当构件发生变形时,应变片随着构件一起变形,应变片的电阻值将发生相应的变化,系统中电压、电流的变化,通过电阻应变测量仪器(简称电阻应变仪),可测量出变化量,进而换算成应变值。

其工作过程如下:

应变——电阻变化——电压(或电流)变化——放大——记录——数据处理。

电阻应变式传感器具有精度高,测量范围广;使用寿命长,性能稳定可靠;结构简单,体积小,重量轻;频率响应较好,既可用于静态测量又可用于动态测量;价格低廉,品种多样,便于选择和大量使用。

10.1.1　电阻应变片的基本结构和工作原理

▶ **1. 电阻应变片的基本结构**

电阻应变片的基本结构如图 10-2 所示,早期的应变片敏感栅由金属细丝绕成栅形,后来发展的箔式金属应变片。敏感栅材料常用的有康铜(铜镍合金)、镍铬合金等。基底和覆盖层除用纸外,常用的是有机树脂薄膜,即将敏感栅上下面涂以胶膜、有机树脂(黏合剂)。箔式金属应变片的敏感栅由光刻制成,图形可很复杂且精细。敏感栅做成栅形主要是为在保证要求的电阻值条件下,尽量减小尺寸以测量较小面积内的应变。电阻应变片的电阻值通常为 120Ω,350Ω,500Ω 等,其中阻值为 120Ω 的最为常用。

▶ **2. 电阻应变片的工作原理**

将应变片安装(粘贴)在被测构件表面,构件受力而变形时,电阻应变片的敏感栅随之产生相同的应变,其电阻值发生变化,用仪器测量此电阻值变化

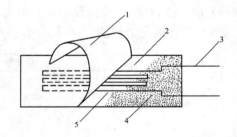

图 10-2　电阻应变片的基本结构
1—覆盖层;2—基底;3—引出线;
4—黏合剂;5—敏感栅。

即可测量出构件表面沿敏感栅轴线方向的应变。因此电阻应变片的主要性能与敏感栅有关。

金属细丝的电阻 R 与丝的长度 L 成正比,而与其截面积成反比,按物理学有下式,即

$$R = \rho \frac{L}{A} \tag{10.1}$$

式(10-1)中,ρ 是金属的电阻率,当细丝因受拉力而伸长时,其电阻发生变化,此变化可由对式(10.1)的微分求得

$$\frac{dR}{R} = \frac{d\rho}{\rho} + \frac{dL}{L} - \frac{dA}{A} \tag{10.2}$$

细丝伸长由泊松效应引起截面变化:$\frac{dA}{A} = -2\mu \frac{dL}{L}$。式中:$\mu$ 为泊松比,代入公式(10-2)有

$$\frac{dR}{R} = \frac{d\rho}{\rho} + (1 + 2\mu)\frac{dL}{L} \tag{10.3}$$

导体体积改变与电阻率的改变成正比,有 $\dfrac{d\rho}{\rho} = m\dfrac{dV}{V}$ (10.4)

公式(10-4)中,V 为金属丝的初始体积 $V = AL$,m 为比例系数,在一定应变范围内,对特定材料和加工方法,m 是常数,由细丝轴向应变 $\varepsilon = \dfrac{dL}{L}$,$\dfrac{dV}{V} = (1 - 2\mu)\dfrac{dL}{L}$ 得

$$\frac{dR}{R} = [1 + 2\mu + m(1 - 2\mu)]\varepsilon = K_0\varepsilon \tag{10.5}$$

式中:$K_0 = 1 + 2\mu + m(1 - 2\mu)$。$K_0$ 为金属丝的灵敏系数,在一定应变范围内,μ、m 是常数,因此 K_0 也是常数,即电阻的相对变化与应变成比例。对于康铜,$m \approx 1$,$K_0 \approx 2.0$,$\dfrac{\Delta R}{R} = K_0\varepsilon$,它表示应变—电阻效应,电阻应变片就是利用这一效应制成的。

10.1.2 电阻应变片的种类及材料

电阻应变片的种类常用有丝式、箔式、半导体式和薄膜式应变片等。

▶ 1. 丝式应变片

丝式应变片是金属电阻应变片的典型结构,将一根高电阻率金属丝(ϕ0.025mm 左右)绕成栅形,粘贴在绝缘的基片和覆盖层之间,并引出导线。丝式应变片制作简单、性能稳定、成本低、易粘贴。丝式应变片分为丝绕式和短接式两种类型,图 10-3 为丝绕式应变片,图 10-4 为短接式应变片。

图 10-3 丝绕式应变片　　　　　　图 10-4 短接式应变片

丝绕式应变片因圆弧部分参与变形,横向效应较大;短接式应变片敏感栅平行排列,两端用直径比栅线直径大 5~10 倍的镀银丝短接而成,可克服横向效应。

▶ 2. 箔式应变片

利用照相制版或光刻技术,将厚约为 0.003~0.01mm 的金属箔片制成敏感栅,如图 10-5 所示。

箔式应变片具有如下优点:①可制成多种复杂形状、尺寸准确的敏感栅,其栅长最小可做到 0.2mm,以适应不同的测量要求;②横向效应小;③散热条件好,允许电流大,提高了输出灵敏度;④蠕变和机械滞后小,疲劳寿命长;⑤生产效率高,便于实现自动化生产。金属箔的材料常用康铜和镍铬合金等。目前使用的应变片大多是金属箔式应变片。

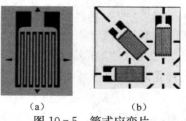

(a)　　　　　(b)
图 10-5 箔式应变片

▶ 3. 半导体应变片

由于半导体(如单晶硅)是各向异性材料,因此它的压阻效应不仅与掺杂浓度、温度和材料类型有关,还与晶向有关(即对晶体的不同方向上施加力时,其电阻的变化方式不同)。

半导体应变片的特性(与金属应变片相比较):灵敏度高;机械滞后小、横向效应小、体积

小、频响高;易于集成化。但其温度稳定性能差;灵敏度分散度大;在较大应力作用下,非线性误差大;并且机械强度低。

▶ **4. 薄膜应变片**

采用真空沉积或高频溅射等方法,在绝缘基片上形成厚度在 0.1mm 以下的金属电阻材料薄膜的敏感栅——厚度大约为箔式应变片的 1/10 以下。

优点:应变灵敏系数大,可靠性好,精度高,容易做成高阻抗的小型应变片,无迟滞和蠕变现象,具有良好的耐热性和冲击性能等。用化学气相淀积法制备薄膜,以其成膜温度低、可靠性好、系统简单等。薄膜应变片是今后的发展趋势。

电阻应变片各部分的材料:

敏感栅:常用的金属材料有康铜、镍铬合金、铁铬铝合金、铁镍铬合金及贵金属等;半导体材料有硅、锗和锑化铟等。

基底:保持敏感栅几何形状、电绝缘、防蚀、防损等作用;基底常从纸、有机聚合物胶膜、玻璃纤维布中选材。厚度 0.05mm 左右。

黏合剂:粘贴强度高,需要具有良好稳定性和绝缘性能等。

10.1.3 应变片的选择和粘贴

首先目测电阻应变片有无折痕、断丝等缺陷,有缺陷的应变片不能粘贴。而后应用数字万用表测量应变片电阻值大小,同一电桥中各应变片之间阻值相差不得大于 0.5Ω。电阻应变片的主要性能参数如下:

(1)电阻值:应变片原始阻值——标准化,120Ω。

(2)几何参数:敏感栅基长 l 和宽度 b,制造厂常用 $b \times l$ 表示。

(3)灵敏系数 S:表示应变片变换性能的重要参数。

(4)绝缘电阻:应变片与试件间的阻值,越大越好,一般大于 1010Ω。

(5)其他性能参数(允许电流、工作温度、应变极限、滞后、蠕变、零漂及疲劳寿命、横向灵敏度等)。

应变片粘贴前需对待测试件表面的贴片处进行处理,用细砂纸打磨干净,用酒精棉球反复擦洗贴处,直到棉球无黑迹为止。在应变片基底上挤一小滴 502 胶水,轻轻涂抹均匀,立即放在应变贴片位置。焊线:用电烙铁将应变片的引线焊接到导引线上。用兆欧表检查应变片与试件之间的绝缘电阻,应大于 1000MΩ。此外,可用 704 硅橡胶覆于应变片上,防止其受潮。

应变片的粘贴质量很大程度上决定了测量数据的可靠性。这就要求粘结层薄而均匀,无气泡,充分固化,既不产生蠕滑又不脱胶。

10.1.4 应变片的电桥搭接

电阻应变片将应变转换为电阻的变化量,测量电路将电阻的变化再转换为电压或电流信号,最终实现被测量的测量。在使用应变片测量应变时,必须用适当的办法测量其电阻值的微小变化。为此,一般是把应变片接入某种电路,让其电阻值的变化对电路进行某种控制,使电路输出一个能模拟该电阻值变化的信号,然后,只要对这个电信号进行相应的处理就行了。电测法使用的电阻应变仪的输入回路叫做应变电桥。

1. 电桥的输出电压

电桥线路如图 10‑6 所示,它是以应变片或电阻元件作为电桥桥臂。可取 R_1 为应变片、R_1 和 R_2 为应变片或各桥臂均为应变片等几种形式。B、D 和 A、C 分别为电桥的输出端和输入端。

根据电工学原理,可导出当输入端加有电压时,电桥的输出电压为

$$\Delta U = E \frac{R_1 R_3 - R_2 R_4}{(R_1 + R_2)(R_3 + R_4)} \qquad (10.6)$$

图 10‑6 电桥线路

当 $R_1 R_3 - R_2 R_4 = 0$ 时,电桥处于平衡状态。当处于平衡的电桥中各桥臂的电阻值分别有变化时,可近似地求得电桥的输出电压为

$$\Delta U = E \frac{(R_1 + \Delta R_1)(R_3 + \Delta R_3) - (R_2 + \Delta R_2)(R_4 + \Delta R_4)}{(R_1 + \Delta R_1 + R_2 + \Delta R_2)(R_3 + \Delta R_3 + R_4 + \Delta R_4)} \Delta R \ll R \qquad (10.7)$$

略去高阶量

$$\Delta U = \frac{E}{4}\left(\frac{\Delta R_1}{R_1} - \frac{\Delta R_2}{R_2} + \frac{\Delta R_3}{R_3} - \frac{\Delta R_4}{R_4}\right) \qquad (10.8)$$

考虑到

$$\frac{\mathrm{d}R}{R} = K_0 \varepsilon$$

有

$$\Delta U = \frac{EK}{4}(\varepsilon_1 - \varepsilon_2 + \varepsilon_3 - \varepsilon_4) \qquad (10.9)$$

由此可见,应变电桥有一个重要的性质:应变电桥的输出电压与相邻两桥臂的电阻变化率之差、相对两桥臂电阻变化率之和成正比;对于平衡电桥,如果相邻两桥臂的电阻变化率大小相等、符号相同,或相对两桥臂的电阻变化率大小相等、符号相反,则电桥将不会改变其平衡状态。取

$$\varepsilon_r = \varepsilon_1 - \varepsilon_2 + \varepsilon_3 - \varepsilon_4 \qquad (10.10)$$

所以得到的电压变化可直接得到 ε_r。

2. 温度效应的补偿

贴有应变片的构件总是处在某一温度场中。当温度发生变化时,敏感栅材料本身由于温度变化电阻发生改变,同时敏感栅材料的线膨胀系数与构件材料的线膨胀系数不相等,由于敏感栅与构件的伸长(或缩短)量不相等,在敏感栅上就会受到附加的拉伸(或压缩),从而会引起敏感栅电阻值的变化,这种现象称为温度效应。显然,虚假的应变,必须设法排除。排除温度效应的措施,称为温度补偿。

根据电桥的性质,温度补偿并不困难。只要用一个应变片作为温度补偿片,将它粘贴在一块与被测构件材料相同但不受力的试件上。将此试件和被测构件放在一起,使它们处于同一温度场中。粘贴在被测构件上的应变片称为工作片。在连接电桥时,使工作片与温度补偿片处于相邻的桥臂,如图 10‑7 所示。因为工作片和温度补偿片的温度始终相同,所以它们因温度变化所引起的电阻值的变化也相同,又因为它们处于电桥相邻的两臂,所以并不产生电桥的

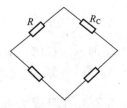
图 10‑7 温度补偿示意图

161

输出电压,从而使得温度效应的影响被消除。

▶ **3. 应变片的布置和在电桥中的接法**

应变片感受的是构件表面某点的确定方向上的拉应变或压应变。在有些情况下,该应变可能与多种内力(如轴力和弯矩)有关。有时,只需测量出与某种内力所对应的应变,而要把与其他内力所对应的应变从总应变中排除掉。显然,应变片本身不会分辨各种应变成分,但是只要合理地选择粘贴应变片的位置和方向,并把应变片合理地接入电桥,就能利用电桥的性质,从比较复杂的组合应变中测量出指定的应变。

应变片应布置在弹性元件产生应变最大的位置,并沿主应力方向贴片;贴片处的应变尽量与外载荷呈线性关系(避开非线性区),同时应注意使该处不受非待测载荷的干扰影响。根据电桥的和差特性,选择适当的接桥方式,可以使输出的灵敏度最大,同时又能排除非待测载荷的影响并进行温度补偿。

应变片在电桥中的接法常有以下 3 种形式:

(1)半桥单臂接法:将一个工作片和一个温度补偿片分别接入两个相邻桥臂,另两个桥臂接固定电阻。工作片的应变为电桥的输出对应的应变。

(2)半桥双臂接法:将两个工作片接入电桥的两个相邻桥臂,另两个桥臂接固定电阻,两个工作片同时互为温度补偿片。

(3)全桥接法:电桥的 4 个桥臂全部接入工作片。

10.2 主应变、主应力、相当应力的确定

10.2.1 两向应力状态下主方向已知时的应力测定

对处于两向应力状态的单元体,如果它的两个主应力方向已知,这时测定它的主应力比较简单。例如承受压强为 p 的薄壁压力容器,无论几何结构,还是承受的载荷都对几何轴线成旋转对称,这时在圆柱表面沿轴线方向和圆周方向是两个主方向,圆柱表面任意一点所受的主应力为 σ_1 和 σ_2。根据两向应力状态的胡克定律,可知沿主应力方向的应变,即主应变 ε_1 和 ε_2 分别为

$$\varepsilon_1 = \frac{\sigma_1}{E} - \mu\frac{\sigma_2}{E}$$

$$\varepsilon_2 = \frac{\sigma_2}{E} - \mu\frac{\sigma_1}{E}$$

由上两式联立解出

$$\begin{cases} \sigma_1 = \dfrac{E}{1-\mu^2}(\varepsilon_1 + \mu\varepsilon_2) \\ \sigma_2 = \dfrac{E}{1-\mu^2}(\varepsilon_2 + \mu\varepsilon_1) \end{cases} \tag{10.11}$$

这时只要在测点沿两个主方向上分别粘贴两个应变片,测出它们的应变 ε_1 和 ε_2,代入式(10.11)即可测定主应力 σ_1 和 σ_2。

10.2.2 两向应力状态下主方向未知时的应力测定

处于两向应力状态的单元体,如果它的主方向未知时,可以通过测量 3 个方向的应变确定

主应力及主方向。为了说明这一问题,首先建立任意方向的应变与主应力之间的关系式。

在图 10-8 的 $abcd$ 为一主单元体,其上作用着主应力 σ_1 和 σ_2,$efgh$ 为在该点处所取的一任意单元体,此单元体 ef 和 fg 面得外法线与主应力 σ_1 方向的夹角分别为 α 和 $\beta = \alpha + 90°$。根据式(10.11)、式(10.12)可求出 ef 和 fg 面上的正应力 σ_α 和 σ_β,即

$$\sigma_\alpha = \frac{\sigma_1 + \sigma_2}{2} + \frac{\sigma_1 - \sigma_2}{2}\cos 2\alpha \qquad (10.12)$$

$$\sigma_\beta = \frac{\sigma_1 + \sigma_2}{2} + \frac{\sigma_1 - \sigma_2}{2}\cos 2(\alpha + 90°) = \frac{\sigma_1 + \sigma_2}{2} - \frac{\sigma_1 - \sigma_2}{2}\cos 2\alpha \qquad (10.13)$$

设沿 σ_α 方向的应变为 ε_α,那么根据两向胡克定律,则

$$\varepsilon_\alpha = \frac{\sigma_\alpha}{E} - \mu\frac{\sigma_\beta}{E} \qquad (10.14)$$

把式(10.12)、式(10.13)代入上式(10.14),整理后得到

$$\varepsilon_\alpha = \frac{\sigma_1 + \sigma_2}{2E}(1 - \mu) + \frac{\sigma_1 - \sigma_2}{2E}(1 + \mu)\cos 2\alpha \qquad (10.15)$$

式(10.15)表明单元体内与主应力 σ_1 成任意角度 α 的方向的应变 ε_α 和主应力 σ_1、σ_2 之间的关系,此关系给出 ε_α 随角度 α 的变化规律。式(10.15)中引入符号

$$\begin{cases} L = \dfrac{\sigma_1 + \sigma_2}{2E}(1 - \mu) \\ H = \dfrac{\sigma_1 - \sigma_2}{2E}(1 + \mu) \end{cases} \qquad (10.16)$$

则式(10.15)可写得更加简捷,即 $\varepsilon_\alpha = L + H\cos 2\alpha$ 。 $\qquad (10.17)$

有了 ε_α 和 α 的关系式之后,就可以根据所测 3 个指定方向的应变来求主应力和主方向的问题。假设构件表面某一点 O 的主方向为 O_1,在该点表面任意取 3 个方向 Oa 、Ob 和 Oc ,设这 3 个方向与 O_1 的方向分别是 α_1、α_2 和 α_3,如图 10-9 所示。

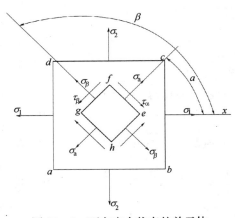

图 10-8 两向应力状态的单元体

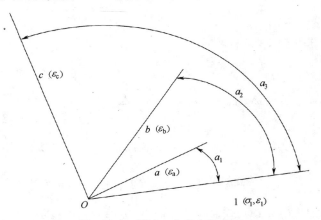

图 10-9 测试 3 个方向的应变

沿这 3 个方向测出这 3 个方向的应变 ε_a 、ε_b 和 ε_c 。根据式(10-17)可写出

$$\varepsilon_a = L + H\cos 2\alpha_1$$

$$\varepsilon_b = L + H\cos 2\alpha_2$$

$$\varepsilon_c = L + H\cos 2\alpha_3$$

设 $\alpha_2 - \alpha_1 = \Delta\alpha_{21}$,$\alpha_3 - \alpha_1 = \Delta\alpha_{31}$,则上三式改写为

$$\begin{cases} \varepsilon_a = L + H\cos 2\alpha_1 \\ \varepsilon_b = L + H\cos(2\alpha_1 + 2\Delta\alpha_{21}) \\ \varepsilon_c = L + H\cos(2\alpha_1 + 2\Delta\alpha_{31}) \end{cases} \tag{10.18}$$

因已经选取了 3 个方向 Oa、Ob 和 Oc，则 $\Delta\alpha_{21} = \angle aOb$ 和 $\Delta\alpha_{31} = \angle aOc$ 都是已知的。在这 3 个方向测出应变 ε_a、ε_b 和 ε_c。这样，式(10.18)中 $\Delta\alpha_{21}$、$\Delta\alpha_{31}$、ε_a、ε_b、ε_c 都是已知量，所以由该方程组可联立解出未知量 L、H 和 α_1。α_1 求出后即可由 Oa 方向定出 O_1 方向。L、H 求出后，根据式(10-16)即可解出该点的两个主应力 σ_1 和 σ_2。所以在两向应力状态下，即使主方向未知，也可以通过测定过该点的 3 个方向的应变来求出主应力和主方向。

10.2.3 应变花

在上节中说明，可以在一点附近测量 3 个选定方向的应变来求该点的两个主应力大小和方向。常利用由 3 个电阻应变片组成的应变花来测量应变。最常用的是 60°应变花和 45°应变花两种，前一种 3 个应变片的夹角依次为 60°，后一种则是 45°。

▶ **1. 60°应变花**

图 10-10 中 3 个应变片 a、b、c 依次相隔 60°，组成 60°应变花。也有采用图 10-10(b)所示的布置，3 个应变片组成等边三角形。

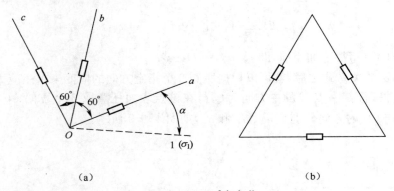

(a)   (b)

图 10-10　60°应变花

这时 $\Delta\alpha_{21} = \angle bOa = 60°$，$\Delta\alpha_{31} = \angle cOa = 120°$，代入式(10.18)得

$$\varepsilon_a = L + H\cos 2\alpha_1 \tag{10.19}$$

$$\varepsilon_b = L + H\cos(2\alpha_1 + 120°) = L + H\left(-\frac{1}{2}\cos 2\alpha_1 - \frac{\sqrt{3}}{2}\sin 2\alpha_1\right) \tag{10.20}$$

$$\varepsilon_c = L + H\cos(2\alpha_1 + 240°) = L + H\left(-\frac{1}{2}\cos 2\alpha_1 + \frac{\sqrt{3}}{2}\sin 2\alpha_1\right) \tag{10.21}$$

把式(10.19)、式(10.20)和式(10.21)相加得到

$$L = \frac{1}{3}(\varepsilon_a + \varepsilon_b + \varepsilon_c) \tag{10.22}$$

式(10.21)式减去式(10.20)式得到

$$\varepsilon_c - \varepsilon_b = \sqrt{3}\,H\sin 2\alpha_1 \tag{10.23}$$

由式(10.19)、式(10.23)两式联立，可解出 $\tan 2\alpha_1$ 和 H

$$\tan 2\alpha_1 = \frac{(\varepsilon_c - \varepsilon_b)/\sqrt{3}}{\varepsilon_a - L} \tag{10.24}$$

$$H = \sqrt{(\varepsilon_a - L)^2 + \left(\frac{\varepsilon_c - \varepsilon_b}{\sqrt{3}}\right)^2} \tag{10.25}$$

把式(10.25)和式(10.22)两式代入式(10.16)可以求出主应力 σ_1 和 σ_2。由式(10.24)可定出主应力 σ_1 的方向。在利用图 10.9 推导公式(10.18)时,假定由 $O1$ 反时针旋转的角度作为正的。如果由式(10.24)式计算的 tg$2\alpha_1$ 是正号的,则说明由 O_1 反时针转到 O_a,但是由选定的方向 O_a 转到主方向 O_1 则将是顺时针的,即是负角,所以在式(10.24)中应该添入负号,则

$$\text{tg}2\alpha_1 = \frac{(\varepsilon_b - \varepsilon_c)/\sqrt{3}}{\varepsilon_a - L} = \frac{(\varepsilon_b - \varepsilon_c)/\sqrt{3}}{\varepsilon_a - \frac{1}{3}(\varepsilon_a + \varepsilon_b + \varepsilon_c)} \tag{10.26}$$

由式(10.25)计算的 tg$2\alpha_1$ 如得正号,则说明由应变片 a 反时针转到 σ_1 方向;如得负号,则由应变片 a 顺时针转到 σ_1 方向。

▶ 2. 45°应变花

45°应变花如图 10-11 所示。

此时 $\Delta\alpha_{21} = 45°$,$\Delta\alpha_{31} = 90°$,代入式(10.18)式得到

$$\begin{cases} \varepsilon_a = L + H\cos2\alpha_1 \\ \varepsilon_b = L + H\cos(2\alpha_1 + 90°) = L - H\sin2\alpha_1 \\ \varepsilon_b = L + H\cos(2\alpha_1 + 180°) = L - H\cos2\alpha_1 \end{cases}$$

由上列三式联立解出

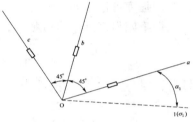

图 10-11 45°应变花

$$L = \frac{\varepsilon_a + \varepsilon_c}{2} \tag{10.27}$$

$$\tan2\alpha_1 = \frac{\varepsilon_a + \varepsilon_c - 2\varepsilon_b}{\varepsilon_a - \varepsilon_c} \tag{10.28}$$

$$H = \sqrt{\left(\varepsilon_b - \frac{\varepsilon_a + \varepsilon_c}{2}\right)^2 + \left(\frac{\varepsilon_c - \varepsilon_a}{2}\right)^2} \tag{10.29}$$

与前面的推理相仿,在式(10.28)中也应引入负号,

$$\tan2\alpha_1 = \frac{2\varepsilon_b - (\varepsilon_a + \varepsilon_c)}{\varepsilon_a - \varepsilon_c} \tag{10.30}$$

这时由式(10.27)算出的 tan$2\alpha_1$,如得正号,则由 O_a 反时针转到 σ_1 方向;如得负号则转向相反。

总结采用 60°应变片和 45°应变片这两种情况,可得到式(10.31),即

$$\begin{cases} \sigma_1 \\ \sigma_2 \end{cases} = \frac{E}{1-\mu}A \pm \frac{E}{1+\mu}\sqrt{B^2 + C^2}$$

$$\alpha_1 = \frac{1}{2}\arctan\frac{C}{B} \tag{10.31}$$

其中 A、B、C 的值如表 10-1 所列。

10.2.4 相当应力的确定

通过应力应变的测试,结合材料特性,确定其相当应力后即可对结构的强度进行分析。对于常温、静载、常见应力状态下通常的塑性材料,如低碳钢,其弹性失效状态为塑性屈服;通常的脆性材料,如铸铁,其弹性失效状态为脆性断裂,因而可根据材料来选用强度理论。

表 10-1　用于应变花计算的 A、B、C 值

	60°应变花	45°应变花
A	$\dfrac{1}{3}(\varepsilon_a + \varepsilon_b + \varepsilon_c)$	$\dfrac{1}{2}(\varepsilon_a + \varepsilon_c)$
B	$\varepsilon_a - \dfrac{1}{3}(\varepsilon_a + \varepsilon_b + \varepsilon_c)$	$\dfrac{1}{2}(\varepsilon_a - \varepsilon_c)$
C	$\dfrac{1}{\sqrt{3}}(\varepsilon_b - \varepsilon_c)$	$\dfrac{1}{2}[2\varepsilon_b - (\varepsilon_a + \varepsilon_c)]$

第一类强度理论可用于脆性材料,为断裂破坏理论。第一强度理论——最大拉应力理论,用于拉伸型和拉应力占优的混合型应力状态;第二强度理论——最大拉应变理论,仅用于石料、混凝土等少数材料。

第二类强度理论可用于塑性材料,为屈服破坏理论。包括第三强度理论:最大剪应力理论,可进行偏保守设计。第四强度理论:形状改变比能理论(歪形能理论),可用于更精确的设计。第四强度理论也叫 Von Mises 强度理论。

根据第四强度理论可以得出,当

$$\sqrt{\frac{1}{2}\left[(\sigma_1 - \sigma_2)^2 + (\sigma_2 - \sigma_3)^2 + (\sigma_3 - \sigma_1)^2\right]} = \sigma_s$$

则材料屈服。所以,强度条件为

$$\sqrt{\frac{1}{2}\left[(\sigma_1 - \sigma_2)^2 + (\sigma_2 - \sigma_3)^2 + (\sigma_3 - \sigma_1)^2\right]} \leqslant [\sigma]$$

即相当应力为

$$\sigma_{r4} = \sqrt{\frac{1}{2}\left[(\sigma_1 - \sigma_2)^2 + (\sigma_2 - \sigma_3)^2 + (\sigma_3 - \sigma_1)^2\right]}$$

对于两向应力状态,相当应力为

$$\sigma_{r4} = \sqrt{(\sigma_1)^2 + (\sigma_2)^2 - \sigma_1 \sigma_2} \tag{10.32}$$

因为第四强度理论适用于塑性材料,且理论与试验结果符合较好,所以应用广泛。在汽车结构的动态应变测试后,常采用第四强度理论进行结构强度分析的依据。

10.3　某汽车结构动态应变测试及结果处理实例

汽车行驶时其结构所受的载荷是交变的,因此汽车结构中的应力测试常属于动态应变测试。在所关注的汽车结构上粘贴应变片,即可方便地测试汽车在实际行驶工况下的应力应变情况,有时为了缩短试验时间,也可在实验室内利用汽车零部件的台架疲劳试验台进行汽车零部件的动态应力应变测试,但在台架试验前,首先需要测量其实际工况下的原始信号,根据其原始载荷情况进行一定程度的强化转换为实验室载荷谱。本章所给实例是针对某型轿车,采用电阻应变测量方法,在海南汽车试验场可靠性强化路面对其扭力梁式车桥危险点的载荷谱进行测量,并对原始数据进行了雨流计数处理,为台架疲劳试验准备了载荷条件。

图 10-12 为扭力梁式车桥的有限元分析结果,其应变模拟点,为图中所示 E 点,实测时将应变片贴在 E 点处。

10.3.1　试验路面道路条件、载荷、车速

海南汽车试验场可靠性强化路面是根据国内各种路面统计测量资料,用计算机设计模拟修

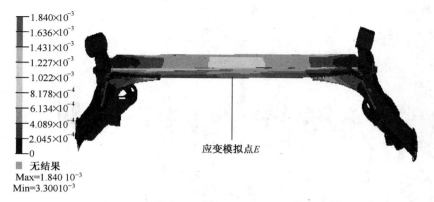

图 10 - 12 扭力梁式车桥的有限元分析结果

筑的。它基本上包含了中国现有条件的各种典型道路,具有较强的代表性和权威性。海南试验场的可靠性跑道由 22 种典型路面组成,甲、乙、丙由计算机模拟而成,代表 3 种典型随机不平路,其中不平度的标准差为为 2.4cm、2.2cm、1.8cm。石块路的空间频率分布在 0.1~5(1/m)。

可靠性路面的各种道路用辅助路串连起来,辅助路带有急弯和坡度,不同的路段可以进行适当的编排组合以适应不同车型和试验目的。经过组合的可靠性跑道的强化系数达到 10~15。本章测试实例中的试验车辆是某型轿车,在海南汽车试验场强化路面的 4 号车道上进行试验。4 号车道的路面条件是:起点→沥青路→凸块路→扭曲路→石板路→条石路→卵石路(丙)→鱼鳞坑路→沙土路→陡坡路→波形路→石块路(丙)→搓板路(乙)→终点。该路全长 5350m,其中强化路占 77%,连接路面有 23%。

对待测车辆扭力梁式车桥应变模拟点的动态进行了测试,测试时的试验载荷按照半载、满载两种载荷工况进行。半载工况为:前排主副驾驶载荷分别为 70kg,另加 2kg×5kg 作为行李配重置于行李箱,总重 1350kg;满载工况为:前排主副驾驶载荷分别为 70kg,后排有 3 位分别 73kg,另加 5kg×5kg 作为行李配重置于行李箱,汽车总重为 1584kg。

在试验中,车速按照接近各种路面的速度范围上限进行。

10.3.2 实测信号的应变时间历程

测试车辆在试验场可靠性路面上行驶时,测得汽车半载、满载控制臂和扭力梁式车桥应变时间历程,如图 10 - 13 和图 10 - 14 所示。

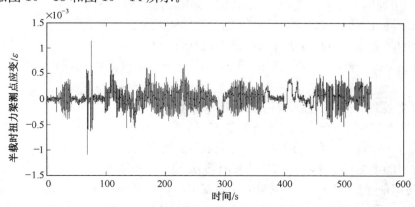

图 10 - 13 半载时扭力梁式车桥上测点应变时间历程

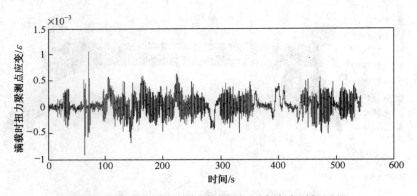

图 10-14　满载时扭力梁式车桥上测点应变时间历程

10.3.3　雨流计数

　　试验场实测的应变时间历程是频率高、载荷分布范围广且波形常常不完整的随机信号,难以直接用于台架疲劳试验。需要将信号分级计数,零均值等效,之后再对其进行压缩,最后处理成可用于疲劳试验的载荷谱。把一个随机的载荷时间历程处理成一系列的载荷完整循环的过程称为计数法。目前常用的雨流法的计数原理如图 10-15 所示。

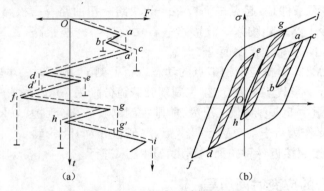

图 10-15　雨流法计数原理图

　　对一个实际的载荷时间历程,取一垂直向下的纵坐标轴来表示时间,横坐标轴表示载荷。这样载荷时间历程形同一座宝塔,雨点以峰值、谷值为起点向下流动,根据雨点向下流动的迹线,确定载荷循环,这就是雨流法(或称塔顶法)名称的由来。其计数规则为

　　(1)雨流的起点依次为在每个峰(谷)值的内侧开始。

　　(2)雨流在下一个峰(谷)值处落下,直到对面有一个比开始时的峰(谷)值更大(更小)值为止。

　　(3)当雨流遇到来自上面屋顶流下的谷时就停止。

　　(4)取出所有的全部循环,并记下各自的变程。

　　(5)按正、负斜率取出所有的半循环,并记下各自的变程。

　　(6)把取出的半循环按雨流法第二阶段计数法则处理并计数。

　　根据上述规则,图 10-15(a)中的第 1 个雨流应从 O 点开始,流到 a 点落下,经 b 与 c 之间的 a' 点继续流到 c 点落下,最后停止在比谷值 O 更小的谷值 d 的对应处。取出一个半循环 O—a—

$a'-c$。第二个雨流从峰值a的内侧开始,由b点落下,由于峰值c比a大,故雨流停止于c对应处,取出半循环ab。第三个雨流从b点开始流下,由于遇到来自上面的雨流$O-a-b$,故止于a'点,取出半循环$b-a'$。因$b-a'$、$a-b$构成闭合的应力——应变回线,则形成一个全循环$a'-b-a$。依次处理,最后可以得到在图 10-15(a) 所示的载荷—时间历程中的 3 个全循环:$a'-b-a$,$d'-c-d$,$g'-h-g$ 和 3 个半循环,$O-a-a'-c$,$c-d-d'-f$,$f-g-g'-i$。

图 10-15(b)是该载荷历程作用下的材料应力——应变曲线,可见与雨流法得到的循环、半循环完全一致。

计数并取出全循环之后,剩下的半循环构成了一个发散—收敛谱,如图 10-17(a)所示,按上述雨流法规则无法继续计数。如把它改造一下,使之变成如图 10-17(b)所示的收敛—发散谱后,就可以继续用雨流法计数,这就是雨流法计数第二阶段。

图 10-16(a)为一个发散—收敛谱,从最高峰值a_1或最低谷值b_1处截成两段,使左段起点b_n和右段末点a_n相连接,构成如图 10-16(b)那样的收敛—发散谱,则继续用雨流计数直到完毕。也可将该发散—收敛序列复制一份,然后把两个同样的序列连接起来形成一个新的时间序列,在对这个新的时间序列应用雨流循环提取方法就可取出全部的剩余循环。

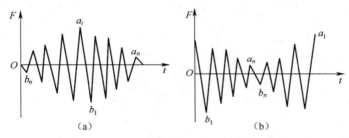

图 10-16　雨流法第二阶段计数原理图

雨流计数程序的最后结果可用一张均幅矩阵表来表示,如表 10-2 所列。

表 10-2　不同均幅值载荷下的工作频次(均幅矩阵表)

工作频次		载荷幅值						
		S_{a1}	S_{a2}	S_{a3} ...		S_{ai}	...	S_{an}
载荷均值	S_{m1}							
	S_{m2}							
	...				n_{ij}			
	S_{mn}							

若将各个均值和幅值都体现在表 10-2 中,则数据量太大,且太分散,没有一定的次序,不能显示出它们的相互关系及所遵循的规律,也不便于进行疲劳分析或疲劳试验,故常将这些数据加以分组、整理。每个范围内的循环数称为频数,均值和幅值取组中值,这样,从表 10-2 中可清楚看出任一幅值和均值发生的频数。

在对汽车结构实际工况下的动态应变测量结果进行雨流计数处理后,进一步进行载荷的零均值化、平均应变等效转变、删除小载荷、试验加速等工作即可获得试验室所测结构的疲劳加载载荷谱。因此,汽车零部件实际工况下的应力应变测试为试验室内的疲劳试验提供了载荷依据。此外,获得汽车零部件关键点的应变测试结果,也可将其试验结果直接输入到疲劳仿真分析软件,结合材料的疲劳特性即可预测其疲劳寿命。

由于汽车行驶时工作在随机载荷激励下,因此结构的疲劳破坏是汽车零部件的重要破坏形式。由本节内容可知,对汽车结构进行动态应力应变的测试获得其实际载荷谱,可以利用实测载荷谱直接估算其疲劳寿命,也可基于实测结果构造试验载荷谱,一方面可以降低试验费用,另外也可以通过载荷谱的强化大大缩短试验时间。

参|考|文|献

[1] 张铁山,周孔亢.汽车测试与控制技术基础[M].北京:北京理工大学出版社,2007.

[2] 付百学,纪峻岭,张莉.汽车试验技术[M].北京:北京理工大学出版社,2007.

[3] 何耀华.汽车试验技术[M].北京:机械工业出版社,2010.

[4] 陈勇,孙逢春.汽车测试技术[M].北京:北京理工大学出版社,2008.

[5] Lee GH,Nam G Y,Lee J Y, et cal. Reduction of Torque Ripp le inAC Motor Drives for Electric Power Steering. Electric Ma2chines and Drives[C], IEEE International Conference on1 2005:2006 - 2011.

[6] 《汽车工程手册》编辑委员会.汽车工程手册[M].北京:人民交通出版社,2000.

[7] 庞剑,谌刚,何华.汽车噪声和振动理论与应用[M].北京:北京理工大学出版社,2006.

[8] 陈章位,于慧君.振动控制技术现状与进展[J].振动与冲击,2009,28(3):73 - 77.

[9] 周荣华.加速度计灵敏度校准方法的研究[J].汽车设计,2005.7(4).

[10] 王丰元,刘敏杰,邹旭东,孙刚.汽车试验测试技术[M].北京:北京大学出版社.

[11] Chen Huabin. Design and Realization of Vehicle Monitering Management System Terminal Based on GPS/CAN/GPRS[J]. J. Wuhan University of Technology, 2010.

[12] 宗志斌.汽车底盘关键零件的疲劳强度研究[D].北京:北京航空航天大学,2008.

[13] 唐岚,李涵武.汽车测试技术[M].北京:机械工业出版社,2007.

[14] 洪宗辉,潘钟麟.环境噪声控制工程[M].北京:高等教育出版社,2002.

[15] 毛东兴,洪宗辉.环境噪声控制工程[M].北京:高等教育出版社,2010.

[16] National Semiconductor. LM2576 SIMPLE SWITCHER® Data Sheet [G]. 2004.08:1 - 24.

[17] 吴道悌.非电量电测技术[M].西安:西安交通大学出版社,2001.

[18] 马大猷.噪声与振动控制工程手册[M].北京:机械工业出版社,2002.

[19] LPHA Semiconductor. AS1117 Data Sheet. 2006.02:1 - 11.

[20] 杨忠敏,陆刚.汽车检测与维修[M].北京:科学技术文献出版社,2006.

[21] 姚国平,舒华.汽车维修电工——电控系统[M].北京:国防工业出版社,2007.

[22] Thomas G. Beckwith, Roy D. Marangoni, et al. 机械量测量[M].王伯雄译.北京:电子工业出版社,2004.

[23] Hassan A. Karimi, Prashant Krishnamurthy. Real - TimeRoutinginMobile Networks Using GPS and GIS Techniques[C]. IEEE,2001.

[24] 安相壁,杨博龙.汽车性能检测[M].北京:化学工业出版社,2006.

[25] 高群钦,满维龙.汽车故障诊断技能实训教程.北京:国防工业出版社,2006.

[26] 李晓. 汽车检测技术. 北京:机械工业出版社,2005.

[27] Hans－Joachim,MoellerHuanyuGu. TPMS 压力传感器信号调节解决方案[J]. 电子设计应用,2006(8).

[28] 李杰敏. 汽车拖拉机试验学[M]. 北京:机械工业出版社,2000.

[29] 周生国,李世义. 机械工程测试技术[M]. 北京:国防工业出版社,2005.

[30] 周杏鹏,仇富国,等. 现代检测技术[M]. 北京:高等教育出版社,2004.

[31] 范云霄,刘桦. 测试技术与信号处理[M]. 北京:中国计量出版社 2002.2.

[32] 丁振良. 误差理论与数据处理[M]. 哈尔滨:哈尔滨工业大学出版社,2002.

[33] Zhang zhiyue. The Application of Mobile GPS Positioning System in Vehicle Monitoring and Management [J]. Surveying and Mapping Standardization,2009.

[34] 游张华,许勇. CAN /GPRS 无线车载网关的设计与实现[J]. 汽车电子,2008,24 (9).

[35] 鲁松涛. 基于 Internet 的汽车电子远程诊断技术研究. 南京:南京航空航天大学,2004.

[36]《汽车工程手册》编辑委员会. 汽车工程手册(基础篇)[M]. 北京:人民交通出版社,2001.

[37] 余志生. 汽车理论[M].3 版. 北京:机械工业出版社,2000.

[38] 方锡邦. 汽车检测技术[M]. 合肥:安徽科学技术出版社,2000.

[39] 张建俊. 汽车检测技术[M]. 北京:高等教育出版社,2008.

[40] 陈克安,曾向阳,李海英. 声学测量[M]. 北京:科学出版社,2007.

[41] 刘仲国. 现代汽车检测与诊断[M]. 北京:机械工业出版社,2005.

[42] Jung H S,Hwang SH, Kim J M, et al. Diminution of Current-Measurement Error for Vector-Controlled AC Motor Drives[C]. IEEE Transactions on IndustryApplications,2006, 42 (5).